陈权演讲系列

黄金圈框架

一学就会的演讲套路

陈权▶著

SPM 南方传媒 | 广东经济出版社

·广州·

图书在版编目（CIP）数据

黄金圈框架：一学就会的演讲套路 / 陈权著. —广州：广东经济出版社，2022. 4
ISBN 978-7-5454-8291-1

Ⅰ.①黄… Ⅱ.①陈… Ⅲ.①演讲—语言艺术 Ⅳ.①H019

中国版本图书馆CIP数据核字（2022）第039316号

责任编辑：蒋先润
责任技编：陆俊帆

黄金圈框架：一学就会的演讲套路
HUANGJINQUAN KUANGJIA：YI XUE JIU HUI DE YANJIANG TAOLU

出版人	李　鹏
出　版 发　行	广东经济出版社（广州市环市东路水荫路11号11～12楼）
经　销	全国新华书店
印　刷	广东鹏腾宇文化创新有限公司 （珠海市高新区唐家湾镇科技九路88号10栋）
开　本	787毫米×1092毫米　1/16
印　张	18
字　数	302千字
版　次	2022年4月第1版
印　次	2022年4月第1次
书　号	ISBN 978-7-5454-8291-1
定　价	68.00元

图书营销中心地址：广州市环市东路水荫路11号11楼
电话：（020）87393830　邮政编码：510075
如发现印装质量问题，影响阅读，请与本社联系
广东经济出版社常年法律顾问：胡志海律师

前 言

在从事演讲培训工作的20多年里，一直有演讲爱好者询问笔者：为什么我当众演讲总是没有重点、一点逻辑都没有？我肚子里明明有“货”啊，怎么就是表达不出来呢？

时间长了，就被问烦了，于是，笔者决定写一本书。

一、为什么要写这本书？

演讲跟爱情一样，是一个永恒的话题，只要有人类存在，就少不了演讲。因为人们需要通过演讲来沟通和宣传，甚至需要通过演讲来竞争和战斗。

然而，在日常生活中，很多人对演讲的认识还是很片面的。有人认为，演讲跟平时说话一样，不需要专门去学，心情好了，能说一大堆，心情不好时，都懒得说话；也有人认为，演讲技能是天生的，学不来，我们经过努力，是可以把铁棒磨成铁针，但我们怎么努力，也只能把木棒磨成牙签，木棒永远成不了铁针，因为材料不对，努力白费。

其实，这两种观点都是不对的。针对第一种观点，朱自清先生曾经做过非常精妙的回答：天天说话，不见得就会说话，况且台上的演讲跟台下的聊天完全是两码事；针对第二种观点，笔者很想告诉大家的是，演讲技能并不是一种天生的才能，它跟学习其他技能一样，比如开车、游泳、画画、弹钢琴等，也是靠后天刻苦训练得来的。

诚然，学习演讲不仅需要认真刻苦的精神，还需要掌握一定的训练方法，更需要一本实战性极强的指导书。

很多演讲爱好者说，市面上根本买不到实战类的演讲书籍，于是，笔者决定写一本演讲训练指导手册，具体理由如下：

首先，为众多朋友解决演讲时逻辑混乱、讲不下去的问题。

说实话，不擅长当众演讲，是一件非常烦恼、非常痛苦的事情，轻则不能说服别人、赢得认同，重则失去晋级加薪的机会。这种痛苦，如果在有生之年不能彻底解决，将会遗憾终身，生活的幸福指数也随之降低。

为什么有些人就不擅长当众演讲呢？刚开始从事演讲培训工作的时候，笔者一直认为：学员之所以不善于当众演讲，是因为胆量不足或者素材不够。但多年之后，笔者才发现：个中原委还是在于思维欠缺。

本书就是一本关于演讲思维的实战类技能书。如果你上台演讲时，突然大脑一片空白，思维短路而说不下去，或者想说的东西很多，却根本不知从哪里说起，又或者逻辑混乱，老是抓不到重点……只要认真学完本书，你将做到思路清晰、重点突出、侃侃而谈。

其次，为图书市场添加一本实战性极强、指导性极强的图书。

很多学员告诉笔者：目前书店里的演讲类书籍实在是太多了，他们也买了不少，但遗憾的是，看完这些书籍之后，总觉得帮助不大。

为什么呢？主要原因是这些作品基本上属于知识类书籍，仅告诉读者什么是演讲、演讲有什么好处等。还有一些纯属故事书，通篇都在告诉读者，作者是怎么通过演讲赚钱的，他现在取得了哪些重大成就。

其实，大家心里都非常清楚，演讲首先是一门技术，其次才是一门艺术。演讲技能的提升，不仅靠看书、看视频，更主要的是靠练习。对演讲小白来说，最需要的是一本训练指导手册，而不是一本考试专用教材。

本书就是一本能提高演讲技能的训练指导手册，它根据不同的演讲场合，给出不同的演讲框架，演讲爱好者只要按照框架所提供的思路去组织语言，就能展开一场无比精彩的演讲。

最后，为演讲行业增加几条个人总结的、原创性极强的理论。

管理学、心理学等领域，经典的理论非常多，比如马斯洛需求理论、木桶定律、马太效应等。而演讲学，尽管这门学科很热门，但几乎没有什么理论。

于是，笔者根据个人的研究成果和培训心得，不但总结出一些实战性极强的演讲经验，还将这些经验提炼成理论，笔者非常希望这些不成熟的理论能给演讲学这门学科做一点微不足道的贡献。

在本书中，笔者提出的原创理论有如下六条。

1. 八种黄金圈模型，依次为：并列关系黄金圈模型、前后递进关系黄金圈模型、低高递进关系黄金圈模型、外里递进关系黄金圈模型、前并并混合关系黄金圈模型、后并并混合关系黄金圈模型、前并递混合关系黄金圈模型、后并递混合关系黄金圈模型。

2. 演讲腹稿的拟定思维环节一共有五步，依次为：感知、分析、插删、整理、合成。

3. 事物分解的方法一共有五种，依次为：空间分解法、时序分解法、程度分解法、成分分解法、习惯分解法。

4. 事物之间的关系一共有四种，依次为：次序关系、类别关系、层级关系、因果关系。

5. 常用演讲思维的类型一共有八种，依次为：抽象思维、归纳思维、概括思维、逆向思维、高位思维、纵深思维、发散思维、联想思维。

6. 演讲的黄金圈框架=三部分+三论点。即纵向不超过三层，横向不超过三点；提问开头，名言结尾。

二、本书主要讲些什么？

进行当众演讲，即兴演讲也好，备稿演讲也罢，都需要一个框架。否则，你要么讲不下去，要么讲得不精彩。本书的主要内容由三部分组成，其目的就是告诉你如何搭建一个好框架。

第一部分是黄金圈框架。其中心思想为：黄金圈框架=三部分+三论点。三部分是指：在任何时候，演讲的结构都由开头、正文和结尾三部分组成。

开头部分，主要做好两件事情：提问题和下结论。为什么要以提问题的方式来开场呢？因为提问题的好处很多，比如引起听众注意、引发听众思考、制造悬念效果等。

正文部分，主要做好一件事情：任何话题都要分成三点来展开论述。为什么仅说三个要点呢？因为当我们发表意见的时候，仅说一条难免太少，只说两条显然不够，若说三条数量刚好，如果说了六条以上，那就感觉太多了，记不住。

结尾部分，主要做好两件事情：小结和名言结束。为什么要用名言来结尾呢？因为名言式结尾的好处很多，比如增强演讲的说服力、增加演讲的含金量、增添演讲的艺术感等。

第二部分是金字塔原理。为什么要介绍金字塔原理呢？因为金字塔原理与黄金圈模型结合后，演讲的逻辑更加完美、演讲的思路更加清晰、演讲的说服力更强。

金字塔原理的要求是：中心思想明确、结论先行、以上统下、归类分组、逻辑递进、先结论后原因、先重要后次要。

金字塔原理的核心法则是MECE法则。MECE法则是指论据之间相互独立、完全穷尽。也就是说，在论证过程中，每一层的论据（观点、思想等）之间要做到：不重叠、不矛盾、不遗漏、不多余、有边界。

当黄金圈框架与金字塔原理完美结合之后，那就是：就某一主题进行当众演讲或者发表意见时，仅说三个要点，并且这三个要点之间必须符合“不遗漏、不矛盾、不重叠、不多余、有边界”这个要求。

你看，这么一来，你所发表的演讲，是不是逻辑更加清晰、论证更加严密，简直是无懈可击？

第三部分是演讲模板。演讲的场合主要有三类：工作演讲、社交演讲和比赛演讲。相应的演讲类型有10多种：竞聘演讲、就职演讲、述职演讲、离职演讲、开业典礼演讲、致开幕词、致闭幕词、致欢迎词、致欢送词、致婚礼贺词、自我介绍等。

本书针对较常见的演讲类型，都提供了相应的演讲模板。掌握了这些模板之后再灵活运用，你在任何场合下发表演讲都能做到思路清晰、条理分明。同时，本书还附录了20多篇精彩的演讲稿供你参考，让你快速提高自己的演讲技能。

三、应如何使用这本书？

各位朋友，请注意，这本书不是拿来“看”的，是拿来“练”的。如果你以“看”的观念来对待这本书，并且期待着看完这本书之后，第二天就能够滔滔不绝、口若悬河，那我遗憾地告诉你，这只是传说。

但如果你以“练”的观念来对待这本书，坚持阅读本书10遍以上，并且按照书中的演讲理论去实践，那我很肯定地告诉你，你完全可以把传说改写为传奇！

因此，当你按照本书的演讲理论去实践时，笔者有如下两个建议：

一是找一个合适的舞台。比如企业里的培训室、学校里的教室，或者公园里的空地，都可以。

二是找一群合格的听众。听众可以是自己的亲朋好友，也可以是演讲爱好者。但是，我们对听众是有要求的，就是当演练者表演的时候，他必须抱着欣赏的态度，比如说鼓励的话、带头鼓掌等，不能打击演练者，更不能嘲笑演练者。

陈权

2022年春

目　录

第1篇　黄金圈框架基本理论

第四章

只要掌握黄金圈框架，任何类型演讲你都能应付自如 / 93

第 2 篇　黄金圈框架在工作演讲中的应用

第五章

黄金圈框架让你的竞聘演讲更加出色、更能打动众多评委 / 114

第1篇

黄金圈框架基本理论

第一章

一旦掌握了黄金圈模型，你就是逻辑清晰的演讲达人

掐指一算，笔者从事当众演讲培训已经20多年了。刚开始的时候，笔者一直认为：学员之所以不敢上台演讲，是由于胆量不足。但很多年之后，笔者才发现根本原因还在于思维欠缺。

为什么这么说呢？因为笔者被请教最多的就是关于思维方面的问题。

比如，曾有不少朋友这么说：日常工作汇报也好，上台即兴发言也罢，我不会太紧张，更不可能出现大脑一片空白的情形。但是，当表达自己的想法或者观点的时候，老是抓不到重点，明明说了不少话，结果大家还是不知道我究竟想表达什么，而自己也发现，最该说的内容还没完全说出来，不该讲的东西却讲了一大堆。你说，这到底是怎么回事？这种情况，还有救吗？

再如，也有不少同学这么问：老师，上台发言之前，尽管没有写稿，也没有背稿，我还是做了充分的准备的，有一肚子的话要跟大家讲。但是，面对听众，说着说着，思维突然一片混乱，马上没有了头绪，竟然卡住了，说不下去了。自己情急之下换了一个方向后，结果还是一样，没说几句，“悲剧”再次重演，又卡住了。这到底是哪里出了问题呢？该怎么办呢？

一、为什么要学习黄金圈模型

如果问：如何解决前面所提到的那些问题？咱们先来看看下面这两张图片（见图1-1、图1-2），看完你就明白了。

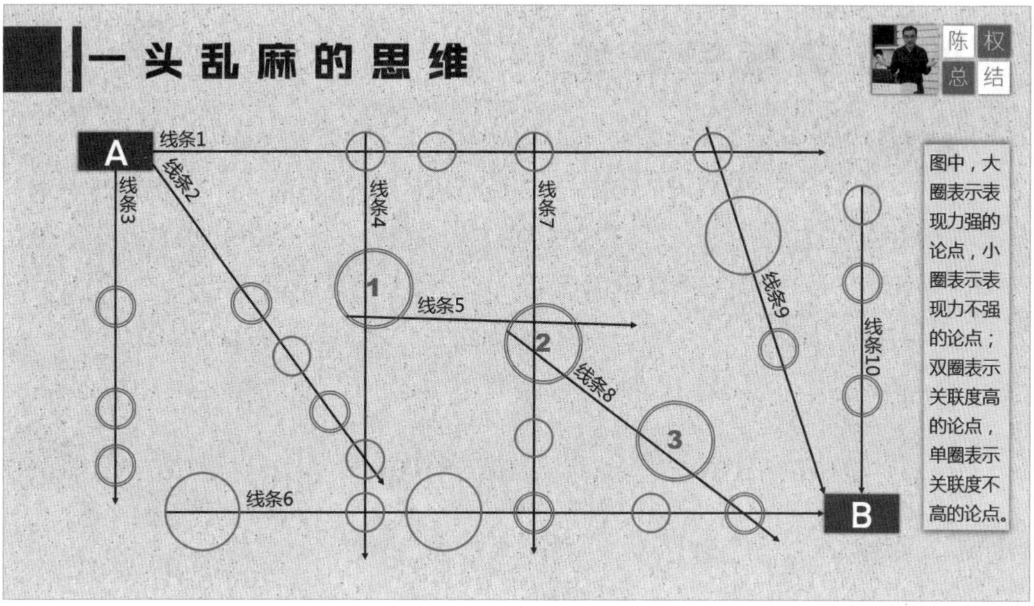

图 1–1　一头乱麻的思维

图1–1是一张线条非常混乱的图片。如果把图片中的出发点A看作表达者需要陈述的思想、观点或者主题，那么，想让这些信息传达给接受者B，整个过程就显得既凌乱又复杂了。

也许你会说，因为事情的本身就很复杂啊，既需要事无巨细地陈述出各种情况，又要面面俱到地考虑种种细节。而这些内容都需要传达给接受者B，除了如此这般复杂烦琐，难道还有其他方法？

但笔者很遗憾地告诉你，事实上，如果你真的这么做了，接受者B会认为，你脑袋里的东西尽管很多，可惜是东一榔头、西一棒槌，杂乱无章；同时，接受者B也可能会觉得，尽管你讲出了很多想法、很多观点，但他依然听不明白你究竟想表达些什么，很容易误解了你的意思；另外，如果重要的、不重要的东西都要说，由于先后顺序并没有安排妥当，你可能会出现卡壳的现象。

总之，看起来，你表达了很多东西，但实际上，你的主要观点并没有真正有效地传递给对方。

我们再看图1–2。

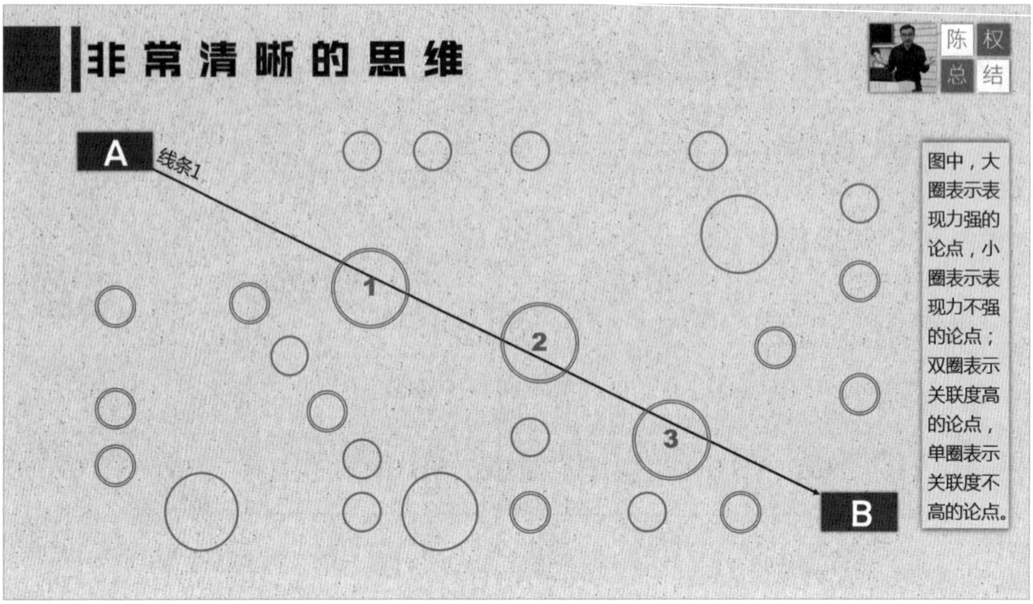

图 1–2　非常清晰的思维

没有对比就没有伤害。

在图1–1中，一共使用了10条线，才能把图中所有的东西都给说完，这其中包括表现力强、关联度高的论点，表现力强、关联度不高的论点，表现力不强、关联度高的论点，表现力不强、关联度也不高的论点。结果呢，听了半个小时，对方还是一头雾水，对方心里可能一直犯嘀咕：“你不说我倒还明白，你越说我越糊涂了！”

但在图1–2中，仅仅使用了1条线，只是把表现力强、关联度高的三大论点给说深说透，不但思路清晰、不蔓不枝，而且重点突出、层次分明。这么一来，表达者轻轻松松，听众明明白白，最终，众皆欢喜。

诚然，像图1–1中那种情况的出现，并不完全是个人的原因，毕竟在这个信息大爆炸的时代，我们整天都在进行着碎片化学习，造成对各种知识的吸收都是零散的、不成体系的。

既然如此，我们该怎么做才能将这些重要的内容和知识协调一致，让混乱的思维变得清晰起来呢？换一句话说，就是我们如何对观点和信息进行取舍，才能在最短的时间之内，理清自己的思路，突出表达重点，让他人觉得自己的汇报或者演讲逻辑清晰、层次分明、言简意赅呢？

个人认为，想提高思维逻辑能力，让表达更有效，并在关键时刻不卡壳、不掉链子，我们必须认认真真地学习麦肯锡黄金圈模型这一经典理论。

下面，笔者决定把这个经典理论详细地介绍给大家。

二、黄金圈模型的论点为什么仅有三个

提到黄金圈模型，我们先来了解一下关于黄金三点论这个经典理论，因为黄金圈模型是黄金三点论的升级版。

黄金三点论这个理论首先是由麦肯锡咨询顾问基恩·泽拉慈尼提出来的。其主要内容为：就某一主题进行当众演讲或者发表意见时，仅说三个要点。

为什么要点（或者论点）的数量为三个，而不是一个两个或者七个八个呢？理由如下。

1. 数量适当，容易记忆

根据美国心理学家米勒（Miller）的研究结果，人的平均短时记忆容量是7，最佳短时记忆容量为4±1。换一句话说，人的大脑在短时间内，最佳的记忆容量是3～5条信息。由此可见，当我们发表意见的时候，仅说一条难免太少，只说两条显然不够，若说三条数量刚好，如果说了六条以上，那就感觉太多了，记不住。事实也是这样，当众讲话时，仅说一点容易记住，只说两点当然可以，若说三点没有问题，但是，要说六点以上，那自己难免会犯糊涂。曾经有位处级干部找到笔者，他说过几天就要参加竞聘演讲，虽然演讲稿已经写好了，但内容太多、有点乱、记不住，该怎么办？笔者仔细看完了他的演讲稿，发现他介绍自己的时候，个人优势竟然多达10条。你看你看！这怎么行呢？不但让人觉得他似乎是在拼命吹嘘自己，而且，十大优势这么多，肯定记不住啊！于是，笔者帮他把这十大优势概括为三大方面：政治素质过硬、专业知识扎实、领导能力超强。笔者说，你现在能记住这些内容了吧？他点了点头，问：能不能再增加一条——工作经验丰富？笔者说：三条最理想，这样刚好符合ASK理论，即态度（attitude）、知识（knowledge）、技能（skill），非常完美。而你提到的“工作经验丰富”，完全可以放在“领导能力超强”这一要点的下面，不必单独再列一条了。

2. 考虑全面，高度概括

在任何场合讲话，你不能仅想到一条就说一条，如果这样的话，你的言论就显得既单薄又没内涵。当然，你也不可能把顾及方方面面的所有内容都给讲出来，因为在短时间之内你做不到，同时也没有这个必要，因为内容太多了，导致主次不分明，听众不爱听。所以，讲话之前，我们必须全面考虑，也就是借助发散思维，从各个方面进行思考。如果最终得出的要点太多，那就对其进行分类，归纳为三大方面。请注意，只归纳为三个方面就可以了，无须归纳为五个方面或者更多，因为，从听众的角度来说，三点就足够了，显得很全面了，听众也觉得比较靠谱，容易接受讲话者的观点。但是，如果你左思右想、搜肠刮肚，仅是想到一条，怎么办呢？那你必须给它补上两条。否则，你这个发言是不精彩的，甚至是失败的。比如，曾经有一位帅哥，他到江苏卫视的《非诚勿扰》节目上找女朋友，刚一出场，就碰到一位女嘉宾问他：帅哥，你要找什么样的女朋友啊？他说：要求不多，只有一条，必须漂亮。结果，第一轮下来，24盏灯竟然灭了23盏，第二轮下来，所有的灯全灭了。大家想一想，如果这位帅哥当时再加上两条，这么说：我要找一位知性聪明、温柔体贴、漂亮大方的女朋友，那结果就完全不一样了，可能会有很多女嘉宾给他留灯。因为这三点涵盖了内在美、外在美和性格，非常全面，同时，把漂亮改为漂亮大方，放在最后，让人听起来很自然，比较容易接受。

3. 思路清晰，非常专业

登台演讲也好，平时沟通也罢，很多人总希望自己的表现能让人觉得很专业、有水平、逻辑性强、思路清晰。那我们该怎么做才能达到这个目的呢？笔者认为，如果我们每次发言，都能保持有三个要点，那就算是大功告成了。比如，领导问：小李，你认为新来的同事老王如何？你这么回答：领导，我觉得王经理非常不错，他有三大突出的优点。第一，性格外向、平易近人；第二，经验丰富、能力突出；第三，才华出众、知识全面。再如，在头脑风暴会议上，就公司业绩下降这个话题，你这样发言：公司的产品为什么滞销？个人认为，主要原因有三个。第一为宏观方面，外部环境发生变化；第二为中观方面，竞争对手恶性促销；第三为微观方面，公司产品缺乏创新。你看，如果经常这样说话，每次都能从三个方面入手，那从对方的角度来说，他一定觉得你思维广、水平高，讲话有深度、有高度、有广度。另外，从你的角度来说，每次讲话都得准备三点，不管是压缩成三点，或者是添加到三点，那你肯定会想方设法让这三大要点的次序符合某种规则。比如，第一、第二、第三，宏观、中观、微观，过去、现在、将来，等等，这么一来，你的讲话自然而然就显得逻辑清楚、层次分明了。

自从黄金圈三点论提出来之后，马上就有很多专家、学者、咨询师，甚至基恩·泽拉慈尼本人，对这个理论进行补充和升级。而在众多理论当中，最出彩的要数黄金圈模型。

完全可以这么说，黄金圈模型比黄金三点论更加直观，它是用三个圆圈来表示三个论点（或者要点），并借助三个圆圈之间的具体位置，来说明三个论点之间的关系，旨在让我们的表达更具逻辑性。

至于三个圆圈之间的具体位置到底有几种情形呢？经笔者整理和总结，它一共有如下八种关系（见图1–3）。

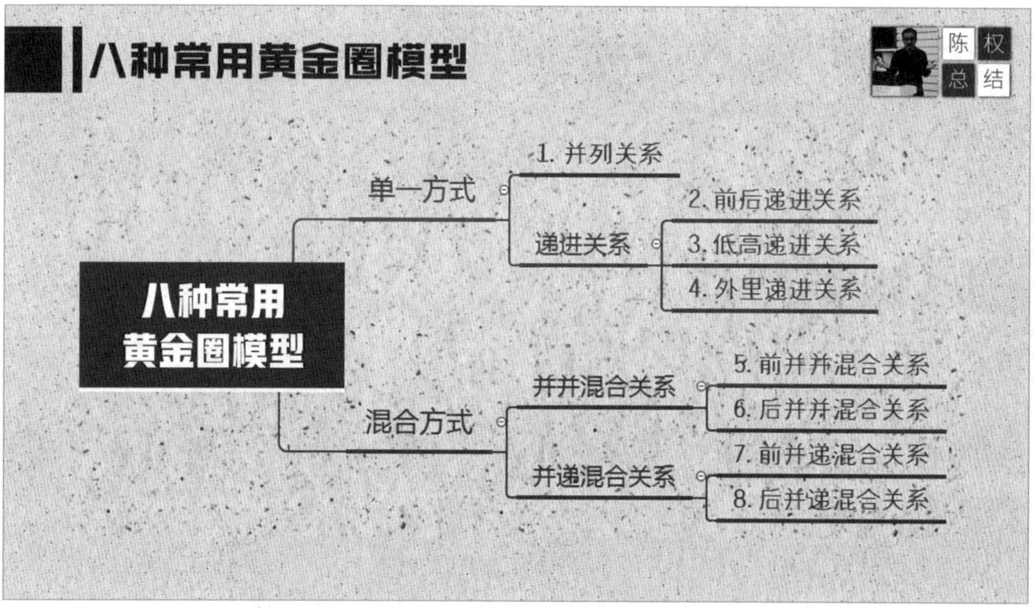

图 1–3　八种常用黄金圈模型

三、常用的黄金圈模型有八种

我们都知道，电路元件连接的方式主要有三种：串联、并联和混联。

同样的道理，三个圆圈之间的连接，也存在着单一方式的串联、并联和混合方式的混联。

其中，单一方式分为两类四种（见图1–4）：

第一类只有一种，为并列关系。

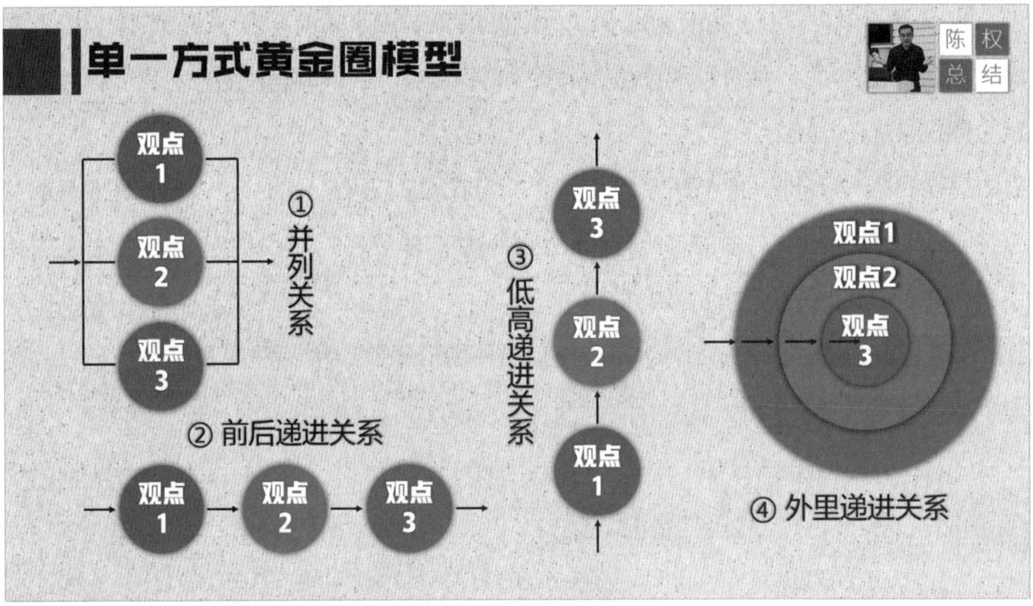

图 1–4　单一方式黄金圈模型

1. 并列关系黄金圈模型

并列关系黄金圈模型，即面前的三个论点，它们之间既不存在着先后关系、谁排在谁的前面，也不存在着轻重关系、谁比谁更加重要，它们是平等的。比如，下面这篇文章。

有一道风景叫真善美，它是中华民族的传统美德，它是中华文明的遗传密码，它是中华人民的精神动力。对于真善美，每个人心中早已有了答案，但理解可能又不尽相同。

我心中的真，就是真心和真理。在生活中，以诚待人，以信服人；在学习中，热爱科学，追求真理。做一个明辨是非的人，做一个真心诚信的人，做一个品行高尚的人。正如教育家陶行知所说的“千学万学，学做真人”。

我心中的善，就是善心和善行。“勿以恶小而为之，勿以善小而不为。”善良的行为，如春日百花，散发芳香；如夏日繁星，闪烁光芒。捡起脚下的纸片，扶起摔倒的同学，拧紧滴水的龙头，搀扶年迈的老人，讲出温馨的话语，喊出正义的声音。

我心中的美，就是心美和形美。“玫瑰是美的，更美的是它包含的香味。”所以，美不光美在外表，更应该美在内心。洁白的纸张，可以画出美丽少女，简单的乐器，可以演绎不朽篇章。只要你有一双发现美的眼睛，一颗感悟美的心灵，不拘小节，无私奉献，就可以为社会创造出美丽传奇！

其实，现实中还有很多真善美的事情，每时每刻都在感动着我们。“最美教师”张丽莉，车祸瞬间挽救学生的生命；“最美司机”吴斌，危急时刻保证了24名乘客的安全；“最美母亲”吴菊萍，徒手接住了从楼上坠落的女童。这些事例就发生在我们身边！确实，真善美需要我们去追求，去执行，去传承！

同学们，就让真善美伴我们天天向上，让我们做一个有志少年、有梦少年、有为少年，至真、至善、至美的少年！

——佚名《我心中的真善美》

在上面的这篇演讲稿中，演讲者提到了人生境界的三大追求：科学求真、伦理求善、艺术求美。而这三大追求，对于每个人来说，都非常重要，它们没有先后、轻重之分，写文章或者做演讲的时候，其次序可以调换，把“真”放在前面也行，把“美”放在前面也可以（见图1–5），尽管说，我们的习惯都是以“真善美”这样的次序来称呼它们的。

像这种逻辑结构，我们在工作生活中很容易碰到。比如，光学的三原色：红、绿、蓝；植物中的岁寒三友：松、竹、梅；几何立方体的三个维度：长、宽、高；等等。

尽管说，这种黄金圈模型很常见，但是，相对而言，并列关系黄金圈模型的表现力，远远不如递进关系黄金圈模型，因为后者的表达意思是层层递进的，能让听众的情感一浪更比一浪高。

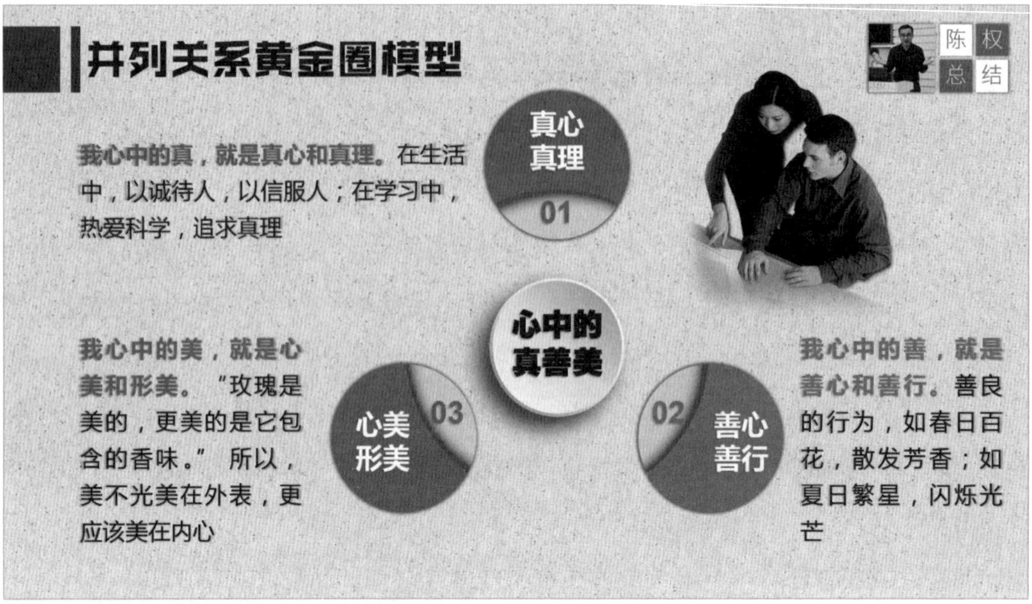

图 1-5 并列关系黄金圈模型

第二类为递进关系，即面前的三个论点，它们之间存在着先后关系或者轻重关系。它还继续分为三种，依次为：前后递进关系、低高递进关系、外里递进关系。

2. 前后递进关系黄金圈模型

前后递进关系黄金圈模型，即面前的三个论点在表达次序方面，也就是在水平关系上，存在着先后关系。比如，下面这篇文章。

在这秋风送爽、丹桂飘香的季节里，我们迎来了“首届直属队政治教员授课比武竞赛”。在此，作为承办本次比赛的东道主，我谨代表通信团党委讲三句话：

第一句，感谢的话。感谢机关首长，给了我们通信团一个机会，什么机会呢？那就是让我们通信团表达心情、重叙友情、浓缩亲情的机会。为什么提到亲情呢？因为我们直属队四个单位，全在直属党委直接领导之下，今天坐在一起就是一家人。

第二句，表态的话。我们通信团这个院不大，条件相对有限，多媒体教室正逐步完善，大家在施展教学才能的过程中也许会因为设备问题使教学效果不如你们预想的那么好，但我们将尽地主之便，拿出我们的一份诚心、真心和爱心，千方百计保障这次电化教学比武竞赛的圆满成功。

第三句，预祝的话。预祝今天参加这次比武竞赛的十位战友，每个人都能按照平时的精心准备，现场发挥充分，都能取得一个良好的成绩。这正是“海阔凭鱼跃，天高任鸟飞”。

——陶传辉《在首届直属队政治教员授课比武竞赛上的讲话》

在上面这篇演讲稿中，演讲者要表达的要点有三个，依次为：感谢的话、表态的话、预祝的话。这三句话的次序不能调换，首先是感谢，接着是表态，最后是预祝（见图1–6）。因为只有这样才显得合情合理。如果我们先是预祝，接着是表态，最后才是感谢，那就不符合表达的逻辑次序了。

像这种逻辑结构，工作生活中也很容易碰到。比如，表达的三种顺序：首先，其次，最后。时间的三大次序：过去、现在、将来。人生的三个阶段：少年、青年、老年。等等。

这种黄金圈模型广受演讲者欢迎，因为它的结构简单，节奏感强，表现力强，能带动现场气氛，让演讲快速进入高潮阶段。

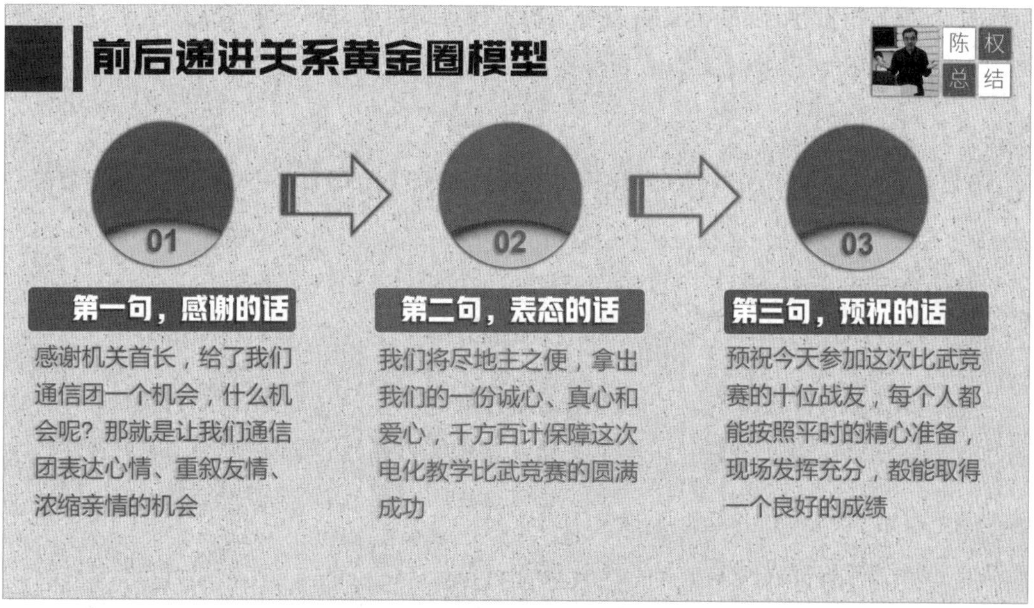

图1–6　前后递进关系黄金圈模型

3. 低高递进关系黄金圈模型

低高递进关系黄金圈模型，即面前的三个论点在意思方面，存在着轻重关系，也就是在垂直的关系上，要么从低往高递增，要么从高往低递减。

比如，下面这篇文章。

我们中优秀的一员——王力同志，即将离开这个他播下优良种子、洒下辛勤汗水的老单位，带着党交给的新任务启程去另一个新的单位拼搏开拓。作为王力同志的老领导、老同事，我为他送上真诚的祝福，还送给王力同志三盆水。

第一盆水，用来好好洗洗头。在当今发展社会主义市场经济的大潮中，每个干部要保持清醒的头脑，知人善任，戒骄戒躁。只有头脑清醒，才能在缤纷的世界中明辨是非，开拓进取，建立奇功。

第二盆水，用来好好洗洗手。手净才能气正，为官要廉洁勤政，两袖清风。常常洗手才能在名利面前不动心，对不义之财不伸手。

第三盆水，用来好好洗洗脚。脚步净才能腿勤，要多往群众中跑，多往基层跑。办法是从群众中来的，功业也是群众创造的，脱离了群众则将一事无成。

同志们，今天让我们再一次真诚地祝愿，祝愿王力同志在新的工作岗位上更展风采。

——鲁祥林《送你三盆水：在新干部赴任欢送会上的讲话》

再如，下面这篇文章。

孙子兵法云："激水之疾，至于漂石者，势也……故善战者，求之于势……"这句话的意思是：本来，水很轻很柔、石头很重很硬，但由于水流得太快了，竟然把石头给冲走了，靠的是什么呢？主要靠的是"势"……所以，善于用兵作战的人，总是能从自己所创造的有利态势中去追求胜利……

此话不错，作为一名自媒体人，同样也必须求之于势，并且在此过程中，要做到：顺势、借势、造势。

顺势是第一步，即首先要看明白时代的发展趋势，特别是必须弄清楚在互联网时代，新媒体写作的未来走势。换一句话说，就是我们必须紧跟时代步伐、顺应时代潮流，不能逆道行驶。比如，在20世纪90年代，写诗是很时髦的，诗人是很受读者追捧的。但在当下，诗人已经沦为小众化了，还差点成了贬义词，如果某人还幻想着借助写诗而出名，通过写诗来养活自己，那说明他这个人的思想已经跟不上形势了。

借势是第二步，即在看清形势、顺应潮流之后，我们还须借助他人的力量，搭上他人的顺风车，因为只有这样，自己才能快速成长，才能早日实现个人理想。比如，加入某知名写作团队，拜某大咖为师，等等这些做法，都属于借势的典范。

造势是第三步，即积极推广个人品牌，多平台发布作品，并在恰当时候，善于制造话题，发挥个人的影响力。

——陈权《自媒体写手必须紧跟时代发展趋势》

在上面的两篇演讲稿中，第一篇为欢送词，属于即兴演讲，其主要内容是演讲者为其下属赴新任之前送上了三盆水。第一盆水用来好好洗洗头，以便让头脑保持清醒；第二盆水用来好好洗洗手，以便让双手保持干净；第三盆水用来好好洗洗脚，以便让双脚保持勤快。整个逻辑顺序是从头到脚、从思想到行动，换一句话来说，就是从上往下发展。第二篇演讲稿是议论文，属于命题演讲。它是通过孙子的“故善战者，求之于势”来立论，告诉自媒体写手，如果想在这个行业取得一定的成就，就必须懂得取势三步走：“顺势”，即顺应时代发展趋势；“借势”，即借助周边他人的力量；“造势”，即制造自己的声势（见图1–7）。而这三种“势”在意义上，却是一浪更比一浪高。也就是说，它的逻辑顺序跟上一篇文稿相反，是从低到高发展。

像这种逻辑结构，工作生活中会经常遇到，比如，企业组织结构的三个层次：员工层、管理层、领导层（级别从低到高）；物理中物质的三种形态：固态、液态、气态（密度从高到低）；各类比赛的三种奖项：冠军、亚军、季军（名次从高到低）；绩效考核的业绩评定：优、中，差（分数从高到低）；等等。

这种黄金圈模型，很受演讲名家追捧，因为这种从高往低层层递减或者从低往高步步上升的逻辑结构，能让演讲重点更加突出，表达节奏更加鲜明，可以快速地把演讲者的主要观点传达给听众，并让听众产生强烈的情感共鸣。

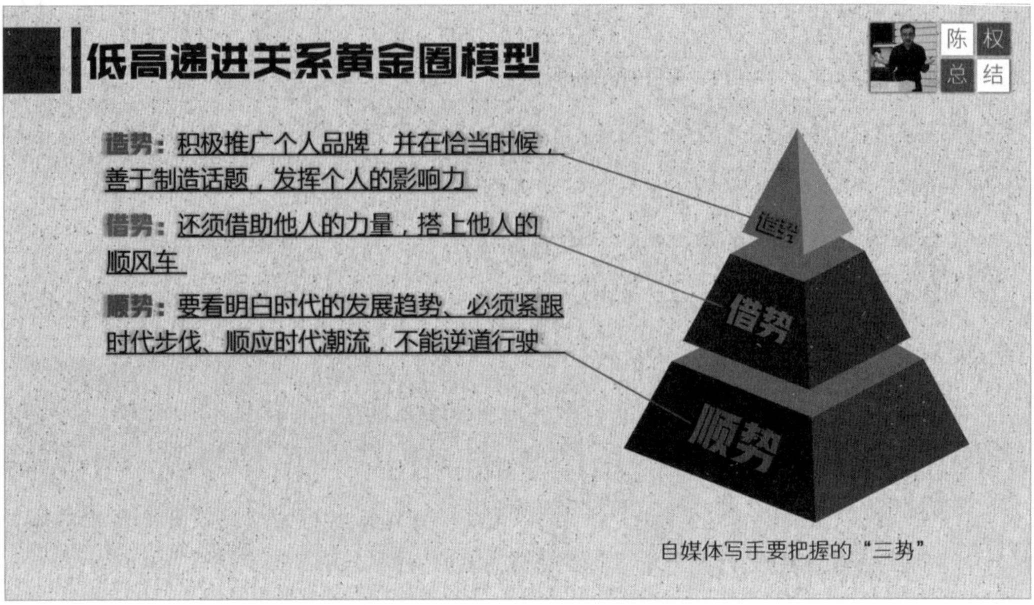

图 1-7　低高递进关系黄金圈模型

4. 外里递进关系黄金圈模型

外里递进关系黄金圈模型，即面前的三个论点在关联方面，存在着轻重关系，不过，不是体现在垂直关系上，而是体现在外里关系上，要么从内往外逐步变浅，要么从外往里逐步加深。

比如，下面这篇文章。

今天，我想告诉你三个故事。

第一个故事：脸书是一家什么样的公司？

2004年，我创立了Facebook（脸书），因为我觉得能在网上和他人连接是非常重要的。

那时候，互联网上已有很多网站，你差不多就可以找到所有的东西：新闻、音乐、书籍、电影、日常用品……可是，没有服务能帮我们找到生活上最重要的东西——人。

我觉得：人，才是我们生活中最重要的东西。

……

第二个故事：为什么大公司没有开发这个产品，而脸书竟然成功了？

我一直认为：一个大公司，像微软或谷歌，会开发这个产品，他们有好几千的工程师和上亿的用户，他们应该开发国际社交网站。可是，他们为什么没做呢？

我常常思考这个问题。

我们只是大学生，既没有计划，也没有资源。但是，我们是怎么创造出这个拥有十五亿人以上、世界上最大的互联网社区的？

说白了，我们只是更“用心”。

……

第三个故事：接下来，脸书该怎么做？

马云曾经说过：“和15年前相比，我们已经很大；但和15年后相比，我们还是婴儿。”

此话不错，为了重要的使命，你了解得更多，你也会觉得要做的事情更多。

十年前，我们的目标是连接十亿人，因为当时没有互联网企业能做得到，所以，我们觉得这是一个很伟大的目标。

但是，当我们达到了这个目标，就马上明白：十亿只是一个数字，我们真正的目标是连接世界上所有的人。

但是，这个就难多了！世界上，差不多有三分之二的人是没有互联网的，要想把他们连接起来，我们必须扩大整个互联网。

如何做到这个？我们需要解决很多问题，需要创造新的技术——像卫星和飞机，因为只有这样，才能把他们连接起来。

……

——扎克伯格在清华大学的演讲：《我告诉你三个故事》

再如，下面这篇文章。

一般而言，企业内训师要成为一名真正优秀的“师者”，需要历经下面三重境界的修炼。

第一重境界：企业讲师。

如果说，招聘是采购，那么，培训就是加工，绩效就是质检。因此，为了能获得胜任某岗位的合格人才，当新人入职之后，企业还须对其进行岗前培训。

既然如此，谁来培训新人呢？当然是业绩优秀并且懂得培训技术的老员工了。

可以这么说，企业内训师的起步是企业讲师，企业讲师的主要任务是“传帮带”，培训的主要内容为技能的传授和经验的分享。

如果问，内训师如何突破第一重境界而成为一名合格的企业讲师？这个需要内训师想方法去提升自己的课程开发能力和演讲能力。

第二重境界：企业导师。

作为一名企业内训师，不仅仅要把自己丰富的工作经验传授给学员，还需要将自己的工作经验提炼成系统的理论。同时，内训师还要认真钻研本专业的相关理论知识，并把握业界前沿动态。

因此，企业导师有别于企业讲师，他的主要任务是提升学员的理论水平，培训的内容是自己总结的理论和行业的权威知识。

怎么做才能突破第二重境界而快速成为一名合格的企业导师？内训师本人必须想方法去提升自己的自主学习能力和写作能力。

第三重境界：企业牧师。

企业大学的目的是传播企业文化和量产专业人才。所以，企业大学不但需要懂得培训岗位技能的讲师和传授专业知识的导师，更需要善于宣导企业文化的牧师。

可以这么说，企业牧师的主要任务是把企业文化和经营者的思想灌输给每位员工，启迪和净化员工的心灵，提高员工对企业的忠诚度，以便让员工心甘情愿地做到卓越。

怎么做才能突破第三重境界而成为一名合格的企业牧师？内训师本人必须想方法去提高自己的向下沟通能力和宣导能力。

——陈权《企业内训师修炼的三重境界》

在上面的两个典型案例中，第一篇演讲稿借用了西蒙·斯涅克首创的“黄金圈法则”。由于黄金圈法则的逻辑结构是从中心往外面层层推进的，具体步骤有三个，依次为：是什么、为什么、怎么做（见图1-8）。于是，扎克伯格在清华大学的这场演讲中，首先告诉听众，脸书是一家开发社交软件的公司。接着，向读者发问：为什么那些大公司不去开发社交软件，而脸书这样没有资源的公司竟然成功了？最后，扎克伯格告诉听众，他们公司会马上创造或者借助新技术，让全世界的人们连接起来。第二篇演讲稿与第一篇演讲稿的逻辑结构一样，但方向却是相反的，它是从外面层层向中心推进。在演讲中，演讲者告诉听众，内训师需要经过三层修炼：第一层是要成为一名讲师，给员工培训岗位技能；第二层是要成为一名导师，给员工传授理论知识；第三层是要成为一名牧师，向员工宣导企业文化（见图1–9）。

图 1–8　外里递进关系黄金圈模型

像这种逻辑结构，工作生活中也很常见，比如，平面空间的三大元素：点、线、面（从里到外）；议论文写作的三大要素：论点、论据、论证（从里到外）；老子学说的三重境界：道、法、术（从里到外）；等等。

这种黄金圈模型（外里递进式），可谓是演讲逻辑结构的最高境界，它的表现力比另外的两个递进型黄金圈模型（包括前后递进式和低高递进式）更强、更猛。它能快速升华演讲的主题，让听众产生一种妙不可言的体会。

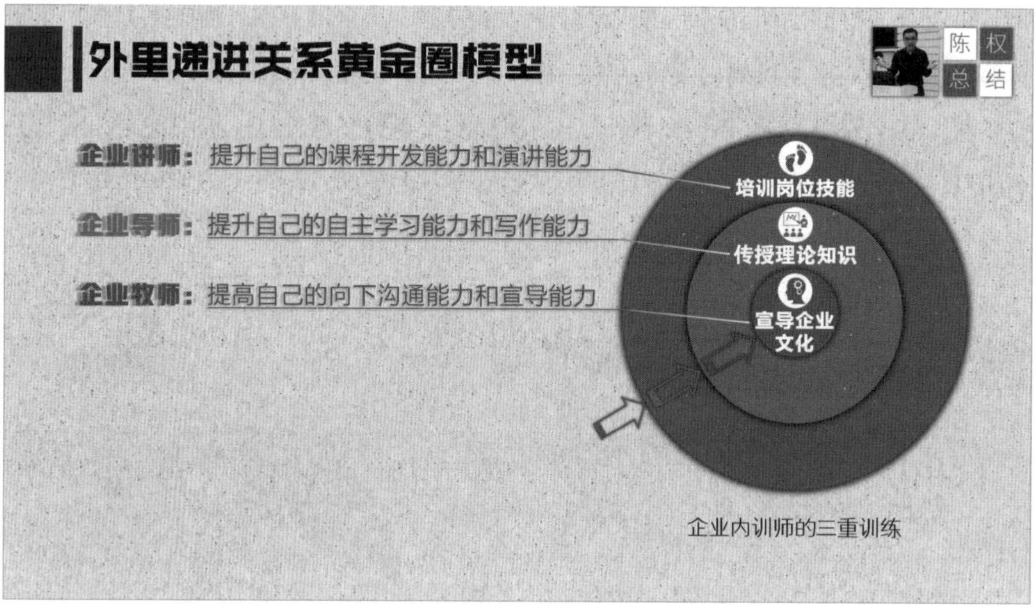

图 1-9　外里递进关系黄金圈模型

另外，混合方式也分为两类四种（见图1–10）：

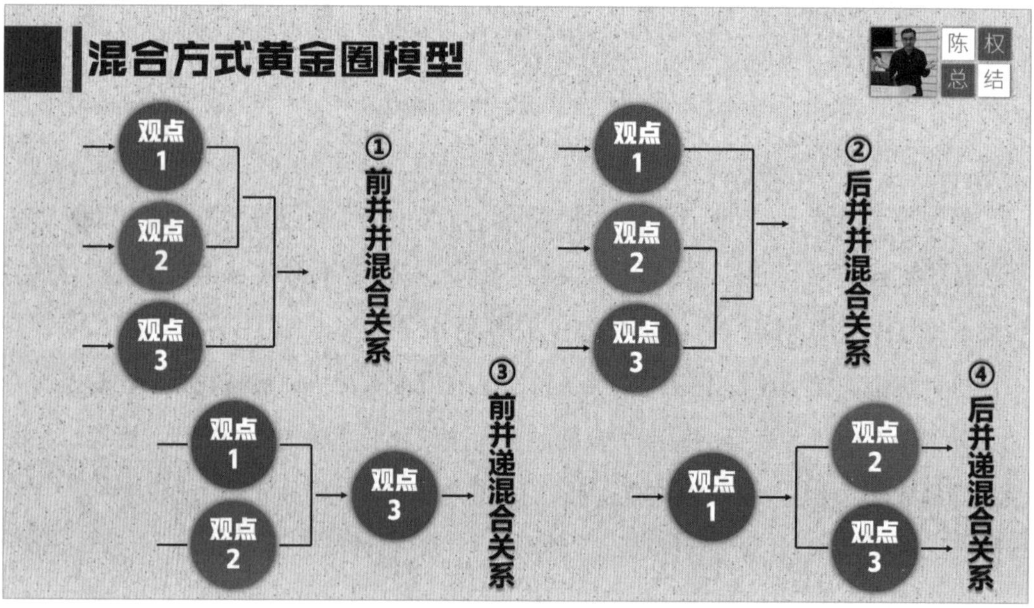

图 1-10　混合方式黄金圈模型

第一类为并并混合关系，即在三个论点里面，先是两个论点因为某个共同点而并列在一起，接着，再跟另外一个观点因为另外一个共同点而并列在一起。

根据具体位置的不同，它还继续分为两种：即前并并混合关系和后并并混合关系。

5. 前并并混合关系黄金圈模型

前并并混合关系黄金圈模型，即面前的三个论点在表达意思方面，尽管只存在着并列关系，但是，它们不是同时形成并列关系，而先是前面的两个论点形成并列关系，之后，再跟后面的那个观点形成并列关系。比如，下面这篇文章。

我一直认为，构成好故事的主要因素有三个，依次为：

第一，生动靠情节。情节是指叙事作品中表现人物之间相互关系的一系列事件的发展过程。换一句话说，它是由一系列的体现人物性格，表现人物与人物之间、人物与环境之间的相互关系的具体事件构成。

尽管说，情节的基本模式比较简单，它一般分为四个阶段，依次为：发生、发展、高潮、结局。再生动的故事、复杂的情节也是在这个基础之上发展起来的。

但是，大家请注意，故事是否生动，能否让人深陷其中，依赖的都是对情节的巧妙安排。

第二，真实靠细节。细节是指文艺作品中描绘事件发展、自然景物、社会环境或者刻画人物性格等最小的组成单位。

完全可以这么说，细节描写是刻画人物性格的重要方法，是烘托人物心情的重要手段，是推动情节发展、深化故事主题的重要技巧。

因此，故事是否真实，令人深信不疑，依赖的就是对细节的精雕细刻。

第三，共鸣靠价值观。价值观是指人在思维的基础上所做出的认知、理解、判断或抉择。换一句话说，它是人认定事物、判定是非的一种思维取向。

一般来讲，在价值观的驱使下，人会认为做什么才是值得的，才是有价值的。

所以，故事是否打动人、感染人，关键在于故事中主人翁的行为，是否超出了读者的预料，引起读者价值观的升华或者撕裂。

最后，我再次总结一下，好故事的基本模式是：情节向前离奇发展，细节不断证明真实，而结局往往超出读者意料！

——陈权《如何将真实故事编得更加精彩？》

在上面的这篇演讲稿中，笔者认为，要想讲好一些故事，需要在情节、细节、价值观这三大方面下功夫。而这其中，生动的情节和真实的细节，完全可以直接地展现出来。但是，让人产生共鸣的价值观，只能通过间接地体现出来。因此，尽管这三个要素之间都是并列关系，但是，在整篇演讲稿的逻辑结构上，先是情节和细节形成并列关系，接着，这两者再跟价值观形成并列关系。

像这种逻辑结构，工作生活中也不少，比如，一天24个小时中的三八理论：八个小时工作、八个小时业余生活、八个小时睡觉。前面的两个八小时里，眼睛是睁开的，后面的那个八小时里，眼睛是闭着了。再如，曾子的每日三自省：忠、信、习。具体内容为“吾日三省吾身：为人谋而不忠乎？与朋友交而不信乎？传不习乎？”前面的两件事情属于交际的范畴，后面的那件事情属于学习的范畴。

这种黄金圈模型，尽管在逻辑结构上不是很完美，但是，它比较自然，没有矫揉造作之感，同时，演讲者很容易找到如此关系的三个观点，因此，这种逻辑结构也被演讲者经常使用。

6. 后并并混合关系黄金圈模型

后并并混合关系黄金圈模型，即面前的三个论点在表达意思方面，尽管只存在着并列关系，但是，它们不是同时形成并列关系，而先是后面的两个论点形成并列关系，之后，再跟前面的那个观点形成并列关系。比如，下面这篇文章。

分别在即，我送给大家三句赠言。

第一句是“学习以恒”。当今社会是个必须不断学习、必须终身学习的社会。同学们大学毕业，只是意味着在校园学习过程的完成，而终身学习，不断地用人类社会的一切优秀文明成果充实自己，才是持久的学习，唯有如此，才能生存，才能发展，才能不断有所作为。

第二句是“做事以敬”。对待每一项工作都要一丝不苟，绝不可以因事小而不屑为之。任何事情只要用心去做，总会有所收获，而往往是在小事之中蕴含着朴实而深刻的道理。我们要以高度负责的态度来做好每一件事情，要善于在小事之中体悟大道理。

第三句是“待人以诚”。大家彼此以诚相待，才能够共同营造一个健康融洽的氛围，才能够有效地发挥每一个人的作用，也才能够成就更大的事业。这是不断加强个人修养的一个重要内容，做人如此，做事、做官同样如此。

今天毕业典礼后，同学们就要分布在祖国的天南地北。我们衷心地期待中国青年政治学院的每一位毕业生在各自的工作岗位上不断地传来佳音。希望大家永远珍藏在母校期间的这段难忘岁月，永远不要忘记老师对你们殷切期望。母校将永远祝福你们，永远惦记着你们，中青院将始终为你们而骄傲！

——周强《在中国青年政治学院99届毕业典礼上的讲话》

在上面的这篇演讲稿中，演讲者将三句话送给即将毕业的各位同学，第一句话是“学习以恒”，第二句话是“做事以敬”，第三句话是“待人以诚”。而这其中，第二句话和第三句话的意思比较接近，一个是关于做事，一个是关于做人，都属于输出，至于第三句话，它是关于学习，属于输入。因此，在整篇演讲稿的逻辑结构上，先是后面的两个观点形成并列关系，接着，它们又跟第一个观点形成并列关系。

像这种逻辑结构，工作生活中也很多，比如，企业家成长的三大要素：环境、学习、遗传（后面的两个因素属于内因，前面的那个因素属于外因）；再如，亚里士多德在《修辞学》中讲过，一个人讲话的说服力来源于三个因素：人品、感性、理性（后面的两个因素属于认识，前面的那个因素属于本质）。

跟上一个模型一样，这种黄金圈模型，尽管在逻辑结构上不是很完美，但是，演讲者很容易找到如此关系的三个观点，因此，这种逻辑结构也会被演讲者经常使用。

第二类为并递混合关系，即在三个论点里面，既存在着并列关系，又存在着递进关系。

根据具体位置的不同，它还继续分为两种：即前并递混合关系和后并递混合关系。

7. 前并递混合关系黄金圈模型

前并递混合关系黄金圈模型，即面前的三个论点在表达意思方面，既存在着并列关系，也存在着递进关系，先是前面的两个观点形成并列关系，接着，它们再与后面的观点形成递进关系。比如，下面这篇文章。

“师者，所以传道授业解惑也。”这是唐代著名的文学家、思想家韩愈《师说》里的一句话，是对老师这个职业的经典定义，也是对老师这个职业最好的诠释。

“传道”，就是要求老师不仅要把科学文化知识传授给学生，同时还要言传身教地培养学生良好的道德品质。“近朱者赤近墨者黑”，老师的言谈举止、待人接物、为人处世、文化素养、道德修养等无时无刻不在潜移默化地影响着学生。老师影响着学生的健康成长与发展，这就要求老师也要不断学习，不断提高自己，以满足学生的需求。

“授业”，就是老师传授给学生科学文化知识与基本技能。身为老师，一定要有足够的知识储备、丰富的文化内涵。同时，要懂得因材施教，采用灵活多变的方法将知识传授给学生，使学生能够更好地接受、吸收与利用。如果内容有点枯燥，老师还必须采用不同的教学法，充分调动学生的积极性，让学生更好地去理解掌握。

“解惑”，就是学生在听课学习或者自主学习过程中，对老师的某些讲解尚未明白导致感到很困惑，或者提出了自己的独特见解并询问老师这样对不对，而此时，老师必须有效地解决学生对知识的这些困惑，给学生以正确的引导和帮助。有时候，老师还须采用恰当的方法调动学生的主动学习能力，进而发掘培养学生勇于质疑的精神。另外，学生在不断成长的过程中精神上遇到的困惑及他们生活中遇到的问题，老师也要注意观察，必要时给出自己的建议，使他们很好地走出困惑。

总之，“传道，授业，解惑”这三者是老师教授学生所必备的。“传道”就是指导学生如何做人，“授业”就是指导学生如何做事，“解惑”就是指导学生如何学习。

——佚名《什么才是真正的传道授业解惑》

在上面的这篇演讲稿中，演讲者认为“传道、授业、解惑”这三件事是一名老师的神圣职责。而这其中，“传道”即培养学生优良的道德品质，“授业”即传授给学生科学文化知识。这两件事是可以同时进行的，也是必须首先进行的。当老师传道授业之后，学生如果对某些内容尚未明了、感到疑惑，这时候，老师还需再次给学生讲解，达到“解惑”的目的。于是，传道、授业、解惑这三个观点，先是前面的两个观点形成并列关系，接着，它们再与后面的那个观点形成递进关系。

像这种逻辑结构，工作生活中也很多，比如，禅家修炼三境界：正、反、得。具体内容为：看山是山，看水是水；看山不是山，看水不是水；看山还是山，看水还是水。再如，王国维先生提出的治学三境界：知、行、得。具体内容为：“昨夜西风凋碧树。独上高楼，望尽天涯路”，这是第一境界，即“知”阶段；“衣带渐宽终不悔，为伊消得人憔悴”，这是第二境界，即“行”阶段；“众里寻他千百度，蓦然回首，那人却在，灯火阑珊处”，这是第三境界，即“得”阶段。

这种黄金圈模型，既有并列关系，又有递进关系，因此，这种逻辑结构的杀伤力也非常强。另外，演讲者也很容易找到如此关系的三个观点，所以，这种逻辑结构会被演讲者经常使用。

8. 后并递混合关系黄金圈模型

后并递混合关系黄金圈模型，即面前的三个论点在表达意思方面，既存在着并列关系，也存在着递进关系，先是前面的那个观点与后面的两个观点形成递进关系，接着是后面的两个观点形成并列关系。比如，下面这篇文章。

小人自古至今都有。虽然我们很想远离小人，但小人却一直存在现实里，永远活在我们身边。在人际交往中，我们不希望遇到小人，可遇到小人的事又经常发生。既然如此，我们该如何对付小人呢？

第一，不要害怕小人。现实生活中，很多人由于害怕小人给自己制造麻烦、带来伤害，难免会对小人产生某种畏惧心理。但请注意，我们在精神上、气势上，绝对不能害怕小人。要知道，小人之所以成为小人，是因为他们的所作所为并不是那么光明正大，他们欺软怕硬，害人的事只能偷偷摸摸地干。你如果在精神上、气势上都输了，那就会让小人更加肆无忌惮、得寸进尺。

第二，不要轻视小人。小人的本事虽小，但其破坏性极大。原因在于“成事难、坏事易”。这好像吹气球，你要吹大它，需费很大的劲，但想弄破它，只需一根针。因此，考虑到小人会搞破坏，我们在干事情的时候，必须想到预防小人并采取妥当的措施。例如，多增加几道隔离墙和防火墙。请永远记住：害人之心不可有，防人之心不可无。

第三，不要纵容小人。面对小人的破坏，我们必须“以革命的两手，对付反革命的两手”，可以当场正面还手的，就直截了当地回击；不便于正面还手的，寻找恰当的机会，再予以坚决的回击。尽管说，我们不能像小人那样，老是在背后使阴招，但我们也必须通过请教朋友、查阅资料、上网咨询等方式，了解小人通常使用的那些下三烂手段并掌握相应的破解方法，因为只有这样，我们才能达到保护自己的目的。

总之，小人并不可怕，可怕的是我们在气势上输给了小人，在战术上轻视小人，在招数上纵容了小人。

——樊荣强《如何对付小人》

在上面的这篇演讲稿中，演讲者告诉我们：如何对付小人？策略有三个，依次为：不要害怕小人、不要轻视小人、不要纵容小人。而这三种策略中，它们之间的逻辑关系是这样，首先是不要害怕小人，接着是既不要轻视小人，也不要纵容小人。于是，前面的那个观点跟后面的两个观点形成递进关系，而后面的两个观点却形成并列关系。

像这种逻辑结构，工作生活中也很多，比如，培训内容的三大领域：态度（attitude）、知识（knowledge）、技能（skills）。这个理论叫ASK模型，具体内容为：首先要培训态度，因为只有态度端正了，才会去学习其他内容；接着，再培训知识和技能。

这种黄金圈模型，既有并列关系，又有递进关系，因此，这种逻辑结构的杀伤力非常强。另外，演讲者也很容易找到如此关系的三个观点，所以，这种逻辑结构也会被演讲者经常使用。

八种黄金圈模型介绍完了，我们也掌握了这八种逻辑结构。不过，我们马上会遇到一个新难题：我们怎么做，才能根据演讲主题而整理出三个论点呢？各位读者，莫慌！要想知道具体的方法，请继续阅读下文。

第二章

要想掌握黄金圈模型，你必须把演讲要点概括为三点

笔者记忆当中，每次讲完黄金圈模型之后，都得到了口才班上所有学员的热烈欢迎。其中，有些同学还觉得好像抓到一根救命稻草一样，纷纷表示：这才是我最想拥有的技能，从今以后，当众演讲肯定不再卡壳，不会掉链子了。

不过，当理论讲完，进入演练环节，学员们马上又发现：尽管这个理论很简单，只有一句话——就某一主题进行当众演讲或者发表意见时，仅说三个要点。但是，真正操作起来，还会遇到两个很具体的让人非常头疼的问题。

第一，就某一主题进行当众演讲时，思维老是打不开，自己搜肠刮肚，甚至想破了脑袋，仅是想到一个论点，怎么办？

第二，就某一主题发表个人意见时，思维总是很凌乱，自己有很多话要说，有很多要点要讲，该如何取舍？怎样给它们排序？

为了能更好地回答上面的两大问题，笔者决定从思维这个话题开始讲起。

一、什么是思维

其实，研究思维的学科有很多。比如，哲学曾经研究过思维。不过，哲学研究范畴却是：作为意识的思维，它跟物质有何联系；作为理性认识的思维，它跟感性认识又有何关联。再如，脑科学也研究思维，它研究的对象是思维活动时，脑生理、脑化学、脑电波的变化规律。另外，心理学也研究思维，它研究的范围是：人到底是怎样思维的，概念是如何形成的，人是如何推理的等。

从上面三大学科的研究对象看来，从心理学的角度去研究思维的内容，才是我们的“菜”，才对我们的演讲有所帮助。

既然如此，那心理学是如何探讨思维的呢？我们结合下面这种图（见图2–1），先从心理学的概念开始，再一步一步地聊到思维的过程、思维的类型。

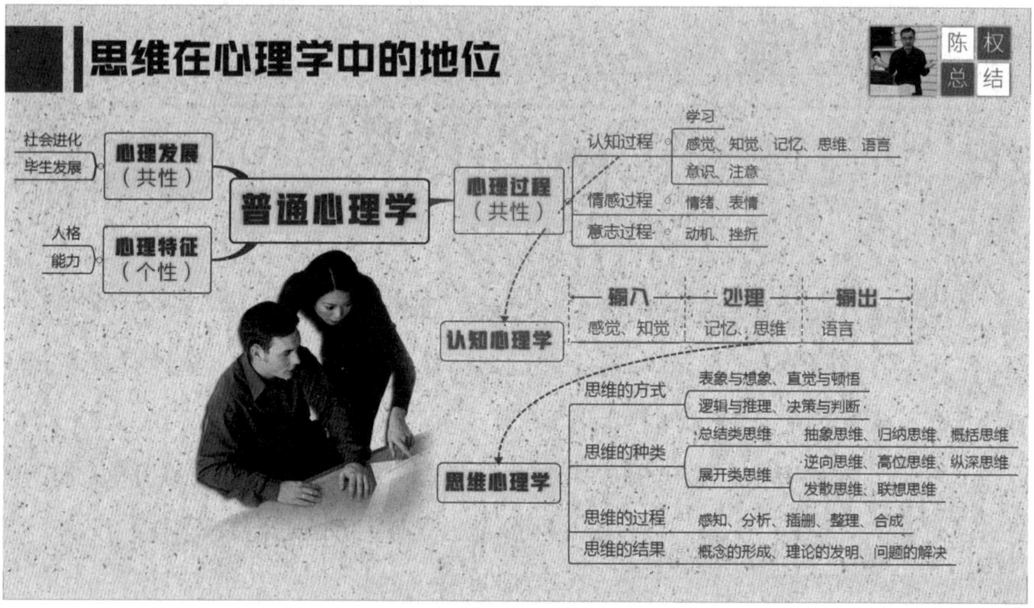

图 2–1 思维在心理学中的地位

教科书上，心理学的概念是这样的：心理学是研究人的行为及其心理活动的科学。于是，心理学研究的对象一共有三大方面：心理特性、心理发展、心理过程。

而这其中，心理特性还细分为两大块，即人格和能力，也就是某人在心理测验的帮助下，他属于何种人格、他具备何种能力这个意思。

心理发展，它主要指的是人的毕生发展，也就是人在不同阶段（儿童期、青年期、老年期）的心理特点和规律是怎样的。

心理过程，它也继续分为三大块：一是认知过程，属于智商的范畴；二是情感过程，属于情商的范畴；三是意志过程，属于逆商的范畴。

知道了心理过程有三大块之后，如果我们再对心理过程中的认知过程进行进一步探讨的话，这个课题就是二级学科了，也就是属于认知心理学的范畴了。

那认知心理学主要研究些什么呢？它主要研究的对象有五块：感觉、知觉、记忆、思维和语言。认知过程就是信息通过感觉和知觉输入了大脑之后，经过记忆和思维处理，最后以语言等形式输出的过程。

大家看到了没？思维就是认知过程中的一个重要的环节。如果我们再继续探讨思维是如何加工信息的话，这个就是三级学科了，也就是属于思维心理学的范畴了。

那思维心理学主要研究些什么呢？它研究的对象一共有四大类：一为思维的方式，比如，表象与想象、直觉与顿悟、逻辑与推理，决策与判断等；二为思维的种类，比如，抽象思维、归纳思维、概括思维、逆向思维、高位思维、纵深思维、发散思维、联想思维等；三为思维的过程，它还可以继续细分为感知、分析、插删、整理、合成这五个环节；四为思维的结果，比如，概念的形成、理论的发明、问题的解决等。

而在这四大类中，思维的过程和思维的种类对我们拟定演讲腹稿的作用非常大。所以，我们下面对其进行详细的介绍。

二、演讲腹稿拟定过程中思维要历经哪几个环节

可以这么说，人脑的思维过程其实是非常复杂的，它是多种思维活动交错而有机地结合在一起。根据心理学家的研究得出，思维的整个过程是这样的：首先，通过分析、综合、比较、归类、抽象、概括等思维方法，对感知的客观事物的信息进行加工；接着，通过概念、判断、推理等思维模式，揭露客观事物的本质特征和内部联系。说白了，思维就是人脑对客观世界的间接反映。

如果问：演讲前，在腹稿的拟定过程，我们的思维活动也会如此复杂吗？笔者认为，跟上面的常规思维过程差不多。根据笔者的实践经验，这个腹稿拟定的思维过程分为五步：第一，感知，也就是演讲者首先要认真地感知客观事物；第二，分析，即在整体概念上将客观事物拆散为各个组成部分（或者各个要素），目的是能够透过事物表象而理解其本质；第三，插删，也就是在即将叙述客观事物的时候，要插入其他同类事物和自己观点、个人主张，同时，还要避开一些不利于自己演讲主题的原事物的其他一些组成部分，目的是让自己的观点更加有说服力；第四，整理，由于存在着删减和插入的情况，我们需要对这些要素的先后顺序进行重新安排，以便让这些要素的排列更有逻辑性；第五，合成，即将重新整理好之后的那些要素合成演讲腹稿的主

要框架和一些个人发明的理论、观点。整个思维过程如下图所示（见图2–2）。

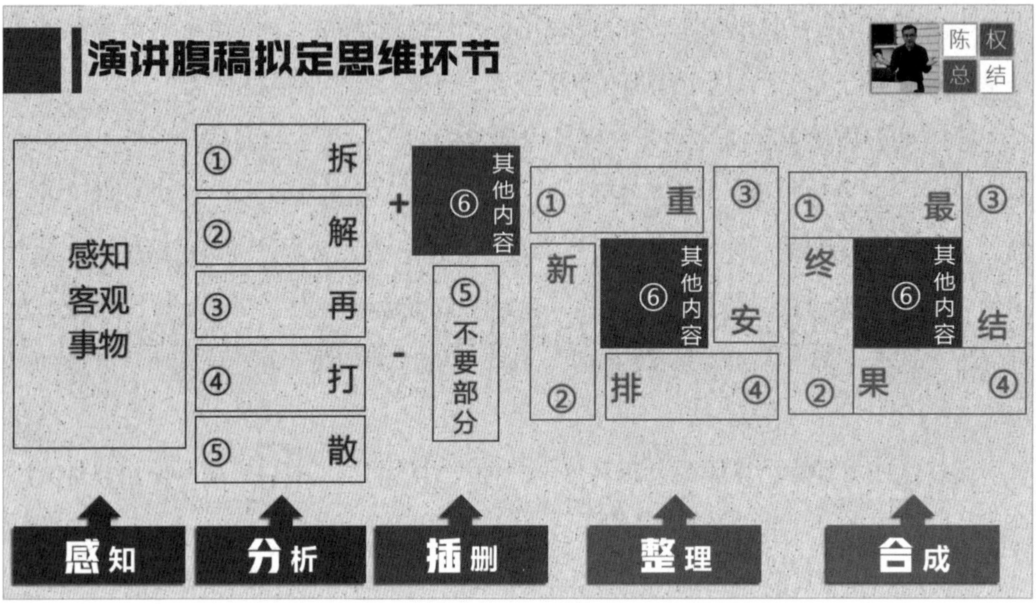

图 2–2　演讲腹稿拟定思维环节

1. 认真感知客观世界

演讲腹稿拟定思维的第一步：感，即感知的意思。也就是说，演讲者首先要认真感知这个客观世界，细心观察事物，才能获取有价值的、有意义的、不同凡响的信息。

为什么这么说呢？因为我们都知道，人往往都是有感而发的，所谓的感言就是因为有了感想才发言。

既然如此，那怎么做才算是细心的观察呢？笔者认为要从如下两大方面入手（见图2–3）：

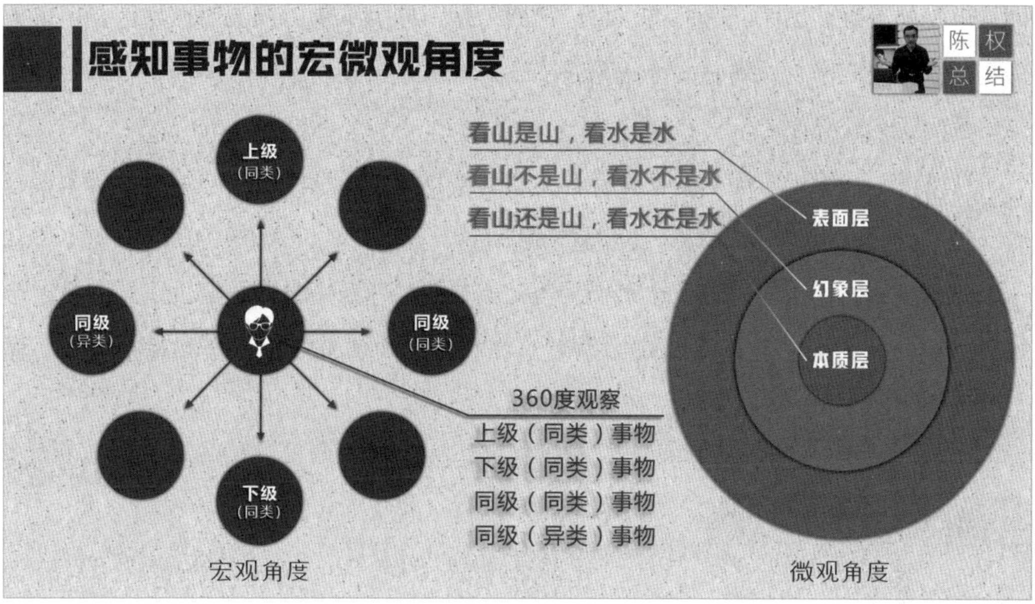

图 2–3　感知事物的宏微观角度

（1）观察的深度

一般来讲，事物都有三个层面，依次为表面层、幻象层、本质层。我们观察事物时，如果仅仅停留在表面层的话，感悟就不深刻了。所以，我们还必须透过表面层、幻象层而直达本质层。

说起来也真奇怪！同一个事物，我们在幻象层所看到的跟在表面层所看到的却完全不一样，但在本质层所看到的跟在表面层所看到的又是一样的了。

为什么会这样呢？因为我们这么一折腾已经彻底理解事物本身了、达到表质合一了。

其实，对事物的这种认知过程，宋代禅宗大师青原行思也有类似的话语，他说：参禅有三重境界，第一重境界是“看山是山，看水是水”；第二重境界是“看山不是山，看水不是水”；第三重境界是“看山还是山，看水还是水”。

所以说，如果观看事物时越专注、越投入，自己的体会也就越深入、越入微，最终所发表出来的言论也会越深刻、越新颖。

（2）观察的广度

如果问：怎样的观察角度才算是比较广呢？笔者认为要从这四大方向出发：第一，是同类事物的上级，也就是要看的事物比目前的事物还要高一个级别；第二，是同类事物的下级；第三，是同类事物；第四，是不同类事物的同级。比如，要了解人力资源管理这门学科，那它的上级是经济学，同级是市场营销学，下级是薪酬管理，不同类的同级是行政管理。

所以说，如果观看同类事物或者有关联的事物越多，那供自己选择的材料也就越多，最后所发表的言论也就越广泛、越全面。

综上所述，作为演讲者，在某个现场碰到某个话题要进行即兴演讲也好，在某个场合遇到某个任务必须做命题演讲也罢，我们都必须认真对待、全面观察、细心体会，既要做到往深处看，又能做到往广处看。

2. 善于拆解事物或现象

演讲腹稿拟定思维的第二步：分，即分析的意思。如果说，感知是人脑对客观世界外部特征的直接反映，属于感性认识；那么，思维中的分析，就是对客观事物内在必然联系的间接反映，属于理性认识。所以，在思维的活动过程中，分析是非常重要的一个环节。当我们要揭示某种现象的本质、了解某个事物的本身的时候，就不应该仅仅停留在事物的表面、现象的浅层。如果只是这样的话，我们就透不过现象把握本质，不能继续探索事物之间的联系，并发现事物运动的特定规律了。

既然分析如此重要，那每当面对需要进行演讲的某种现象或某种事物时，我们应该怎样进行呢？具体的步骤和重要的方法又是怎样的呢？

笔者认为：所谓的分析就是在思想上对整体的客观事物或某种现象进行拆分，并将其分解为各个组成部分的过程。

其具体的拆解步骤有两步：首先，要根据某种理由，或者某个原则对其进行拆解；然后，再对各个组成部分进行打散，以便我们更好地观察它们的深层关系，研究它们的内部结构。

其重要的拆解方法有两种：其一是分割；其二是分类（见图2-4）。

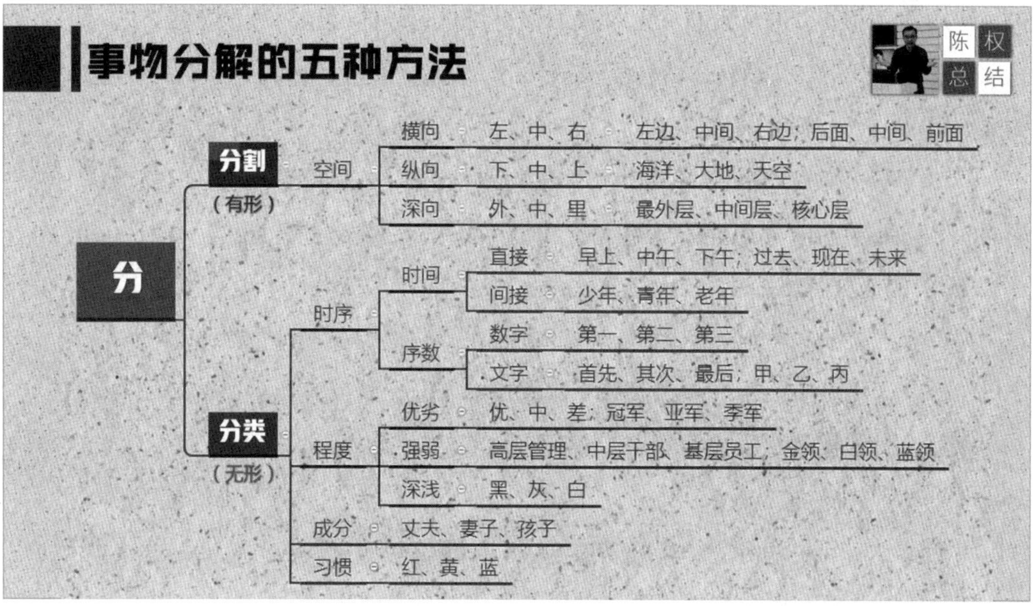

图 2-4 事物分解的五种方法

如果对象是有形的，我们就采用分割的方法，在空间上对其进行拆分。

（1）空间分解法

第一种情况，从横向维度出发，把事物分为左、中、右等三个部分。像“左边、中间、右边”“后面、中间、前面”，就是属于这种划分方法。

第二种情况，从纵向维度出发，把事物分为下、中、上等三个部分。像“海洋、大地、天空”，就是属于这种分割方法。

第三种情况，从深向维度出发，把事物分为外、中、里等几个层次，像“最外层、中间层、核心层”，就是属于这种划分方法。

如果对象是无形的，分割不了，那我们就采用分类的方法。分类的依据有时序、程度、成分、习惯等四个方面。

（2）时序分解法

在时序上，还可以细分为时间和序数两种情况。

像“早上、中午、下午”“过去、现在、未来”就属于直接式的时间分类法，因为这几个词语都是直接用来表示时间的。

像“少年、青年、老年”就属于间接式的时间分类法。尽管说，这些词语不是用来直接描述时间的，但从其意义上，我们还是可以从中体会到时间的存在。

像“第一、第二、第三”就属于数字式的序数分类法，因为每组词组都包含有具体的数字。

像“首先、其次、最后”“甲、乙、丙”就属于文字式的序数分类法。虽然说，这些词语并不是由数字组成，但根据其意思，我们还是可以感觉到这些词语是有先后顺序的。

（3）程度分解法

在程度上，同样也细分为优劣、强弱、深浅、快慢等很多种情形。

比如，“优、中、差”和“冠军、亚军、季军”，就属于优劣式的分类方法。

比如，“高层管理、中层干部、基层员工”和“金领、白领、蓝领”，就属于强弱式的分类方法。

再如，“黑、灰、白”，就属于深浅式的分类方法。

再如，“快速、中速、慢速”，就属于快慢式的分类方法。

（4）成分分解法

至于从组成的成分上划分，那就举不胜举了。

比如，“头、身、尾”和“丈夫、妻子、孩子”，就属于这种分类方法。

（5）习惯分解法

另外，针对无形的对象，还有一种叫习惯式的分类方法。这种分类方法将事物拆分为若干部分之后，它们之间的先后顺序不明显，大多情况下是平起平坐的。但是，人们的表达习惯却给它们加上了先后顺序。比如，“真、善、美”“红、蓝、黄”，就属于这种分类法。

花了大量的笔墨终于把拆解的两种方法讲完了，看到这里，可能有些朋友会觉得很无聊，这些方法很简单啊，干吗要浪费我们的时间呢?

其实，笔者想表达的意思恰恰就是要从本质上去认识并掌握这些拆分方法。因为对事物进行分析的方法有很多，我们只有选出最佳的拆分方法，才能发现事物的本质，才能在听众面前讲别人讲不出的观点。

3. 插入或者删减一些东西

演讲腹稿拟定思维的第三步：插。请注意，在这里，插指的是插删，也就是说，它既包括插入还包括删减。

为什么要插入呢？因为当我们把事物（或现象）拆解为若干模块之后，如果仅仅是调换了一下它们之间的位置又组装起来就完事了，那真没意思。这只是新瓶装旧酒罢了，既谈不上创新，也算不上突破，一点意义都没有！

所以，我们还需要对其插入一些其他成分才行。同时也只有这样，才能显得有点不一样。既然如此，那我们应该插入一些什么东西呢？笔者认为，有三样东西很重要。

（1）其他的事物

插入其他事物之后，我们就更容易对其进行比较、概括和总结，对事物的理解会更加全面。当然，其他事物也不是随便插入的，而是要有关联才行，像上文所介绍的同类事物、同类事物的上级、同类事物的下级等，就可以。

（2）他人的观点

插入他人观点、特别是选用了名家名言之后，更能证明自己观点或者个人思想的超越性和正确性。当然，所插入的他人观点也必须有助于自己的演讲主题才行，否则，倒不如不插。

（3）自己的思想

值得大书特书的是，这一点是最关键的。因为演讲的主要目的就是为了宣扬自己的思想、自己的理念、自己的主张。而在演讲的过程中，所插入的那些对事物的分析、对现象的描述、对他人观点的引用等，其作用无非是烘托演讲者的演讲主题。完全可以这么说，演讲者之所以要把演讲腹稿拟得如此有条理性、有逻辑性，就是为了让自己的观点能跟社会的现象、眼前的事物，完美地结合在一起，更好地说服听众。

同时，我们还需要删减一些东西。

为什么要删减呢？因为无论是事物还是现象都存在着正反两面，当把它们拆散之后，其中的某些内容跟演讲者的演讲主题很吻合，是演讲者所需要的；而某些内容又是不利于演讲者的演讲主题的。所以，演讲者在发表自己观点的时候，对现象或者事物的合理一面给予肯定，之后，借助“但是”两字在自己演讲观点的外围建起一堵墙，把不利于自己演讲主题的现象或者事物的另一面隔离出去，以便让自己的演讲观点既鲜明又具有包容性，更易说服听众。

那我们究竟要删减些什么呢？笔者认为，主要有三方面。

（1）删减一些矛盾的内容

如果某些内容对演讲主题来说，是起着相反作用的，那我们必须删减它。

（2）删减一些多余的内容

因为在演讲中主要是发表自己的观点为主，所以，对事物或者现象的描述，不可能面面俱到，必须删减一些次要的东西。

（3）删减一些重复的内容

如果分析对象中的某些内容跟从其他途径引用过来的资料有所类似，那我们也必须果断地删减它。

4. 对插删之后的事物或对象重新排序

演讲腹稿拟定思维的第四步，整，即整理。在前面，我们不是把事物或对象分解成若干部分了吗，不是也删减了一些矛盾的、多余的、重复的东西，同时又插入了其他事物、名家观点以及自己思想了吗？

现在我们要做的工作就是：对这些内容进行整理，安排好它们之间的上下级关系和先后次序，以便拟定出一个逻辑性强、符合听众心理期待的演讲腹稿。当然，在思维阶段，我们一般不要求拟定全稿，只要拟定一个提纲就可以了。

既然如此，那我们应该怎么整理呢？

第一步，比较，确定其先后顺序。

如果事物是有形的，那就好办多了。可以采用体积、面积、长度等量度对它们进行测量。之后，根据测量结果的数据大小，确定它们的先后顺序。

如果事物是无形的，排序工作可能有点麻烦。我们需要先对抽象的事物进行概括，把不能量化的事物概括为有等级性的事物。因为只有这样，我们才能对其进行比较。

第二步，归类，确定其类属关系和上下级关系。

怎样归类呢？我们必须先设定一个标准，才能够给已经排好先后顺序的事物进行归类。比如，我们测量了一所大学的所有教室，测量数据从大到小依次为：2000㎡、1500㎡、1200㎡、700㎡、600㎡、500㎡、180㎡、160㎡、150㎡、90㎡、80㎡、70㎡。那我们就可以这样设定归类标准：1000㎡以上的，为特殊教室；1000㎡以下的，为普通教室。

怎样分级呢？还是拿上面那所大学的教室为例吧！当我们给大学的所有教室分类

之后，会突然发现：这样的分类太粗犷了，还需要再细分。于是，我们就将特殊教室命名为报告厅，而其中，2000㎡以上的，为大报告厅；1500㎡到2000㎡之间的，为中报告厅；1500㎡以下的，为小报告厅。同时，将普通教室命名为培训室，而其中，500㎡到700㎡之间的，为大培训室；150㎡到180㎡之间的，为中培训室，90㎡以下的，为小培训室。这样一来，这些教室的数据之间，既存在着类属关系，又存在着上下级关系了。比如，160㎡的教室归类于中培训室，而中培训室的上一层概念为普通教室。

第三步，溯因，确定其因果关系。

很多时候，演讲的主要目的就是传播个人思想、宣扬个人观点、打造个人影响力。所以，演讲中的所有内容必须为演讲主题服务。换一句话说，就是在演讲腹稿中，所有的分论点跟最后的总结，必须构成因果关系。也只有这样，我们所拟定出来的演讲腹稿才具有说服力。

因此，在拟定演讲腹稿的过程中，我们必须处理好这个因果关系。如果这个论证关系不是很严密，我们还需要对其进行修改，甚至还需要重新收集材料并重写。

综上所述，在整理事物的过程当中，我们的重点工作是要把握好事物之间的四种关系（见图2–5）。

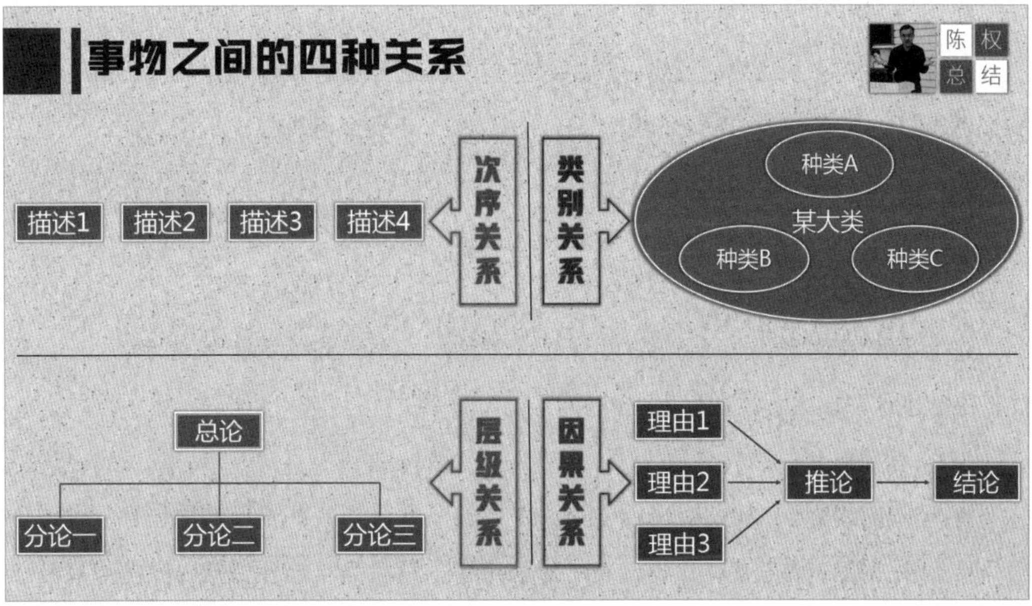

图 2–5　事物之间的四种关系

（1）次序关系

次序关系就是某某排在某某的前面的意思。比如，甲乙丙，甲排在前面；冠军、亚军、季军，冠军在第一位。在演讲腹稿中，当遇到分论点的时候，我们也必须这样处理，因为这样，才符合事物的发展规律。

（2）类别关系

类别关系就是某某属于某类的意思。比如，男孩、男人、帅哥，都属于男性；女孩、靓女、女人，都属于女性等。在演讲腹稿中，我们必须给材料分门别类，因为只有这样才能让听众一听就明白、一看就领会。

（3）层级关系

层级关系就是某某是某某的上级、某某归某某管理的意思。比如，母亲管理孩子、领导管理员工等。在演讲腹稿中，一般是论点统率论据，结论统率理由，全局统率细节等。

（4）因果关系

因果关系就是因为某某和某某的出现而造成了某种结果，或者因为某某困境而必须采用怎样的主张和措施，等等意思。

5. 确定演讲腹稿的框架

演讲腹稿拟定思维的第五步，合，即合成。经过前面的几步操作之后，接下来，我们就可以把演讲腹稿的框架确定下来了。当然，在确定演讲腹稿框架的同时，也可能需要合成一些其他的东西。

那究竟还要合成一些什么东西呢？主要包括以下三类：

（1）腹稿框架

这个是我们最需要的，不过，由于这个框架不是两三句话就能够说清楚，所以，我们决定把这一块内容放在后面去讲解。

（2）相关概念

由于演讲的需要，我们有可能在演讲中要给听众介绍一些自己的原创性概念或者对一些老概念赋以新含义。比如，在一次演讲中，笔者为了能让听众马上搞清楚什么是绩效，同时又能引起听众对绩效管理工作的重视。于是，笔者对“绩效”这个老概念给予新的解读：“什么叫作绩效？绩就是业绩；效，它包含三种意思，依次为效率、效果、效益。也就是说，企业里任何一位员工，他工作起来不但要有结果、有效果，同时，工作的效率也要高，并且能够给企业带来很好的效益。”

大家看到了没？在笔者的新解读里面：绩效这个概念是合成的，即由绩和效组成，而效又是由效率、效果和效益这三个部分构成的。

不过，话说回来，大家别苦恼，因为需要演讲者去讲新概念的情况并不多，它仅仅出现在学术类或者科普类的演讲之中罢了。

（3）主要理论

看到这里，可能有朋友会非常纳闷：能够把话说明白就已经很不容易了！干吗还要给听众讲解什么理论？难道演讲者不知道这么做是等于“打手电筒捡粪——找屎（死）”吗？

其实，笔者在这里很想强调的一点就是：演讲的宗旨是要给听众传播自己的思想、自己的信仰、自己的情感。这其中，演讲者分析现象，是为了能把听众带进他设置的某种情境之中；演讲者抒发情感，是为了能与听众产生心理共鸣。但是，前面这两步都是基础性工作。演讲者最终的目的还是为了传播自己的思想。大家想想：如果演讲者说出自己的主要观点时，仅仅两句话或者某条口号，那么，这样的话语是不是显得有点苍白，有点空洞？

所以，有时候，演讲者还是有必要给听众讲一些自己创造的理论，这样才能显得自己对事物或者现象的见解很有深度、很有新意！

由于篇幅有限，笔者就不在这里跟大家分享怎样创造并合成理论了。

三、演讲腹稿拟定过程中所用到的思维有哪些

介绍完演讲腹稿拟定的整个思维流程之后，接下来继续讲解在演讲腹稿的拟定过程中，我们会使用到哪些具体的思维。

根据个人的实践经验，笔者认为：我们在拟定演讲腹稿的时候，用到的演讲思维一共有两大类十种（见图2-6），其中经常使用的有八种，依次为：抽象思维、归纳思维、概括思维、逆向思维、高位思维、纵深思维、发散思维、联想思维。现一一介绍如下。

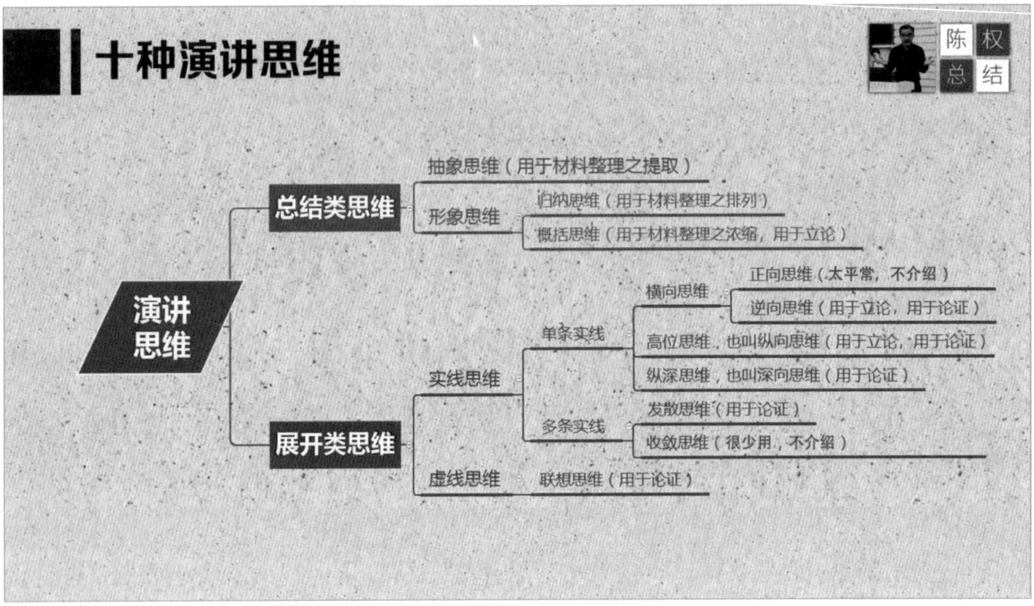

图 2-6　十种演讲思维

1. 总结类思维：抽象思维、归纳思维等

总结类思维，就是需要对自己的演讲内容进行整理并小结或者概括为观点时所使用到的思维，它还继续细分为三种。

（1）抽象思维：让你看别人看不到的本质，说别人说不出的内涵

一般来讲，根据认知对象的直观性如何和解决问题方式的不同，我们把思维分为三类，依次为动作思维、形象思维和抽象思维。

动作思维又称直观动作思维，它解决问题的方式依赖于实际的动作。例如，自行车坏了、不能骑了，问题出在哪儿呢？骑车者必须通过检查自行车的相应部件，才能确定：到底是内胎爆了，还是链子掉了。再如，学前儿童要做一道10以内的加法计算题，他必须借助数手指头这种方式，否则，算不出结果。

在演讲腹稿的拟定过程中，我们很少运用到动作思维。所以，我们不再对其展开详解。

形象思维又称具体形象思维，它是指人们利用头脑中具体的形象（表象）来解决问题。例如，要到某个知名景点参观，我们通常是先在头脑中想出很多条可能到达的路线；接着，对这些路线进行一番分析和比较；最后，挑选出一条既交通方便又路程不长的路线。

形象思维对实际问题的解决有着重大的意义，艺术家、作家、导演等，都会经常使用到形象思维，而在演讲腹稿拟定的过程中，我们更是常常运用到它。另外，形象思维还可以细分为很多种，比如，归纳思维、概括思维等。

抽象思维又称抽象逻辑思维，它是指从许多抽象的事物中（请注意，不是具体的事物，如果是具体的事物，就好办了，就不用去抽它的“象”了），舍弃个别的、非本质的属性，抽取共同的、本质的属性的思维方式。同时，它是以概念、判断、推理、总结等形式来反映客观事物的本质特征和内在联系。例如，撰写学术论文、证明数学定理、提炼文章主题等，都需要依靠抽象思维，否则，我们的工作将无法完成。

虽然说，演讲腹稿拟定跟学术论文撰写完全不一样，也不需要证明什么数学公式。但是，在演讲腹稿的拟定过程中，我们免不了要对演讲主题进行提炼（或者说总结）。特别是当演讲者的演讲题目涉及像信仰、理想、感恩、爱国情操等抽象概念的时候，更是需要抽象思维来帮忙。比如，在演讲的开篇或结尾，我们是要对自己的演讲主题进行提炼的，或者对其提炼为几个分论点，或者对其提炼为一句话。

（2）归纳思维：让你的表达更有逻辑性、更有条理性

归纳思维是指对认知对象进行归拢并使之条理化的一种思维方式，也指一种推理方法，即由一系列的事实概括出一般原理（跟“演绎”相对）。

当然，在这里，所谓的归纳思维主要是指前面的那种情况。也就是演讲者常常会使用归纳思维来整理自己所收集到的一些素材。比如，下面这个例子。

在一次培训课堂上，我对众多学员说：咱们来玩一个挑战游戏吧！屏幕上的这些字母和数字，如果想把它们背下来的话，最快需要多长时间？

m、8、o、4、0
e、7、1、y、2
n、3、5、6

好！既然大家都很感兴趣，那我们现在开始计时！

很快，结果出来了，在培训现场，最快能记住并背下来的那位学员，足足花了57

秒的时间。

我接着说：咱们还是把它们的先后顺序重新安排一下吧！一共有两种次序，依次为：

次序一

2、0、1、8

m、o、n、e、y

3、4、5、6、7

次序二

m、o、n、e、y

0、1、2、3、4、5、6、7、8

我继续说：这一次是不是马上就能记住了，1秒钟的时间都不需要?

看到大家不停地点头称是。最后，我总结说：这就是归纳的妙用。第一种归纳次序，强调的是2018这四个数字；第二种归纳次序，强调的是012345678这九个数字。不管采用哪一种归纳次序，都能让我们马上记住这些数字和字母。

从上面的例子可以看出，归纳的目的，就是要让认知对象变得有条理性和逻辑性，以便我们更好地理解事物之间的联系。

同时也让我们意识到，在演讲腹稿的拟定过程中，我们非常需要这种思维方式。完全可以这么说，如果缺少了归纳思维，那我们的演讲腹稿内容将是一团糟。

（3）概括思维：让你的表达更精练，一说就是关键点

概括思维，是思维的一种方式。即在比较和抽象的基础上，把事物的共同本质给总结出来。有时候，人们也会把这个共同本质推广到它同类事物的身上去。所以，演讲者在立论，也就是树立自己演讲主题的时候，常常会使用到概括思维。

在这里，为了避免引起概念之间的混乱，笔者决定给抽象思维、归纳思维和概括思维等三种总结类思维进行比较和辨别，以便我们更好地理解并运用它们（见图2–7）。

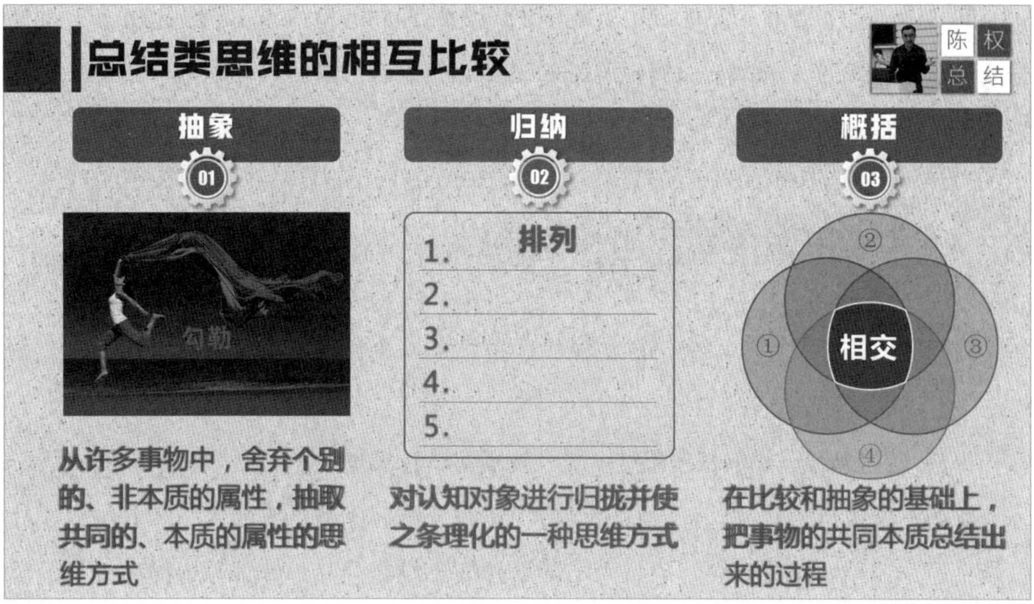

图 2–7　总结类思维的相互比较

如果认知对象是有形的、具体的，那就好办了，我们可以直接对其进行比较和归类，并给它们排序。但如果认知对象是无形的、不直观的、没具体的，那我们就无法直接对其进行排序了。所以，在这个时候，我们必须借助抽象思维。

说白了，所谓的抽象，就是要给模糊的认知对象抽取出一个具体的图像。这个过程跟设计师抠图一样，必须想方设法去把照片中的人物从背景中给抠出来。

那用什么方法才能够把无形的认知对象给抽取出来的，当然靠的是概念、推理、判断、总结等手段了。

也就是当掌握了这些手段之后，就可以从无形的认知对象中抽取出有形的“图像”，我们就可以对其进行比较、归类和排序。所以可以这么说，有时候，抽象其实就是归纳和概括的前提工作。

至于归纳思维，是非常容易理解的。它是把认知对象归拢起来并给它们排序。但概括思维却有点不一样，它把认知对象归拢起来之后，是要提取它们的共性的。

所以，归纳思维和概括思维既有相同的地方也有不同的地方。相同的地方，都是将认知对象归拢起来。不同的地方，归纳思维给认知对象进行整理并排序，让其有条理，但没让它们的数目减少。概括思维则对认知对象提取共性，而认知对象由多变少了。

同时，概括思维和抽象思维也有相同的地方和不同的地方。不同的地方是，抽象思维的认知对象是无形的，而概括思维的认知对象是有形的。共同的地方是，思维的结果，认知对象都是由多变少了。

2. 展开类思维：逆向思维、高位思维等

展开类思维，就是要对自己的演讲主题进行展开论述或者深入探讨时所使用到的思维，它还继续细分为五种：

（1）逆向思维：让你打破思维定式，发现另一片天地

根据思维的运行轨迹，可以将思维分为实线思维和虚线思维两大类。其中，实线思维，还分为单线思维和多线思维两类。而单线思维，它又继续细分为横向思维、纵向思维、深向思维这三种。

至于横向思维（也叫水平思维）呢，它主要有两种模式，一为正向思维，一为逆向思维。

什么是正向思维？它是指沿袭某些常规去分析问题，按事物发展的规律进行思考、推测，提出自己的观点、并证明自己观点的思维方法。比如，“勤劳致富”这样的论题。

由于正向思维所产生的演讲主题几乎都是我们熟知的、认同的、毫无争议的共识，所以，想把这类主题讲好，并不容易。除非演讲腹稿中的故事非常感人、语言非常精彩。否则，是很难赢得听众的热烈掌声的。

但是，与之相反的逆向思维却不一样。

什么是逆向思维？它是指一反传统观念、从相反方向思考问题，提出与之相对或相反的观点、并证明这个观点的思维方法。比如，“近墨者未必黑”这个论题。

可以这么说，无论是正向思维还是逆向思维，它们都是立论加论证的一种思维模式。不过，在演讲主题的拟定中，逆向思维更显可贵，这种思维模式更为演讲高手所采用。

为什么这么说呢，因为逆向思维它打破了人们的思维定式，从一般人认为是正常现象、正确观点中发现不足之处，或从传统认为是错误观点、异常现象中发现了真理成分，并对这些传统观念进行反思，提出了令人耳目一新的观点。

（2）高位思维：让你跳出认知的水平面，演讲将变得更加高大上

高位思维，又叫纵向思维，在演讲腹稿拟定过程中，它也是一种立论加论证的思维模式。但相比起逆向思维，高位思维的特点更加突出，它的思维模式更高一筹。

如果说，正向思维和逆向思维都属于水平式思考，正向思维是以传统的观念来分析问题，而逆向思维却是一反传统观念、从相反方向去思考问题。那么，高位思维却跳出了这个水平层面，站在更高的位置去思考问题了。

比如，就拿谈判这件事情来说吧！两个人一起分一个蛋糕，不管他俩之间怎样去谈判，总存在着一人分到了大块、一人分到了小块或者两人平分的结局，不可能出现两人都分到了大块的情况，因为这是零和博弈。但如果他俩不急着去分这个蛋糕，先想方设法去把这个蛋糕做大，然后再考虑怎样来分蛋糕。那么，任何一人最后所分到的蛋糕，都会比当初所分到的蛋糕大。因为，这是双赢合作，既然已将合作范围变大了，最终的谈判结果肯定是双赢的。

所以，水平式思考，不管是正向思维，还是逆向思维，会存在有它局限的一面。正如苏轼当年所说："不识庐山真面目，只缘身在此山中。"而高位思考就能克服这种情况，正如王安石当年所说："不畏浮云遮望眼，只缘身在最高层。"

（3）纵深思维：让你看别人看不到的深度，说别人说不出的道理

纵深思维，也叫深向思维，是对观点展开论述的最主要的思维模式之一。

纵深思维的思维轨迹为：从现象入手、从定论入手，做深入探讨、层层分析，好似剥洋葱一样，力求看清事物的真相。

纵深思维的主要特点是：从一般人认为不值得一谈的小事情，或者根本无须做进一步探讨的定论中，发现更深一层的被现象掩盖着的事物本质。

可以这么说，横向思维（也叫水平思维，它包括正向思维和逆向思维）、高位思维与纵深思维在一起，刚好构成了思维的三个维度（见图2-8）。其中，正向思维为传统思维模式，它沿袭某些常规去分析问题；逆向思维一反传统观念，从相反方向思考问题；高位思维呢，它跳出了传统思维这个水平面、站在高处思考问题；而纵深思维，它是透过事物的表层直达本质、去搞清楚事物之间的内在联系。

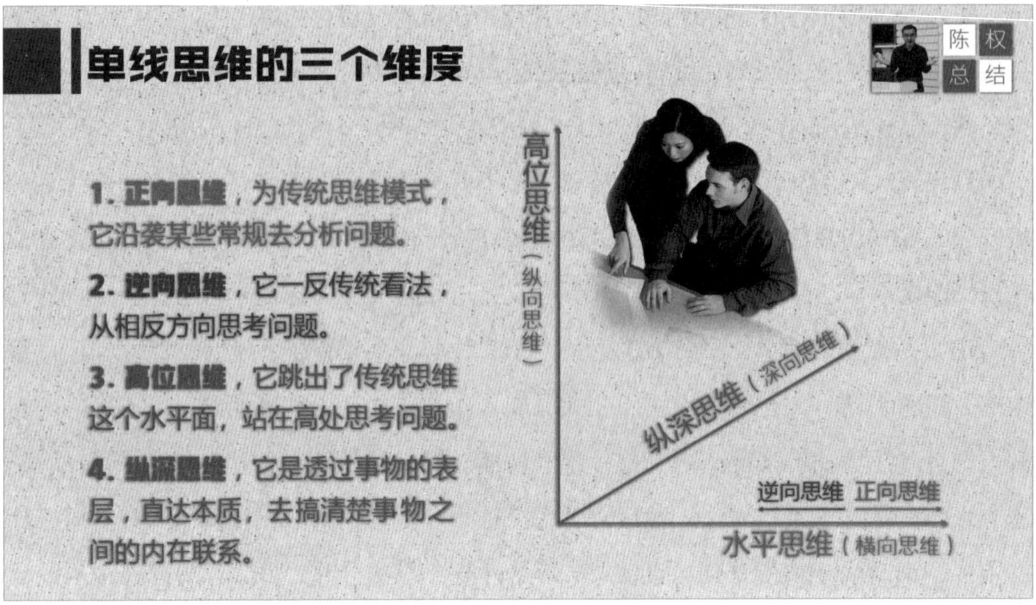

图 2-8　单线思维的三个维度

由上面的分析可以看出，纵深思维对我们拟定演讲腹稿的帮助更大。因为有了它，我们的立论就会更加深刻，论证就会更加严谨，而所发表的演讲也更能谈及别人未能谈到的深度和内涵。

（4）发散思维：让你能从多角度思考问题，演讲将更加滴水不漏

在前面，我们已经介绍了四种单线运行的思维，它们是：正向思维、逆向思维、高位思维和纵深思维。接下来，我们重点介绍一种多线运行的思维，它叫发散思维。

说到多线思维，它指的是有多条思维同时运行的思维模式，它还继续细分为两种，一种为发散思维，一种为收敛思维，这两种思维的运行轨迹刚好相反，并且它们被经常应用于管理决策之中。

什么叫作发散思维呢？发散思维也称辐射思维、求异思维，它是指根据已有的信息，从不同角度、不同方向上进行思考，从多方面寻求多样性答案的一种思维活动。

如果光从上面这个概念去理解，我们或许对发散思维的认识还是不够深刻。笔者决定把发散思维的代表——头脑风暴法搬过来，笔者相信大家会豁然开朗（发散思维与头脑风暴法的比较见图2–9）。

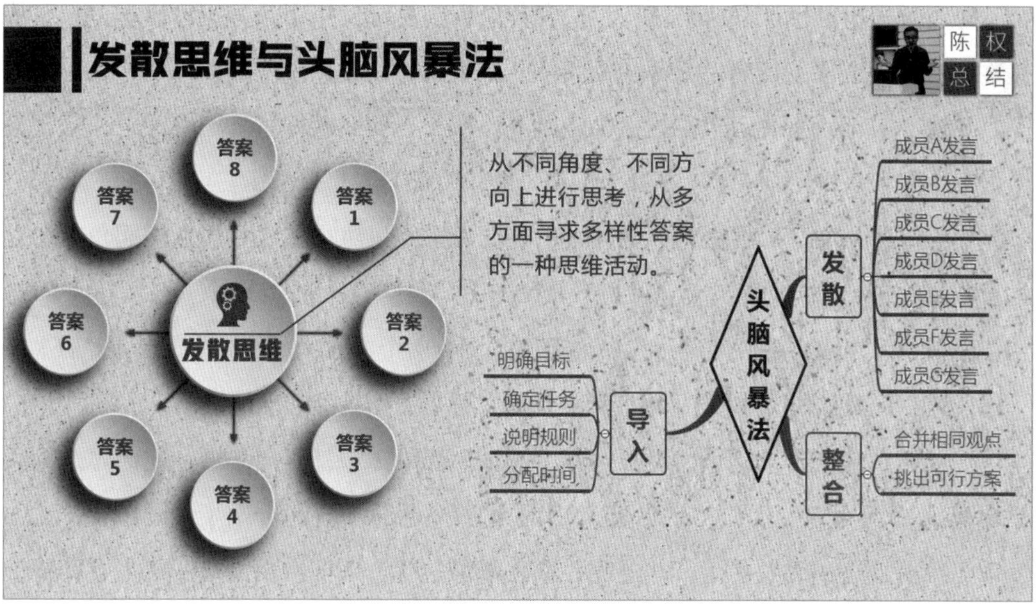

图 2-9　发散思维与头脑风暴法

可以这么说，头脑风暴法是发散思维运用到工作中的最好管理工具之一，它由美国BBDO广告公司创始人——亚历克斯·奥斯本提出。

头脑风暴法的主要目的是：寻找新的或者异想天开的方法来解决目前所面临的问题。

头脑风暴法的操作程序一共有如下三步：

第一步，导入阶段。会议主持人首先告诉与会成员，我们今天开会的任务是什么，要达成什么目标。接着告诉各位成员，会议的规则是：“一发言”，每一个人都必须发言；“二追求”，追求数量、追求创意。即发言的次数越多越好、思想越激进越开放越好；“三不许”，不允许质疑别人，不允许批评别人，不允许打断别人。最后，主持人要把发言的时长告诉大家，也就是每个人最长能说多少分钟。

第二步，发散阶段。每个与会成员开始畅所欲言，发言者可从不同角度、不同方向发表建议，可以在其他发言者的基础上进行改进，但不允许否定他人，也不允许跟他人内容雷同。

第三步，整理阶段。会议记录者要全部记下参会者的所有建议。之后，与会议主持人、相关领导一起，合并相同或相近的建议，并在现有建议的基础上进行整合创新，整理出可供决策的方案。

笔者觉得头脑风暴法非常好用，笔者曾经因为忘记使用了这种方法而吃过亏。那是在一次决策会议上，笔者只是随便问了几个下属想法就做了一个大决定，结果失败了。后来，有个女下属跟笔者说：你当时又不问我，问我就好了！于是，自从这次失败之后，笔者每逢什么决策，都开头脑风暴会议，都逼着每个下属发言。

不得不说，头脑风暴法是一个非常厉害的发散式思维模式，它能从不同角度、不同层面上收集到非常全面的信息供决策者参考。

发散思维在演讲腹稿拟定过程中的运用主要有两个方面：一是立论，二是论证。

（5）联想思维：让你的思维变得很活跃，想怎么演讲就怎么演讲

在前面，笔者介绍了单线思维，其中有横向思维（包括正向思维和逆向思维）、纵向思维（也叫高位思维）和深向思维（也叫纵深思维），也介绍了多线思维，比如发散思维。而这些思维的运行轨迹呢，都是清清楚楚、明明白白的。所以，它们被称为实线思维。接下来，笔者介绍另一类思维，从表面看，它所列举的诸多事物之间似乎没有多大联系，但从本质看，它们之间又有着千丝万缕的不解之缘。笔者将这类思维叫作虚线思维，其中，最有代表性的是联想思维。

那什么是联想思维？联想思维是指人们在头脑中将一种事物的形象与一种事物的形象联系起来，力求探索它们之间共同的或类似的规律，从而解决问题的思维模式。

从刚才的概念可以看出，联想思维与其他同类思维的不同之处在于：它利用联想物两者之间的时空上的接近关系、特征方面的相似或对立关系，在原先表面上看去并没有有机联系的联想物之间建立起了有机联系。

联想思维的概念讲完了，接下来，我们继续探讨关于联想思维的主要方式。

笔者认为，联想思维运行的主要方式有如下三种（见图2-10）：

链条式。即从一种事物联想到另一种事物，从另一种事物再联想到另外一种事物，如此反复，一环扣一环。例如，从土地联想到大树，由大树联想到小鸟，由小鸟联想到蓝天，由蓝天联想到星球，由星球联想到宇宙……

辐射式。即以一种事物为中心，向四周进行放射性联想。角度不同，联想物也完全不同。例如，由土地联想到大树，由土地联想到勤劳，由土地联想到环境，由土地联想到高楼，由土地联想到收获，由土地联想到国家……

暗喻式。即跨越事物的直接相关性，通过暗喻修辞手法将两个或者两个以上看似毫无关联的事物联系起来。比如，“柳条、馒头、体育馆”（暗喻为：韧性、踏实、舞台）、“胡萝卜、鸡蛋、咖啡豆”（暗喻为：认输、抵抗、双赢）等。

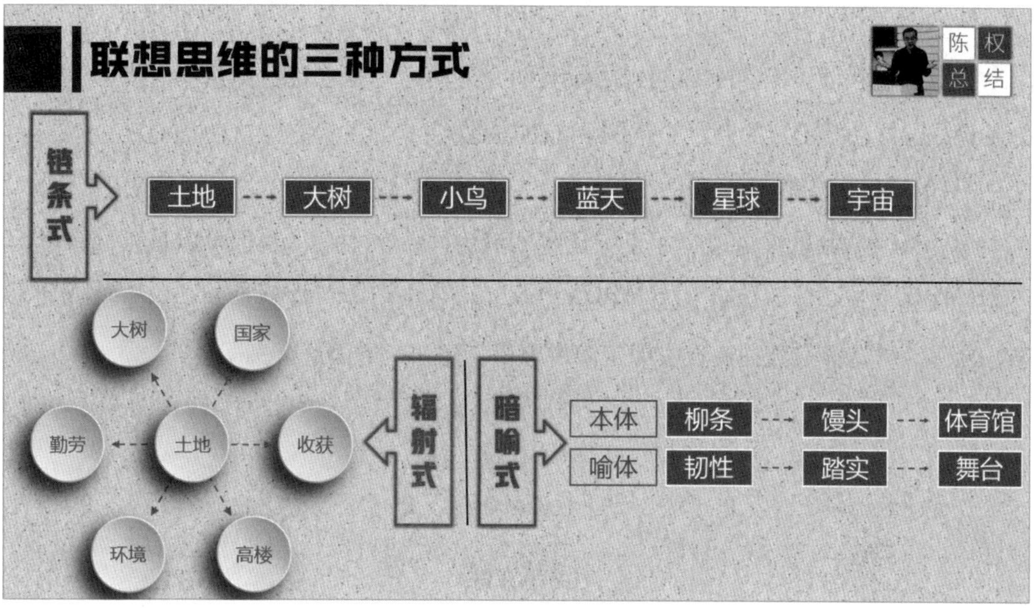

图 2-10　联想思维的三种方式

四、如何总结出黄金圈模型中的三大论点

介绍了思维的过程和思维的种类之后，接下来，我们必须解决本文开头所遇到的那两个问题：当要点不够三条时，该如何增多？当要点超过三条时，要怎样压减？

其实，这两个问题，是可以用一个方法来解决的，具体操作如下：

首先，通过发散思维，让要点或观点变得更多。

接着，通过抽象思维或者归纳思维，让观点压减为三个，同时，还必须让这三个观点的先后顺序符合某种逻辑关系，即属于本书第一章所介绍的八种黄金圈模型中的某一种。

最后，通过概括思维，把每个观点的内容浓缩为3～7个字，之后，再以一段文字对这个论点进行解释。

下面，对这一方法展开阐述。

1. 通过发散思维，让观点变得更多更好

发散思维在演讲腹稿中的运用主要有两个方面：一是立论，即给演讲确立主题；二是论证，即总结出三大观点去证明演讲的主题。

（1）运用于立论

为什么说发散思维可以运用于立论呢？因为同一个主题，我们可以从不同角度、不同层次去立论。于是，我们先用发散思维，将各个角度、能想到的观点全部罗列出来，之后，再选择最佳的论点去拟定演讲腹稿。比如，下面这个例子。

【材料】

滥竽充数

齐宣王使人吹竽，必三百人。南郭处士请为王吹竽，宣王说之，廪食以数百人。宣王死，湣王立。好一一听之，处士逃。

——节选自《韩非子·内储说上》

【思维】

在前面我们讲过，思维过程一共分为五步，依次为感知、分析、插删、整理、合成。所以，我们现在首先对上面的这段材料进行深刻感知和深度品读。

当仔细反复品读这个滥竽充数的成语故事之后，我们会发现：在这段文字里面，主要人物有五个，依次为：齐宣王、南郭先生、齐湣王、吹竽团队成员。

于是，接下来，我们开始仔细分解和发散思考。

不用说，根据上面的发现，我们就以南郭先生、齐宣王、齐湣王、吹竽团队成员这五类人员进行发散思考。具体角度如下。

角度一（关于南郭先生），南郭先生不学无术、冒充内行、骗吃骗喝的做法应受到指责。

角度二（关于南郭先生），尽管南郭先生吹竽的本领不高，但当改革大潮冲击到他本人时，他一不哭闹阻止改革，二不托人说情求照顾，而是自动离开，这种急流勇

退的精神还是可取的。

角度三（关于齐宣王），齐宣王好大喜功，讲究排场，不管有无本领，一律吃大锅饭的做法应该丢弃。

角度四（关于齐宣王），齐宣王来者不拒，不懂得“能者上、平者让、庸者下”的用人策略，这对组织来说，是很可怕的。

角度五（关于齐湣王），齐湣王不墨守成规，改“必三百人”为“一一听之”，这种改革精神实在可嘉。

角度六（关于齐湣王），齐湣王懂得甄别人才，没有给庸才留下可钻营的机会，没有让组织养闲人，这种务实的用人唯贤的作风值得发扬。

角度七（关于吹竽团队），南郭先生不会吹竽却能长期在乐队里混，队长和其他队员也有责任。他们既不能互相监督，使南郭先生不会吹竽长期未被发现；又不能互相帮助，提高南郭先生的吹竽水平，致使他落个逃跑的下场。这种既不忠于王职，又不重友情的做法应受到指责。

【立论】

经过一番斟酌之后，我们决定选择角度六（关于齐湣王），齐湣王懂得甄别人才，没有给庸才留下可钻营的机会，没有让组织养闲人，这种务实的用人唯贤的作风值得发扬。并将演讲的题目拟定为《用对人才做对事——从滥竽充数所想到的》。

（2）运用于论证

发散思维运用于论证，同样也很精彩。其一，它很“全面”，能从不同角度去分析问题。其二，它很“精细”，不仅考虑到问题的本身，而且考虑到了与问题有关的其他条件。其三，它很“新颖”，各种结论各不相同，有的答案会出乎人们的意料。比如，下面这篇文章。

【材料】

“0”的遐想

佚名

刚才，有多朋友都谈到了“0”，都觉得这个看似一无所有、荒凉而神秘的数字，其实隐藏着很多人生哲理。现在，我也想聊一聊关于个人对“0”的见解，希望能引起大家的共鸣。

首先，“0”是一片空地，如果你不去挖掘，不去播种，不去看管，那么地上便会长出荒草，布满荆棘，成为荒凉生态中的一景。相反，如果你勤劳耕耘，种上蔬菜，栽上果树，那么到最后你就能获得丰收。

其次，“0”是一个圆圈，在一个弱者的眼中，它是一只带着微不足道的希望的救生圈，让他们随波逐流；但是，“0”在强者的眼中，是一面敲响的战鼓，“咚，咚，咚——”催促他们攻克学习与生活上的每一个难关。

再次，“0”是分界线，右为正，左为负，以“0”为界，一东一西，一南一北，一前一后，一左一右，两个方向，两条道路，两种前途，差之毫厘，谬之千里。

最后，“0”没有质量，没有体积，只有位置——一个起点位置。“万丈高楼平地起”，任何伟大的事业，无不是从无到有，从小到大，以“0”为起点的。

所以，在生活中，我们每个人都应该以“0”为友，时时牢记“千里之行，始于足下”，只有时时以“0”为新的起点，选择正确道路，才能不断摆脱历史因袭的重负，才能在人生旅途上轻装前进。

【分析】

确切地说，上面的文章属于一篇很好的议论文，并非一篇真正的演讲稿。不过，它确实又是以“0”为主题经发散思维而提出的一系列观点，去证明“0”隐藏着很多人生哲理。所以，它仍属于发散思维的产物。

“0”，本来是一个很抽象的东西，但是，在上面关于“0”的四种见解中，有的观点却很具体，比如，“0”是一片空地。因此，为了能更好地罗列出一些具体的观点，我们还需要学习抽象思维。

2. 通过抽象思维，让观点变得更加具体

做演讲的次数多了，我们肯定会遇到一些很抽象的演讲主题，比如信仰、思想、情感等。当面对这些虚无缥缈的概念时，我们还需对其进行发散思维和抽象思维，才能总结出符合黄金圈模型的三大要点，才能做好这场演讲。

关于如何进行发散思维，前面已经介绍过了。现在，笔者想列举一个实操案例，以便让大家更好地掌握关于这种思维的运用技巧。

有一次，笔者需要给一些职场新人做一场题目为《用好时间、做好事情》的演讲。在演讲腹稿拟定的时候，笔者碰到了一个非常棘手的问题：时间到底是什么？它有什么特点？说真的，这个问题非常头疼，因为时间是一个非常抽象的概念，不好给它下一个准确的定义。但是，关于时间到底是什么、时间有什么特点，这个问题又不能不讲。

无奈之下，笔者只好慢慢对关于时间的种种描述进行总结和提炼。

第一步，提炼它的特点。

时间到底有什么特点呢？

首先，自己一边慢慢想、一边慢慢写。实在写不下去了，就到百度上去搜索，看看人家是怎么描述的。因为个人的见解毕竟有限，不够全面，还需要借助他人的见解来补充。

之后，将搜索到的资料跟自己所写的文字进行比较。如果观点相同或者意思连贯的条目，就从中取优并将它们合并为一项；如果观点完全不同，就将它们排列在一起。于是，关于时间的特点的描述，笔者收集到了如下资料。其中一部分摘录于网络文章，一部分属于自己原创。

（1）时间是一个公平的常数，对任何人来说，每天都是24个小时。

（2）我们可以向别人借钱，但不能向别人借时间。

（3）时间不像资金、物品等其他资源那样可以存储，一旦浪费了就无法追回。

（4）当其他某种资源缺少时，可以用另一种资源去替代它，但时间却不能，如果没有了就是没了。

（5）虽然说，我们在占用时间的数量上是相等的。但是，因人而异，在利用时间的效率上却是不等的。

（6）时间无法像失物一样失而复得。它一旦失去，则会永远失去。

（7）花费了金钱，还可以赚回来，但倘若挥霍了时间，任何人都无力追回来。

（8）生命是由时间构成的。

（9）时间是最不受重视的又是最被惋惜的。

（10）没有时间，什么事情都做不成。

第二步，对这些资料进行取舍和排列。

怎样取舍呢？首先，我们将意思相近的条目放在一起，这么做的目的是为了剔除一些意思重复的条目；接着，仔细观察，有没有意思相反的条目，如果有，就剔除一些意思矛盾的条目；最后，如果条目实在太多了，只选取那些重要的、典型的、有代表性的条目。

怎样排列呢？如果对象是有形的，即有空间位置或者时间界定的，那我们就按照它们之间的数字大小或者方位次序来安排它们之间的先后顺序；如果对象是无形的，即无法用时空来进行描述的，那只能根据其性质的程度来决定它们之间的先后顺序。

比如，上面关于时间特点的10条描述，经过取舍和重新排列之后，就剩下如下5项了。

（1）时间是一个公平的常数，对任何人来说，每天都是24个小时。

（2）时间不像资金、物品等其他资源那样可以存储，一旦浪费了就无法追回。

（3）当其他某种资源缺少时，可以用另一种资源去替代它，但时间却不能，如果没有了就是没了。

（4）时间无法像失物一样失而复得。它一旦失去，则会永远失去。

（5）虽然说，我们在占用时间的数量上是相等的。但是，因人而异，在利用时间的效率上却是不等的。

第三步，对每段文字提炼出几个字眼，并放在每段文字的前面。

到底将一段文字提炼为几个字眼比较合适呢？笔者认为3～7个字为佳。因为字数太少了，就涵盖不了这段文字的主要意思；字数太多了，就失去浓缩的意义，也不是抽象思维了。

到底该如何提取呢？笔者的建议如下。

首先要找中心词。如果有中心词，就直接从中提取。比如“时间不像资金、物品等其他资源那样可以存储，一旦浪费了就无法追回”这段话，它的中心词就是“不可以存储”。

如果没有中心词，只能描述它的主要意思。比如“时间是一个公平的常数，对任何人来说，每天都是24个小时”这段话，其中心词为“时间是公平的”吗？好像不太对！所以，只能仿其意另做描述，将这段文字浓缩为：不变性、永恒性、供给毫无弹性等。

其次，统一词语的风格。当每一段话都被提炼成几个字眼之后，要考虑如下几个问题：

字数是否一样多？

词语的结构是否一样？

它们的顺序是否有逻辑关系？

比如，关于时间的5条叙述被浓缩之后的结果如下：

方案一：（1）不可改变性；（2）不可储存性；（3）不可替代性；（4）不可复得性；（5）充分利用性。

方案二：（1）供给毫无弹性；（2）无法储蓄；（3）无法替代；（4）无法复得；（5）可以充分利用。

从上面的文字可以看出，从逻辑性角度分析，其先后顺序已经安排妥当，时间是固定供应的，不可存，不可换，不可回，但可以充分利用。

从文字风格分析，两个方案各有千秋：方案一，字数均为5个字，并且都是以“性”字结尾，可以将其简称为“时间的五性特点”；方案二，虽然字数不一样多，但描述更加准确，可以将其简称为“时间的四无一有特点”。

所以，笔者决定选取方案二。关于对时间特点的描述，整篇文字如下。

（1）供给毫无弹性。时间是一个公平的常数，对任何人来说，每天都是24个小时。

（2）无法储蓄。时间不像资金、物品等其他资源那样可以存储，一旦浪费了就无法追回。

（3）无法替代。当其他某种资源缺少时，可以用另一种资源去替代它，但时间却不能，如果没有了就是没了。

（4）无法复得。时间无法像失物一样失而复得。它一旦失去，则会永远失去。

（5）可以充分利用。虽然说，我们在占用时间的数量上是相等的。但是，因人而异，在利用时间的效率上却是不等的。

第四步，将观点压减为3条。

由于上面关于时间特点的描述有5条之多，而黄金圈模型却要求最好为3条，因此，我们还需对其进行第二次压减，最后的结果如下。

（1）供给毫无弹性。时间是一个公平的常数，对任何人来说，每天都是24个小时。

（2）无法随意安排。①无法储蓄。时间不像资金、物品等其他资源那样可以存储，一旦浪费了就无法追回。②无法替代。当其他某种资源缺少时，可以用另一种资源去替代它，但时间却不能，如果没有了就是没了。③无法复得。时间无法像失物一样失而复得。它一旦失去，则会永远失去。

（3）可以充分利用。虽然说，我们在占用时间的数量上是相等的。但是，因人而异，在利用时间的效率上却是不等的。

上面关于时间特点的描述经第二次压减之后得到的三大要点：供给毫无弹性；无法随意安排；可以充分利用。它们之间的逻辑关系，属于后并并混合关系，即第六种黄金圈模型。

3. 通过归纳思维，让观点的顺序变得富有逻辑性

在前面，笔者曾经说过，如果认知对象是无形的、不直观的、非具体的，我们首先要借助抽象思维，才能让它变得具体直观起来。如果认知对象是有形的、具体的，那就好办了，我们可以直接对其进行比较和归类，并给它们排序。而这一方法叫归纳，这一思考过程叫归纳思维。

如果问，我们应该怎么做才能算是掌握了这种思维方式呢？笔者认为，要做好以下三步工作。

第一步是叙述。也就是尽情地把自己对某事物的见解、看法全部写出来。当然有时候，也需要参考一下他人的见解和看法，以便让我们对事物的叙述更加全面、更有说服力。

第二步是分类。也就是给所收集的材料进行分门别类，把意思相近或者相同的放在一块。

第三步是整理。在这里，整理工作还细分为三个小环节。第一，对材料进行取舍。即合并一些意思相同或相似的条目，删掉一些说服力不强或者对主题不起作用的条目。第二，给意思相近的材料进行层级划分。也就是可能由于材料过多，一个层级涵盖不了，还必须给它们进行两级或者更多层级的划分。第三，给这些材料进行次序安排。也就是必须找到一个比较妥当的理由，让它们有逻辑次序地排列在一起。

为了能更直观地讲清楚这两步工作，笔者决定将过去拟定演讲腹稿的一段经历分享给各位读者。

有一次，笔者要做一场演讲，题目为《如何克服上台演讲紧张》。在演讲腹稿的构思中，其中笔者一段话是关于论述“为何平常聊天，我们一点儿也不紧张”。

当时，笔者一边想，一边将一些理由写了下来，一共有12条。

（1）聊天的内容未必连贯。

（2）有语法错误也是可以的。

（3）不必在意自己的语法是否不当。

（4）可以用日常生活中的语言来交流。

（5）一般情况下，没人记录你的讲话。

（6）可以没有条理性，只要大家能听懂就行。

（7）大家可以说自己喜欢的事，也可以说自己熟知的事。

（8）可以没有逻辑性，过一会儿再聊刚才说过的话题也行。

（9）话题从哪里开始，到哪里结束，都是随意的，没人强求。

（10）你处于主动状态，也就是有话就说，没话可以不说。

（11）在同事或者风俗习惯相同的人之间，可以用一些暗号来代替语言。

（12）就算你说了一些听起来很粗暴的话，只要大家关系不错，也是可以接受的。

接着，给上面的12条理由进行归类，并给它们排序。

（10）你处于主动状态，也就是有话就说，没话可以不说。（此条关于说话的动机）

（1）聊天的内容未必连贯。（此条关于说话的主题）

（7）大家可以说自己喜欢的事，也可以说自己熟知的事。（此条关于说话的主题）

（9）话题从哪里开始，到哪里结束，都是随意的，没人强求。（此条关于说话的主题）

（6）可以没有条理性，只要大家能听懂就行。（此条关于说话的逻辑）

（8）可以没有逻辑性，过一会儿再聊刚才说过的话题也行。（此条关于说话的逻辑）

（2）有语法错误也是可以的。（此条关于说话的语法）

（3）不必在意自己的语法是否不当。（此条关于说话的语法）

（4）可以用日常生活中的语言来交流。（此条关于说话的语言类型）

（12）就算你说了一些听起来很粗暴的话，只要大家关系不错，也是可以接受的。（此条关于说话的语言类型）

（11）在同事或者风俗习惯相同的人之间，可以用一些暗号来代替语言。（此条关于说话的语言类型）

（5）一般情况下，没人记录你的讲话。（此条关于对说话内容的重视程度）

最后，整理上面的12条理由，整理工作包括合并意思相同的条目、剔除一些不需要的条目、对一些条目的内容进行修改。结果如下：

（1）你处于主动状态，有话就说，没话可以不说。

（2）大家一起聊天，没有主题也无所谓。

（3）你我可以聊各自喜欢和熟悉的话题，并且话题从哪里开始，到哪里结束都没人管。

（4）可以没有条理性，只要大家能听懂就行。

（5）可以没有逻辑性，过一会儿再聊刚才说过的话题也行。

（6）聊天时，偶尔有语法错误也是可以理解的。

（7）可以用日常生活中的语言来交流，不会有人说你没文化。

（8）出现爆粗或者不礼貌的语言，只要大家关系不错，也是可以接受的。

（9）就算用肢体语言或者暗号来表达也可以，如果大家都明白的话。

（10）一般情况下，没人记录你的说话。

大家都看到了吧！归纳思维是不是让我们的演讲腹稿更有逻辑性、更有说服力？当然，上面关于“为何平常聊天，我们一点儿也不紧张”的论述观点仍有10条之多，尚且需要压减为3大要点。不过，这样的工作，在前面抽象思维那里已经详细介绍过了，所以，在此就不再赘述了。

4. 通过概括思维，让观点的字数控制在3～7字之间

虽然在前面讲解抽象思维的时候，我们也简单地介绍了一下关于概括思维的使用方法，但是，为了让大家更容易掌握这一思维模式在演讲腹稿中的运用，笔者决定再次对其详解如下。

在资料整理方面，概括思维跟归纳思维差不多，也是分为三步：

第一步是叙述。尽情地把自己对某事物的见解、看法全部写出来。

第二步是分类。给所收集的材料进行分门别类，把意思相近或者相同的放在一块。

第三步是整理。合并意思相同的条目、剔除一些不需要的条目。

在观点提炼方面，它跟抽象思维差不多，也是分为两步。

第一步，找中心词。如果有中心词，就直接从中提取；如果没有中心词，就描述它的主要意思。

第二步，统一词语风格。当每一段话都被提炼成几个字眼之后，它们的字数最好都一样多，词语结构最好都采用一种方式，而且它们的先后顺序必须符合某种逻辑关系。

为了能更好地理解概括思维的具体操作，接下来，我们还是列举一个工作中的案例。

有一次，笔者需要去某公司做一场关于《心态决定一切》的主题演讲。我们都知道，关于心态这类的演讲主题，我们必须讲故事的，如果只是讲一些要求啊、喊一些

口号啊，那估计就没人去听了。

于是，笔者收集到了如下三个典型的关于心态的故事。

心门

佚名

洞房花烛夜，当新郎怀着紧张又兴奋的心情去揭开新娘的红盖头时，羞答答的新娘子正低头看着地上。突然，新娘掩口而笑，用手指着地板说：“你看！你看！老鼠在吃你家的大米呢！”

新郎一听，心底拔凉拔凉的！心想：怎么是“你家”？不是咱家吗？

无奈之下，新郎开始给新娘讲情怀、讲人生规划：他要夫唱妇随、白头偕老，他要子承父业、继往开来……讲着讲着，新郎睡着了。

第二天早上，新郎还在酣睡，醒过来之后的新娘发现老鼠又在吃大米。这一次，新娘生气了！她大喝一声：“这只该死的老鼠，竟敢还来偷吃我家的大米。”说完，“嗖”的一声，一只绣花鞋随即飞了出去。

新郎被惊醒了！他看到跟前的情况，不禁莞尔一笑，心想：经过一夜的“折腾”，新娘终于变成老婆，成为自己人了。

全力以赴

佚名

某天，一个猎人带着一只猎狗去打猎。突然，猎人举枪打中了一只兔子的后腿，而受伤后的兔子开始拼命地往前逃跑。

猎人对身旁的猎狗下令：快点追！

可是，追着追着，兔子竟然跑不见了，猎狗只好悻悻地回到猎人身边。

猎人大骂猎狗：真没用！我都打中了它的后腿了，你竟然连一只受重伤的兔子都追不上！

猎狗听了很不服气，它回答道：我去追了啊，我也尽力而为了啊，既然追不上，不能怪我，只能说这只兔子的运气太好了！

兔子带伤跑回洞里之后，它的兄弟姐妹全部围过来了。它们非常惊讶，忙问：那只猎狗那么凶，你受了重伤，竟然还能跑赢它、跑回来了？

兔子重重地吐了一口气说：你们还说这种风凉话！你们知道吗？追不到我，它最多是挨一顿骂！跑不过它，我就彻底死翘翘了。这件事，对它来说，仅是尽力而为，对我来说，必须全力以赴。

挖井

佚名

一天，庙里的老和尚决定让三个小和尚去挖一口水井，因为要经常到很远的地方去挑水，太不方便了。

其中一个小和尚对其他两位说，我们分头去挖吧！如果三个人一起在同一个地方挖，没挖出水来，就白忙活了。

没多久，提建议的那位小和尚首先不干了，他认为在这里根本挖不出水。

另外一位，在一个地方挖了一阵子之后，发现没有水，赶紧换一个地方继续挖。结果，挖了很多地方，也没有挖出水来。

只有第三位小和尚，一直坚持在同一个地方不停地挖。一个月、二个月、三个月……他终于挖到了水。

看着眼前这口很深很深的水井，老和尚问：是什么原因让你不停地挖下去呢？

小和尚回答道：师傅，我一直坚信下面有水！如果一时没出水，只能说明我的努力还不够。如果努力够了，肯定会出水！

老和尚意味深长地说：你得道了！

有了这三篇精彩的素材之后，我们必须分别用一句话来把它们的本质小结出来，并运用到工作中去。

第一个故事被小结为：身体过门了，你的心过门了吗？有时候，我们进了一家新企业，是不是心里还盘算着，另一家企业可能更好？

第二个故事被小结为：你是尽力而为，还是全力以赴？其实，在什么位置不重要，关键看你是不是在“全力以赴”！如果你只是“尽力而为”，那叫混日子，没啥作为。

第三个故事被小结为：你是干一行爱一行，还是一干不好就换？其实，任何行业，你如果坚持到底，都能获得成功！

最后总结为：成功者的心态——静下心、拼命干、干到底！

大家看到了吧，在演讲腹稿的拟定过程中，概括思维是少不了的。

第三章

金字塔原理与黄金圈模型相结合，让你的演讲逻辑更缜密

在给口才班同学讲思维课的时候，曾有不少同学提过同一问题：近阶段，《金字塔原理》这本书非常畅销，火得一塌糊涂。有人说，金字塔原理不过是议论文三要素的简化版而已，刻意抬高神化它，说明你中学时期的写作水平不怎么样。有人说，100多字就能讲清楚的一个原理，就算加上详细的讲解和经典的案例，撑死也不超过1万字。结果被一个叫作芭芭拉·明托的老太太，硬生生地写出一本将近30万字的书来。说白了，目的就是为了卖书。也有人说，金字塔原理确实是一个伟大的理论，用此方法撰写出来的方案，非常有说服力，很容易打动客户。有同学问笔者认为这个理论怎么样。

笔者认为，这个理论有其局限的一面，也有其出彩的地方。既然同学们已经提到它了，我们就要好好地了解一下。

在前面，为了能让我们迅速并牢固地掌握黄金圈模型、做好每一场演讲，笔者已经详细地向大家介绍了常用的八种黄金圈模型。

同时，为了能让我们每次演讲都能根据主题而提前总结出符合黄金圈模型的三个论点，笔者又向大家讲解了八种常用的演讲思维。

现在呢，为了能让我们当众演讲时逻辑性更好、节奏感更强、说服力更强、更能打动听众，笔者决定再把金字塔原理介绍给大家，并告诉大家怎么做才能让它与黄金圈模型有机地结合在一起，从而让演讲达到锦上添花的效果。

好了，废话不多说，我们开始学习金字塔原理。

一、什么是金字塔原理

金字塔原理是麦肯锡国际管理咨询公司的首位女咨询顾问芭芭拉·明托发明的。

该理论旨在帮助政府、企业、高校等各界人士提高思考能力、写作能力、演讲能力和演示能力。

该理论的主要内容可以用一句话来概括：任何事情都可以归纳为一个中心论点，这个论点可由3～7个论据来支持，而这些第一层论据本身也是论点，又被第二层论据（同样是3～7个）支持，如此向下延伸（最多不超过3层），状若金字塔。同时，金字塔中任何一层的论据，它们之间必须符合MECE（mutually exclusive collectively exhaustive）法则；即论据之间，相互独立、完全穷尽。另外，金字塔中任何一层的论据，它们从左到右在意义上必须符合某种逻辑关系，比如：因果、并列、递进等。

该理论主要由如下三大部分组成（见图3-1）。

1. 金字塔原理的要求：结论先行、以上统下、归类分组

金字塔原理的要求部分，也叫金字塔原理的基本结构。它还分为总体要求和先后要求，总体要求是“中心思想明确、结论先行、以上统下、归类分组、逻辑递进”。先后要求是“先框架后细节、先结论后原因、先结果后过程、先重要后次要”。在这其中，所谓的“中心思想明确”，即在确定中心思想的时候，必须遵守TOPS原则。TOPS原则的内容为：有的放矢（target to our audiences）；贯穿整体（ overarching）；掷地有声（powerful）；言之有据（supportable）。

该如何去理解金字塔原理的基本结构呢？笔者觉得，还需举例说明。

比如，当下的自媒体时代里，我们上网阅读的时候，除了一些信息类文章之外，像新闻、历史故事、人物传记等，碰到比较多的要数说理性文章了，像提出某个观点、教他人学习某项技能等。而在阅读的过程中，我们会发现：有些观点文，写得实在令人不敢恭维，随随便便列举一两个实例，就能把作者的观点推翻。但也有一些说理文，让我们读后如沐春风、受益匪浅，在点头称赞之余，不得不为作者那缜密的逻辑思维所折服。

如果问：为什么后面那类作者却能够做到把一些复杂的问题简单化，并且一层一

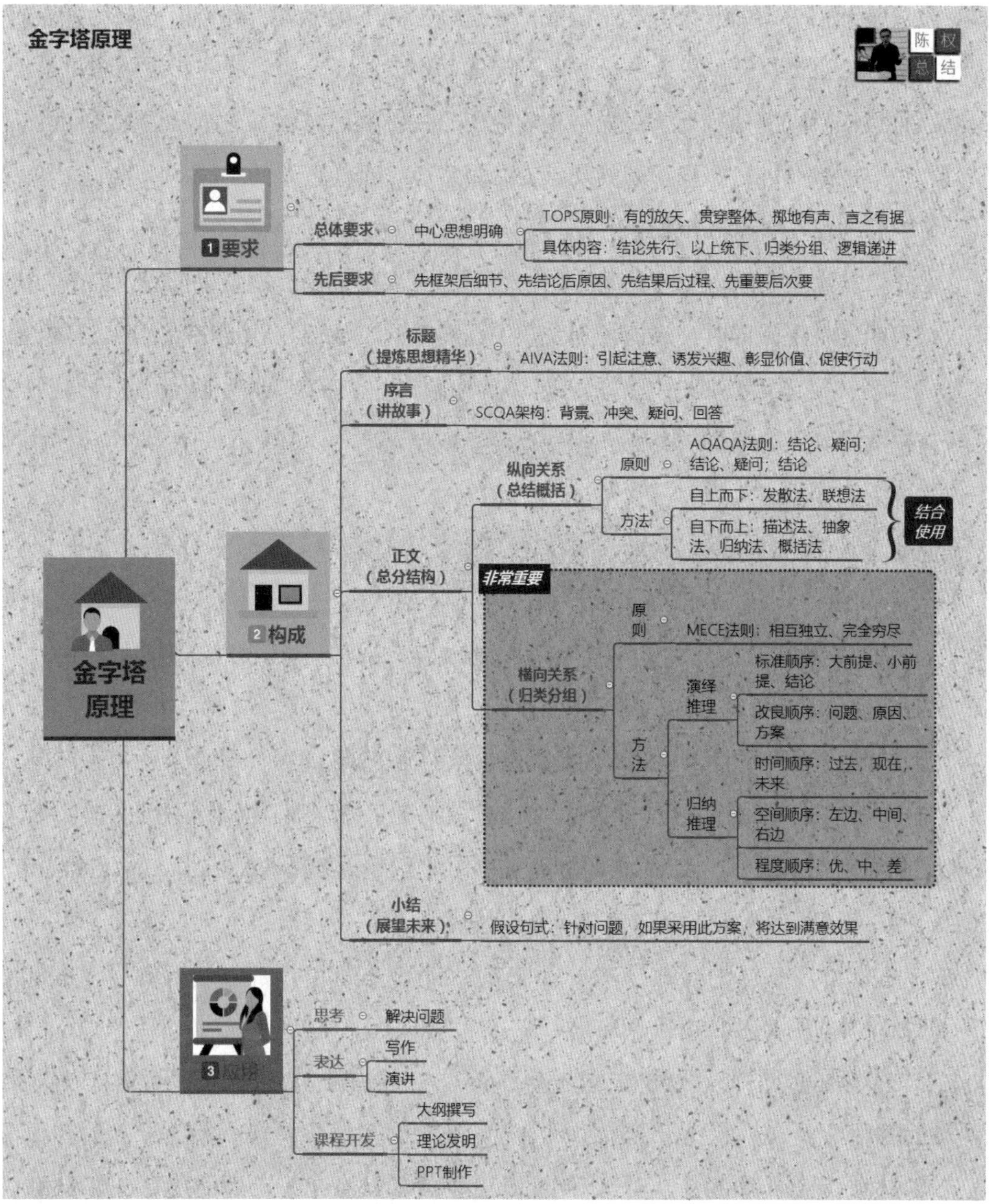

图 3-1　金字塔原理的三大部分

层地从外到里，如庖丁解牛般地将事情解释得如此一清二楚？

原因在于作者码文的时候，自觉或者不自觉地使用了金字塔原理的基本结构。

首先，这类作者会采用金字塔原理来搭建文章的框架，力求做到“中心思想明确”。然后，为了能让读者第一时间领会作者的观点，又采用了“结论先行”的方式，也就是开门见山的开头方法。接着，通过以上统下的方式，即“上一层的观点需要下一层的论点支撑”，以及“分类归组”的归纳方法，让文章在逻辑上无懈可击。最后，再按照“先框架后细节、先结论后原因、先结果后过程、先重要后次要”的从整体到细节的展开方式，把作者的观点或者思想以“剥洋葱”的手法，阐述给读者，让读者的思维跟着作者的节奏走。

总之，采用了金字塔原理的基本结构之后，写文章也好、做演讲也罢，都不会出现破绽百出的情况。同时，还能得到受众的高度认同，他们在欣赏作品之余，顿时觉得作者或者演讲者简直就是把他自己讲不出来或者讲不清楚的观点给阐述得明明白白、痛快淋漓。

2. 金字塔原理的构成：标题、序言、正文、小结

金字塔原理的构成部分，也叫金字塔原理的内部结构。它还继续分为四块：

（1）标题，必须符合AIVA原则

标题就是作品的题目，它的目的是提炼出作品的思想精华。

为了设计好作品的标题，无论是写作还是演讲，我们都必须严格按照AIVA原则（即艾瓦原则）来进行。AIVA是四个英文单词的第一个字母。A为attention，即引起注意；I为interest，即诱发兴趣；V为value，即彰显价值；最后一个A为action，即促使行动。

艾瓦原则的主要内容如下（见图3–2）。

首先，标题必须引起受众的注意（attention）。即这条标题里面有某个信息吸引了受众的注意力。

其次，标题马上激起受众对这个作品产生兴趣（interest）。即受众看到作品的标题之后非常感兴趣，很想了解某件事情的真相，很想弄明白某个原理的背后逻辑关系或者很想掌握某项技能的具体操作步骤。

接着，受众觉得这个作品很有欣赏价值（value）。即受众突然意识到一旦欣赏完该部作品，可能会让自己了解到某个真相、弄明白某个原理或者对掌握某项技能有帮助。

最后，该标题促使受众采取相应行动（action）。即受众看完标题之后，就决定欣

赏该部作品。

理论讲完了，我们接着再列举一个案例。

比如，“拼命看了很多书，为何最终记不住？因为没有使用麦肯锡全脑记忆法”。

这个标题里面的信息很多，什么拼命看书、记不住、麦肯锡等，只要你是职场人士，都会被它深深吸引住；当看完标题，你可能马上产生共鸣感，是啊，我就是那个读完很多书、什么也记不住的人；于是，你很想知道，怎么做才能改变这种困境；就这样，你顺手点开了这篇文章。

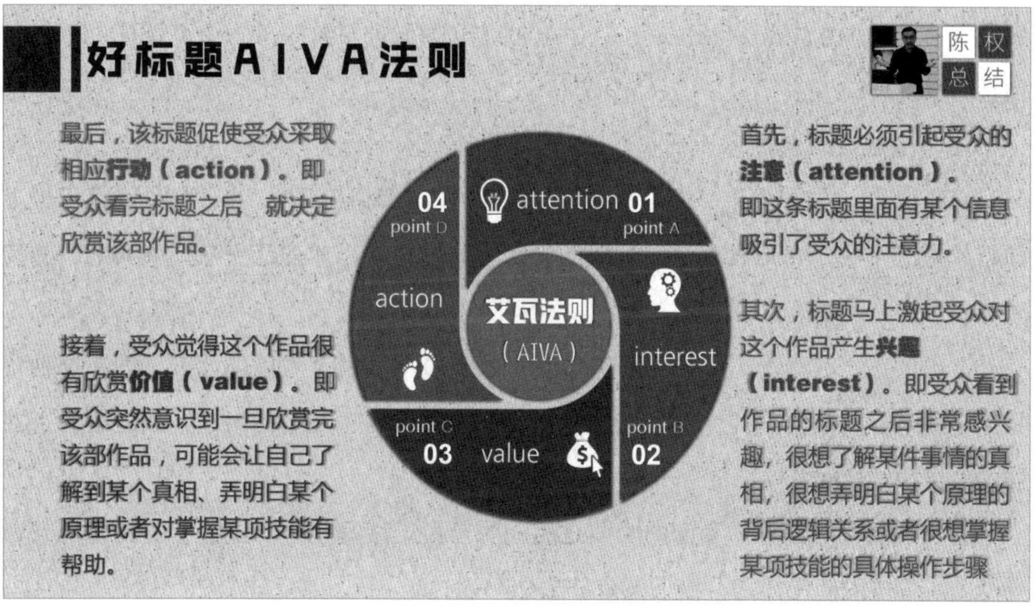

图 3–2　好标题 AIVA 法则

（2）序言，必须遵循SCQA法则

序言即作品的开篇，如果是写文章，它就是前言，如果是做演讲，它就是开场白。

序言的主要表达方式是讲故事。

为什么要采用讲故事的方式来开篇呢？因为真正打动人们灵魂的往往是那些富有哲理的故事，而不是那些无比深刻的理论。人们更愿意听别人讲故事，都不喜欢被别人说教。如果诸君不信，不妨回顾一下，当我们看书或者听讲座的时候，是不是觉得讲故事的形式更能吸引自己的注意力，并促使自己产生一种很想知道结局究竟怎么了的欲望？

因此，为了能让自己的文章或者演讲“一炮打响”，作品一开篇就必须采用杀伤力超强的讲故事方式，因为“好的开头是成功的一半”。

既然开篇讲故事如此重要，那我们该怎么做才能把故事讲好呢？

芭芭拉·明托给出的建议是：必须遵循SCQA法则。所谓的SCQA，是四个英文单词的第一个字母，它们依次为：situation（背景）、complication（冲突）、question（疑问）、answer（答案）。所谓的SCQA法则，用一句话来概括就是：设计序言的时候，首先介绍受众熟悉的某些“背景”，接着说明在这种情境下即将出现的某个“冲突”，并由此而引发受众产生一系列“疑问”，最后针对其中的主要“疑问”给出自己精心设计好的“答案”。

SCQA法则的具体内容如下。

介绍背景：在这里，“背景”必须与作品的主题紧密相关，并且是受众认可或者即将认可的东西，它是没有任何争议的。因为只有这样，才能让受众产生共鸣，并为故事的展开打下基础。

指出冲突：在这里，“冲突”类似于讲故事时推动情节发展的因素，即在这种背景下，竟然存在着这么一个不和谐的画面。作者之所以将冲突指出来，目的是为了促使受众产生“疑问”。

引发疑问：看到了不和谐的画面之后，受众肯定疑窦丛生。不过，通常情况下，受众关心最多的问题却是：接下来该怎么办？

给出答案：针对读者最关心的问题，作者必须给出自己精心设计的“答案”。

介绍了相关理论之后，笔者接着列举一个典型的案例。

不知道大家有没有这样的困惑：看了很多书，做了不少笔记，不但画了思维导图，甚至还写了读后感。然而，在运用的时候，比如跟朋友聊天啊，自己写作啊，却怎么也想不起来了。

最让人气愤的是，当朋友聊到某个话题、背出某段文字的时候，自己突然又有一种似曾相识的感觉，很兴奋地跟着附和：对！对！对！这个我也看过。但当朋友停下来，让自己独自“表演”时，自己又说不下去了。弄得朋友犯嘀咕：你这个人怎么这么喜欢装呢！

如果问：自己就属于这种情况，还有救吗？

确实，读过很多书，结果跟没读过一个样。这难免有点遗憾！究其原因，无外乎两点：要么读书不用心，要么记忆不得法。特别是关于记忆力，越是年龄越大，越记不住东西，让人非常苦恼。

笔者曾经在麦肯锡工作过一段时间，聆听过前辈关于如何提高记忆力的相关讲座，笔者觉得受益匪浅，已将其主要理论与自己实践经验有机结合在一起，命名为“全脑记忆GLPS法则”。现在，笔者将这个法则分享如下。

——《拼命看了很多书，为何最终记不住？因为没有使用麦肯锡全脑记忆法》

在上面的这个典型案例中，如果套用SCQA分析法，那结果如下。

介绍背景：看了很多书，做了不少笔记，不但画了思维导图，甚至还写了读后感。

指出冲突：然而，在运用的时候，比如跟朋友聊天啊，自己写作啊，却怎么也想不起来了。

引发疑问：自己就属于这种情况，还有救吗？

给出答案：全脑记忆GLPS法则。

各位读者，都看到了吧，采用SCQA法则，是不是马上把读者给吸引住了？让读者迫不及待地往下看？

（3）正文，必须按照MECE法则

正文一般采用总分结构（见图3-3）。总即论点，也叫结论，论点只能是1个；分即论据，论据还分第一层、第二层、第三层论据，每层的论据一般有3～7个。论点必须与标题相呼应，论据必须充分证明论点，下一层的论据必须充分证明上一层的论据。

由于有多层的论证，由于每一层的论据都有很多个，于是，论点与论据排列在一起，就形成了一个金字塔。

金字塔的内部分为纵向结构和横向结构，现在对其进行一一讲解。

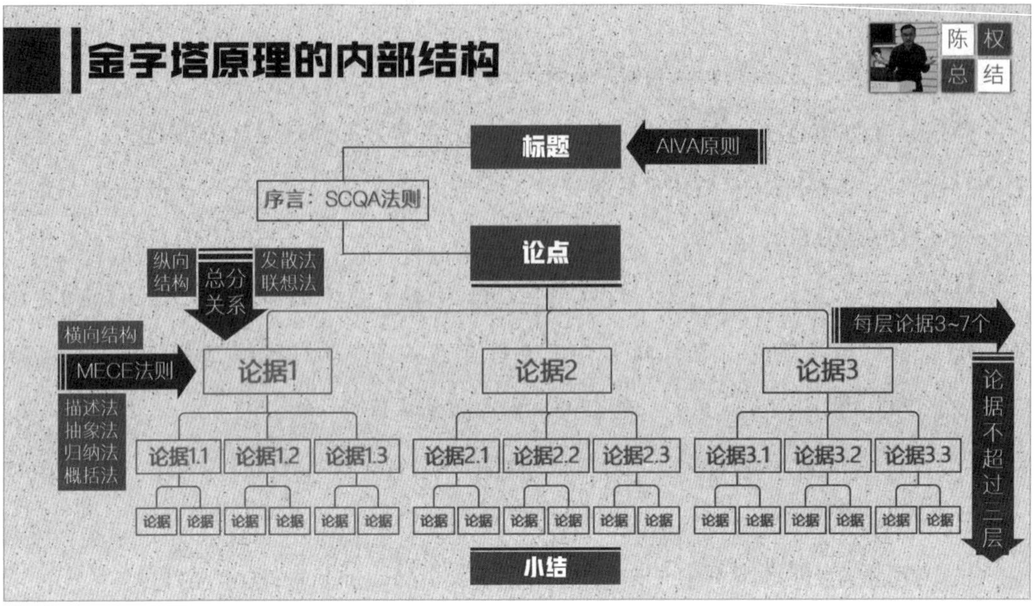

图 3-3　金字塔原理的内部结构

① 纵向结构

在纵向结构上，为了能吸引受众的注意力从而让受众对其作品感兴趣，并因此让受众陷入其中而不能自拔，作者往往通过不断发问的形式，提出新疑问并在下一层的论据中进行回答，周而复始，乃至穷尽所有的问题。

诚然，这个“发问/回答”不能没完没了地持续下去，我们还需要遵循一个原则，那就是AQAQA法则，即论证总结论的时候，其下面观点的层次不能超过3层，必须在3层的论据之内将一切问题解决掉。

原则讲完了，接下来继续讲方法。搭建金字塔结构的思路，主要有如下两种：

第一，自上而下。

当我们的目标特别明确的时候，就比较适合采用自上而下的层层搭建的“疑问、回答”的分解结构。

具体操作方法为以下内容。

首先，提出总结论。

其次，借助发散法（即发散思维）和联想法（即联想思维），找到支持该结论的非常有说服力的多个（一般是3～7个）论点。

最后，如果觉得此层论点还会引起受众的疑问，那就继续找到第三层论据，来论证第二层论点。

至于发散思维和联想思维的具体实操步骤，见本书的第二章内容。

第二，自下而上。

当自己无法清晰地表达目标的时候，就比较适合采用自下而上的层层“归纳、概括”的总结方式。

具体操作方法为以下内容。

首先，借助描述法和抽象法，对目前的事物或者现象尽情地一条条地叙述出来，并寻找这些条目之间的逻辑性，对其进行归类和分组。

其次，条目整合，合并同类项，删掉不需要的条目；并将条目的内容概括为2～5个字，放在该条目的前面。

最后，层层往上概括，总结出最终的结论。

至于描述法、抽象法、归纳法、概括法的具体实操步骤，见本书的第二章内容。

小结：尽管说，在搭建金字塔结构的时候，方法有截然不同的两种：自上而下和自下而上，但是，当我们进行这项工作时，一般不太可能只是使用其中的某一种，而是将两种方法结合起来同时使用，因为这样效率更高、效果更佳。

② 横向结构

在横向结构上，金字塔原理的要求非常高。第一，每一层的观点（或者说思想），一般为3～7个。第二，它们排列的先后顺序必须符合某种逻辑顺序。第三，它们之间必须符合MECE法则。

首先，我们聊一聊，为什么说每一层观点的数量为3～7个比较好。

这个观点是乔治·A. 米勒首先提出来的，在论文《神奇的数字7±2》中，米勒认为，大脑短期记忆的容量为7±2个。尽管有人可能一次记住9个条目，但大多数人一般只能记住5个条目，当然，3个或者1个条目，更容易记住。

由此看来，在论证自己观点的时候，由于1个论据，显得说服力不强；9个以上的论据又觉得太多，读者记不住。于是，芭芭拉·明托决定把论证观点的论据，也就是在金字塔原理中每一层思想的数量设定在3～7个之间。

接着，聊一聊关于金字塔原理中每一层的观点，它们必须属于某个类属，并且它们之间的先后顺序必须符合某种逻辑关系。

每一层的观点必须属于某个类属，这个就无须赘述了。你想想，如果让不同类型的八竿子都打不到一起的论据来论证某个论点，那岂不是“问官答花——驴唇不对马嘴”？

至于它们之间究竟按照何种先后顺序排列在一起，才显得更具逻辑性，更有说服力呢？这一条非常重要。

芭芭拉·明托认为，在金字塔结构的横向关系中，体现同一级别思想之间的逻辑关系一共有如下四种：

A. 演绎顺序：问题、原因、方案。

推理是思维的主要方式之一，它还继续分为演绎推理和归纳推理等两种，但这两者的思维方向刚好相反。

演绎是指从一般到个别的推理，它是一种线性的推理方式，最终是为了得到一个由逻辑连词“因此”而推导出来的结论。

归纳是指从个别到一般的推理，它是对一组具有共同点的事实、思想和观点进行归类分组，并将其共同点或者论点给概括出来的一种推理方式。

这其中，演绎推理（演绎法）的逻辑顺序有：标准顺序、改良顺序；归纳推理（归纳法）的逻辑顺序有：时间顺序、空间顺序、程度顺序。

现在，我们先从演绎推理开始讲。

演绎推理的主要形式（即标准顺序）是三段论，其结构为：

大前提＋小前提=结论

例如——

大前提：人人都要吃饭。

小前提：我是人。

总结：所以，我要吃饭。

尽管说，亚里士多德提出的这个三段论非常经典，但是，如果我们按照这种套路来写文章或者做演讲，那就会让受众更加迷惑不解：你不说我倒还明白，你越说我越糊涂了。因此，我们需要对这个公式进行总结和升级（或者说改良）。

首先，总结形成如下的内容：

阐述世界上已经存在的某种情况；

阐述世界上同时存在的相关情况。如果第二个描述是针对第一个描述的主语或者谓语的，那么，说明这两个描述相关；

说明这两种情况同时存在时所隐含的意义。

接着，升级成如下的公式：

出现的问题或存在的现象；

产生问题的根源、原因；

解决问题的方案。

最后，我们再举一个案例（见图3–4）。

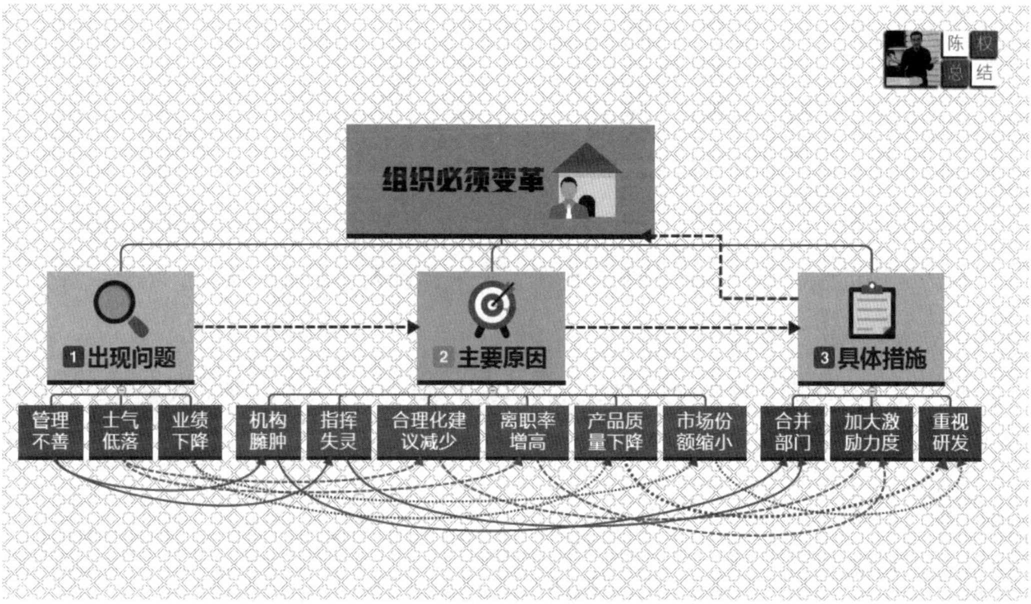

图 3–4　组织必须变革分析

从上面这张图片中，我们可以看出以下内容。

组织必须变革。

目前，企业面临的问题主要有三个：管理不善；士气低落；业绩下降。而这其中，最主要的问题还是管理不善，因为它的出现导致了员工士气低落，导致了公司业绩下降。

为什么会出现这样的问题呢？究其原因，无外乎与之相对应的三类六个：机构臃肿，指挥失灵；合理化建议减少，员工的离职率增高；产品质量下降，市场份额缩小。

如何解决这些问题呢？具体的措施有三个：合并部门，辞退绩效不好的员工；加大激励力度，重赏绩效优秀的员工；重视研发，加大科研投入。

——《不变革没发展，乱变革找麻烦，如何让企业变革有序进行》

小结：演绎顺序就是三段论次序，也叫标准顺序，即大前提、小前提、结论，后来升级为改良顺序，也就是先讲问题、再讲原因、最后讲方案。大家都看到了吧，升级之后的演绎推理——三段论，是不是变得非常好用了。

B. 时间顺序：过去、现在、未来。

时间顺序，即事情发生的先后次序。

时间顺序是一种最容易理解的逻辑顺序，也是使用最为广泛的一种逻辑顺序。

时间顺序的主要形式为：过去、现在、未来；春天、夏天、秋天、冬天；首先、其次、再次、从次、最后；等等。

时间顺序在演讲或者写作中的运用是依据个人的行动轨迹，即个人为了达到某一结果而采取的一系列先后行动。

例如，下面这个案例（见图3–5）。

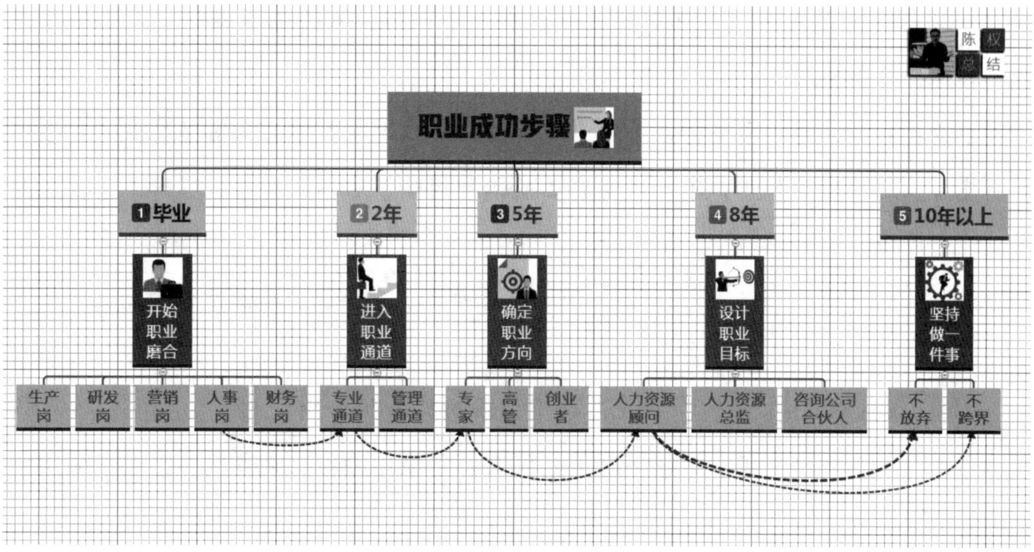

图 3-5　职业成功步骤

从上面的图片中，可以得出以下内容。

职业生涯中，一共有五个关卡，想要获取职业的最终成功，每个关卡都必须认真对待。

毕业进入职场后，开始职业磨合。在此阶段，要结合自己的专业和兴趣爱好，选择适合自己的工作岗位。工作一段时间后，如果觉得该岗位很难发挥自己的专长，还可以重新选择职业。不过，职业磨合的时间不能太长，一般为2年以内，如果超过了5年，那就会对以后的职业晋升造成影响。另外，在此阶段，供自己选择的工作岗位有五大类，为：生产岗、研发岗、营销岗、人事岗和财务岗。其中，压力最大的是营销岗和研发岗。不过，这两个岗位最容易让你变成老板。

毕业2年后，进入职业通道。当一个人选准了职业，就意味着他进入了该职业通道。职业通道共有两条，一条为专业通道，即以后要成为专业人才，比如人事专员、人力资源管理师、人力资源顾问等；一条为管理通道，即以后要成为管理者，比如人事主管、人事经理、人事总监等。

毕业5年后，必须确定职业方向。可以这么说，一旦确立了职业方向，就意味着他要成为什么样的人。一般来讲，职业方向共有三个，为：专家、高管、创业者。

毕业8年后，必须设计职业目标。其实，职业目标就是自己的终极职业岗位。比如，如果选择的是人事岗，那职业目标就有三个，为：人力资源顾问、人力资源总监、咨询公司合伙人。

毕业10年后，自己要坚持做一件事。为什么这么说呢？因为只有坚持做一件事，不断完善自己的理论知识，不断丰富自己的工作经验，永不放弃，从不跨界，才能取得最终的成功。

——《早规划，不害怕：职业生涯规划五步法》

小结：时间顺序这种表达方式，在工作中被广泛地应用，与其关联的词语有阶段、过程、步骤、经过等。一般情况下，作者都是采用顺叙法来表达，当然，采用倒叙法的情况也有，但很少。

C. 空间顺序：左边、中间、右边。

空间顺序，也叫结构顺序，即使用示意图、地图、图片，来描摹某事物的顺序。

空间顺序，是将空间分为几大块的一种逻辑顺序。具体操作时，可以左右划分、上下划分、外里划分，也可以先上下再左右划分。

空间顺序的主要形式为：左边、中间、右边；下面、中间、上面；外面、中间、里面；东、西、南、北、中；等等。

空间顺序在演讲或者写作中的应用也非常广泛，它不仅仅用来表示具体的空间位置，还用来表示虚拟的空间位置，像方法、技能等。

例如，下面这个案例（见图3-6）。

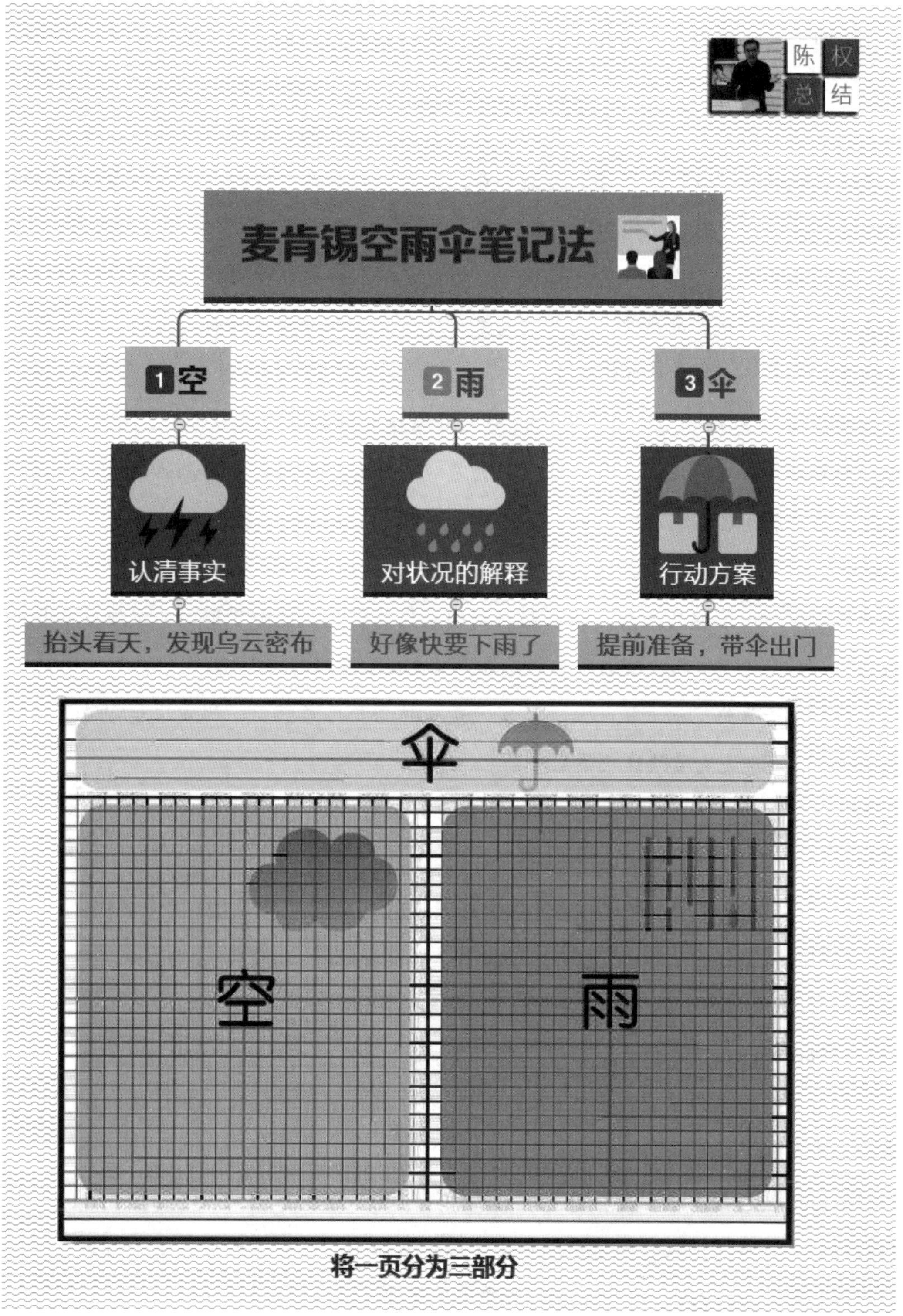

图 3-6　麦肯锡空雨伞笔记法

上面图片中的内容为麦肯锡空雨伞笔记法，它不仅仅是一种记笔记方法，更是一种思考方式。

麦肯锡空雨伞笔记法将笔记本的一页分为上面、左侧、右侧三个部分，上面的部分很窄，被称为“伞”，下面的左侧部分比较大，被称为“空”，下面的右侧部分也比较大，被称为“雨”，其具体内容如下。

空：抬头看天，发现天空乌云密布，天色灰暗，恰巧是阴天。在这里，“空”等于事实，也就是现在的情况。它对应的是记述信息，即以描述的形式说明人事物的客观状态，其本质上是一种事实陈述。

雨：因为是阴天，所以，自己认为天好像快要下雨了。在这里，“雨”等于解释，也就是对现在情况的解释。它对应的是观点信息，即对前面的记述信息进行分析和判断的结果，它体现了作者的价值观。

伞：由于担心被淋湿，于是提前准备，带伞出门。在这里，“伞”等于行动，也就是根据解释而采取的行动方案。它对应的是规范信息，即基于前面的记述信息和观点信息而得出的“事物应有的状态”或者“人应该采取的行动”。

总之，麦肯锡空雨伞笔记法，其实就是一种高效思考模型，此方法非常适用于工作的场合，特别是需要快速决策的场景。

——《麦肯锡空雨伞笔记法：最有效的大脑思维整理术》

小结：空间顺序应用非常广泛，与其关联的词语有位置、地点、部门、结构图等。常用的顺序有三种：从左到右，从上到下，从里到外。

D. 程度顺序：优、良、中、可、差。

程度顺序，也叫重要性顺序，即对一组因为具有某种共同特点而被聚集在一起的事物（或者观点）所采用的顺序。例如，三个问题、四点原因、五大要素等。

如何给这些观点排序呢？首先，总结出每组条目（思想、观点、问题等）具有的共同特性，并确保把具有该特性的条目全部列入该组。然后，根据各个条目具有该特性的程度来排序。例如，先强后弱，先重要后次要。

程度顺序的主要形式为：优、良、中、可、差；黑、灰、白；最重要、次重要、不重要；等等。

可以这么说，前面所介绍的三种逻辑顺序中，演绎顺序里面、每组的各个条目在排序上，属于因果关系；时间顺序里面、每组的各个条目在排序上，属于递进关系；空间顺序里面，每组的各个条目在排序上，属于递进关系。

而现在所讲解的程度顺序，其里面每组的各个条目（思想、观点等）在排序上，也属于并列关系，但是，各个条目对主题的体现程度上却有区别。

例如，下面这个案例（见图3-7）。

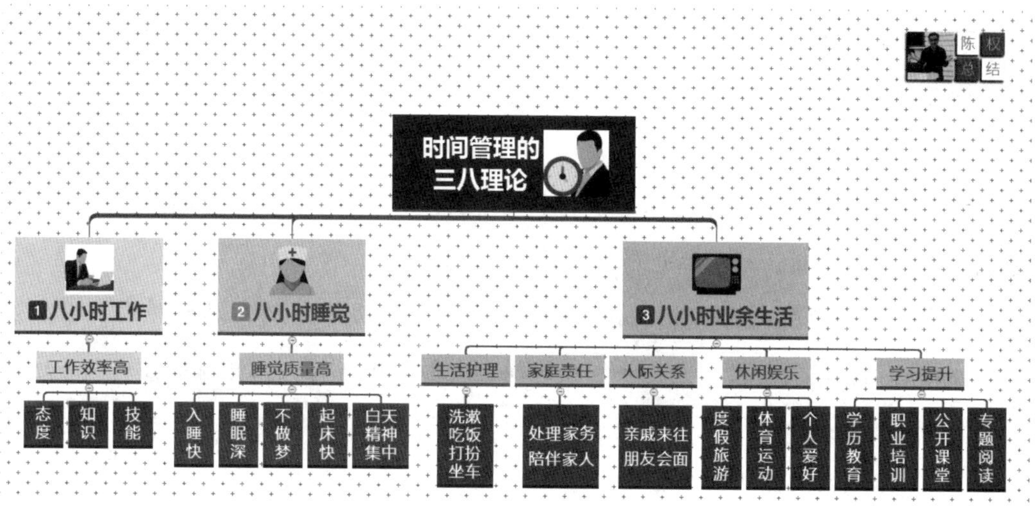

图 3-7　时间管理的三八理论

从上面的图片中，可以看出，对于每个人来说，一天共有24个小时，它可以划分为三块，即三个八小时。

第一个八小时是工作。为什么第一个八小时给了工作？因为有了工作，我们才有收入，才能生活下去，才有事业可谈。为什么仅是八个小时？津巴多认为，对工作的要求是：效率高、不加班。也就是说，想要业绩好、效率高，取决于个人的态度、知识和技能，而不是其他。

第二个八小时是睡觉。睡眠非常重要，高质量的睡眠能够消除疲劳，恢复体力；保护大脑，恢复精力；甚至还延缓衰老，促进长寿。那什么样的睡眠才算是质量高呢？百岁国医大师邓铁涛给出的答案是五个评判标准：入睡快、睡眠深、不做梦、起床快、白天精神集中。

第三个八小时是业余生活。它还可以继续细分为以下五个方面。

生活护理：这是为了日常生活需要、身体健康需要、个人形象需要，我们每天不得不做的事情。它包括洗漱、吃饭、打扮、坐车（开车）等。

家庭责任：作为家庭成员之一，为了家庭的幸福美满，我们每个人是必须尽一定的责任的，比如处理家务、陪伴家人等。

人际关系：人是社会中的人，为了维护好最重要的那几个圈，我们必须进行一些社交活动，比如亲戚来往、朋友会面等。

休闲娱乐：关于休闲娱乐方面的活动，可谓是多了去了，细分起来，还包括三大类：度假旅游、体育运动、个人爱好。

学习提升：学习的方式非常多，总结起来，大约有四种：学历教育、职业培训、公开课堂、专题阅读。

结论，人的差别就在于第三个“八小时”里面的第五项——学习提升，只有学习才能改变自己的命运，才能拉开自己跟别人的距离。

其实，上面所提到的三个“八小时”，它们之间是平等的，属于并列关系。但是，在给它们排序的时候，是无法根据时间和空间来进行的，只好选择程度顺序这种方法。由于对我们来说，工作是最重要的，其次是睡觉，再次是业余活动，于是，这三者之间的先后次序就出来了。

——《决定你是什么样的人，取决于第三个八小时》

小结：一般来讲，我们给事物排序的时候，首先考虑的是时间顺序和空间顺序，如果这两种方法都套不上，那只能依据其重要性来排序了。另外，这种排序方法，比较灵活，比较适合于抽象的事物。

最后，我们聊一聊MECE法则。

MECE（mutually exclusive collectively exhaustive）法则，是指论据之间，相互独立、完全穷尽。也就是说，在论证过程中，每一层的论据（观点、思想等），它们之间要做到：不重叠、不矛盾、不遗漏、不多余、有边界（见图3-8）。

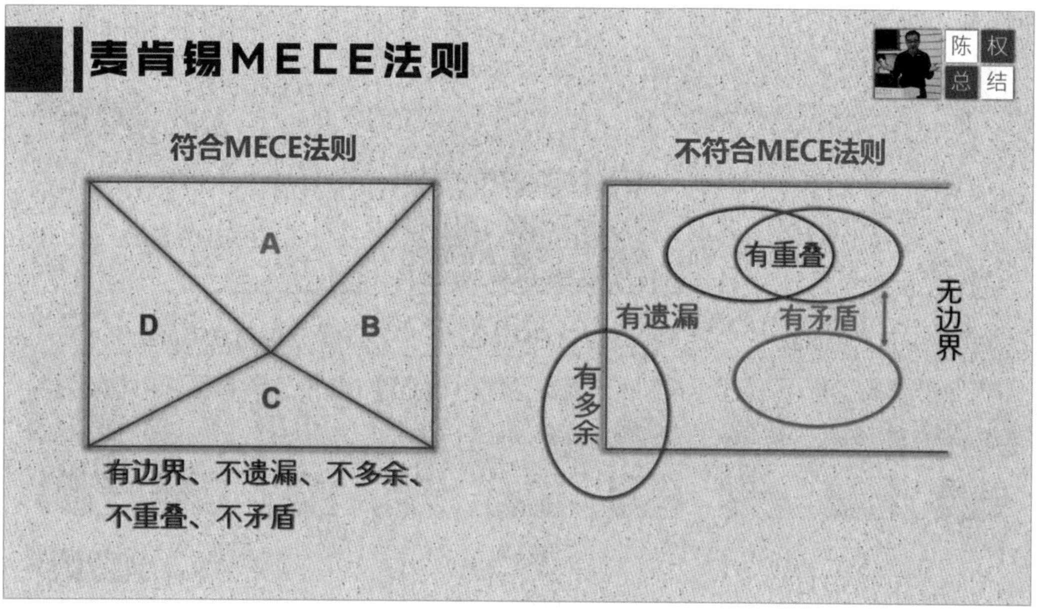

图 3-8　麦肯锡 MECE 法则

这个理论应该是金字塔原理的精华部分。在金字塔原理的内部有两种关系，一种是纵向关系，它要求上下文之间形成总分结构，这种写作方法，我们在中学时代已经学习过了。一种是横向关系，它要求每一层的各个论据之间必须符合MECE法则，我们对之了解不多。因此，笔者决定将这个理论介绍如下，希望大家都喜欢。

什么叫不重叠？就是在每一层的所有观点当中，不存在着某观点与某观点的意思完全相同或者部分相同的情况。

什么叫不矛盾？就是在每一层的所有观点当中，不存在着某观点与某观点的意思完全相反导致影响论证主题的情况。

什么叫不遗漏？就是每一层的那些观点，组合在一起之后，已经涵盖了这一层主题的方方面面，没有漏掉任何一点。

什么叫不多余？就是这一层的那些观点，都是证明这一层主题的绝佳论据，没有任何一个观点是多余的，是不需要的。

什么叫有边界？就是这一层的那些观点，组合起来后，在意思表达上，已经形成一个闭环，并拥有完整的边界。比如第一、第二、第三，就不属于闭环，因为还存在着第四、第五……而首先、其次、最后，则属于闭环。

接下来，为了更好地理解MECE法则，我们还需列举一个真实的案例（见图

3-9）。

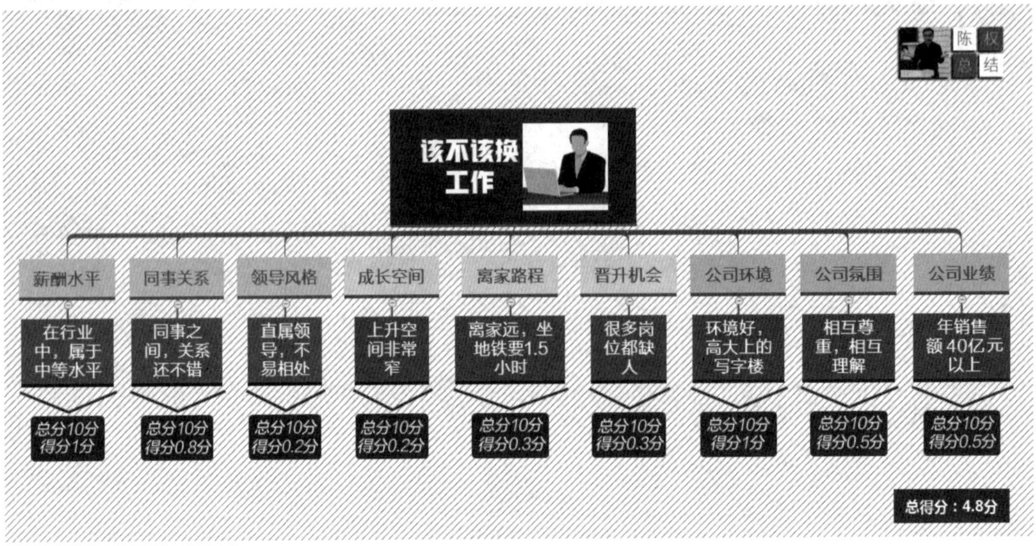

图 3-9　该不该换工作的思考（1）

根据上面的那张图，我们从中可以了解到如下一些信息。

该不该换掉现在的这份工作呢？某人考虑的九大因素及评分结果为以下内容。

第一，薪酬水平。该公司给他的薪酬，在行业中，仅属于中等水平。

第二，同事关系。同事之间，关系还不错，挺融洽的。

第三，领导风格。直属领导很另类，不易相处。

第四，成长空间。上升的空间非常窄，想升职比较难。

第五，离家路程。离家比较远，坐地铁都需要1.5小时。

第六，晋升机会。公司目前还有很多岗位招不到人，处于空缺的状态。

第七，公司环境。公司的环境非常好，员工都在高大上的写字楼里上班。

第八，公司氛围。大家相互尊重，相互理解，每天都很开心。

第九，公司业绩。公司每年的业绩都很不错，年销售额在40亿元以上。

如果按照10分制来计算，最终的得分为4.8分，不及格，所以，该不该换工作，答案不言而喻。

——《该不该换工作？这些因素你必须考虑》

仔细审阅上面的那段文字之后，我们不难发现：在这九条因素中，存在着重叠、矛盾、遗漏、多余、无边界等情况。

“同事关系”和“公司氛围”，属于重复的条目，这两项的意思基本相同。

“成长空间”和“晋升机会”，属于矛盾的条目，这两项的意思是相反的，一个说职位几乎没有上升的空间，一个说公司还有很多岗位没招到人。

“公司业绩”这一项，跟某人是否该不该换工作，没有直接的联系，很明显，这一条是多余的。

像“人岗匹配”这方面的内容，也就是某人在该岗位上工作是否得心应手，非常重要，但是，图中却没有，说明遗漏了这一项。

另外，这几大因素很随便地排列在一起，不能形成一个闭环，似乎还可以增加很多条因素进来。

所以，为了能让这些因素在排序上满足MECE法则，必须对其进行如下的修改。

首先，去掉重复的条目“第八，公司氛围”、矛盾的条目“第六，晋升机会”，和多余的条目“第九，公司业绩”。

其次，把“人岗匹配：岗位未能发挥自己的专长”这一条目添加进来。

然后，给它们重新排序，最终的次序为：

第一，人岗匹配。岗位未能发挥自己的专长。

第二， 薪酬水平。该公司给他的薪酬，在该行业中，仅属于中等水平。

第三，成长空间。上升的空间非常窄，想升职比较难。

第四，领导风格。直属领导很严肃，不易相处。

第五，同事关系。同事之间，关系还不错，挺融洽的。

第六，公司环境。公司的环境非常好，员工都在高大上的写字楼里上班。

第七，离家路程。离家比较远，坐地铁都需要1.5小时。

最后，我们还需对这七条因素进行分类，归纳为三大类。第一第二和第三是一类、第四第五是一类、第六第七是一类。同时，给它们增加一层条目，依次为：自己与收益、自己与他人、自己与环境。这样，这一层条目就可以形成一个闭环了，刚好形成递进关系——自己跟自己（即投入跟收益）、自己跟他人、自己跟环境。最终的结果如下（见图3-10）。

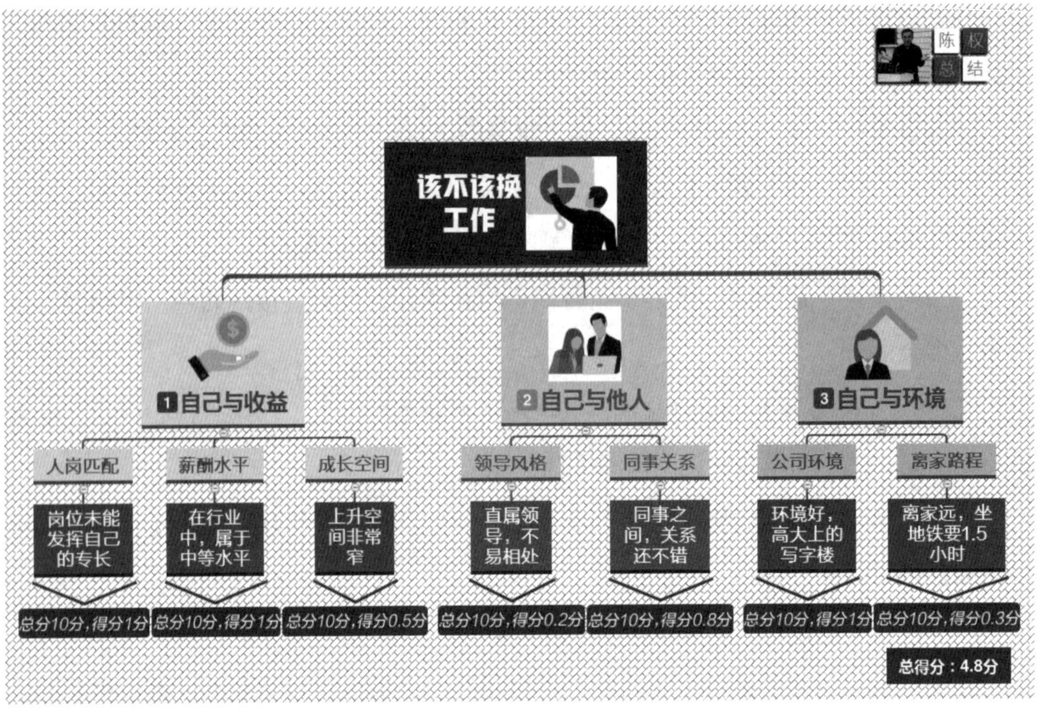

图 3-10　该不该换工作的思考（2）

大家都看到了吧，修改之后的符合MECE法则的七大要素，用来论证某人是否应该换掉这份工作，在逻辑上无懈可击，说服力更强。

（4）小结，必须采用IFSO句式

小结就是作品的结尾部分，它的目的是给读者展望未来。

如果是解决问题类的作品（演讲或者文章），该小结一般采用假设（IFSO）句式，即针对讲到的问题，如果采用某方案，将会达到满意的效果。

例如：

尽管公司的工会要求企业给全体员工加工资，已经得到了所有员工的支持，一旦企业不答应普调工资，员工马上会闹罢工。不过，如果企业采用KPI＋OKR这种绩效方案，让绩效好的员工拿到更高的工资，同时淘汰那些混吃混喝、准备在企业养老的懒人。我相信，公司将会马上扭转局面，事业从此蒸蒸日上。

3. 金字塔原理的应用：思考、表达、课程开发

金字塔原理的应用比较广泛，主要集中在如下三大领域：

（1）思考。掌握结构化思维，能让个人学会周密地分析问题，能让个人的决策更加准确。

（2）表达。掌握金字塔原理，作者的表达会变得重点突出、条理清晰，让人愿意听、听得懂、记得住。

（3）课程开发。利用金字塔原理来搭建课程框架，这样的课程框架能让人一目了然；利用金字塔原理来开发理论，这样的理论能让人容易理解。

二、金字塔原理与黄金圈模型相结合，逻辑更加完美

不可否认，金字塔原理确实是一个伟大的理论。用此方法撰写出来的方案，逻辑清晰，条理分明，非常有说服力，很容易打动客户。

不过，金字塔原理跟其他理论一样，有优点也有缺点，有长处也有局限。现在，我们有必要对其进行小结，目的是为了让我们更好地运用它。

1. 金字塔原理非常适用于观点类作品

个人觉得，金字塔原理并非适用于所有作品（演讲或者文章），它运用在商务类、观点类作品比较合适，像观念提倡类演讲、问题解决类方案等，理由如下：

首先，采用开门见山的方法，也就是一开篇就亮明观点，这种写法（或者说开场白）毫无新意，吊不起读者的胃口，不能让听众深陷其中。

其次，在撰写文章或者做演讲的时候，你不可能采用4～5级的标题。笔者在撰写书稿的时候，出版社的编辑就明确告诉笔者，书稿标题不能超过3级，因为那样的话，读者读起来会很累。因此，笔者曾经自作主张，将金字塔原理纵向结构中的论据层次，设定为不超过三层。

最后，金字塔原理中，最精彩的理论要数MECE法则。它要求论据之间，相互独立、完全穷尽。说白了，就是要求论证的观点不重不漏。这意味着：论点不重复，那

你做的都是有用功，提高了思考的效率。论点不遗漏，那你的思维很严谨，滴水不漏，思考有质量。

综上所述，我们仅把金字塔原理的精华部分——MECE法则，导入黄金圈模型就可以了。

2. MECE法则能让黄金圈模型更有说服力

在前面，我们已经介绍过了，黄金圈模型的主要内容为：就某一主题进行当众演讲或者发表意见时，仅说三个要点。

而现在，MECE法则的主旨却是：每一层的论据（观点、思想等），它们之间必须做到：不重叠、不矛盾、不遗漏、不多余、有边界。

如果把这两者结合起来，那就是：就某一主题进行当众演讲或者发表意见时，仅说三个要点，并且这三个要点之间还必须符合“不遗漏、不矛盾、不重叠、不多余、有边界”这个要求。

这么操作，是否可行？能否让它们完美地结合在一起？笔者认为：完全可以！不过，我们还需处理一下，即根据不同的逻辑顺序选择不同的处理技巧。具体方法如下：

（1）演绎顺序

演绎顺序的主要形式为：大前提、小前提、结论；问题、原因、方案。前者是标准形式，后者为改良形式。这两种形式的要素都是三个，并且它们之间已经形成一个闭环。另外，黄金圈模型并没有要求第二层论据也必须是三个。因此，演绎顺序的本身就符合黄金圈模型的要求，无须再对其进行改造。不过，在运用演绎顺序的时候，我们仅仅采用其改良形式，即问题、原因、方案。例如下面这个案例（见图3-11）。

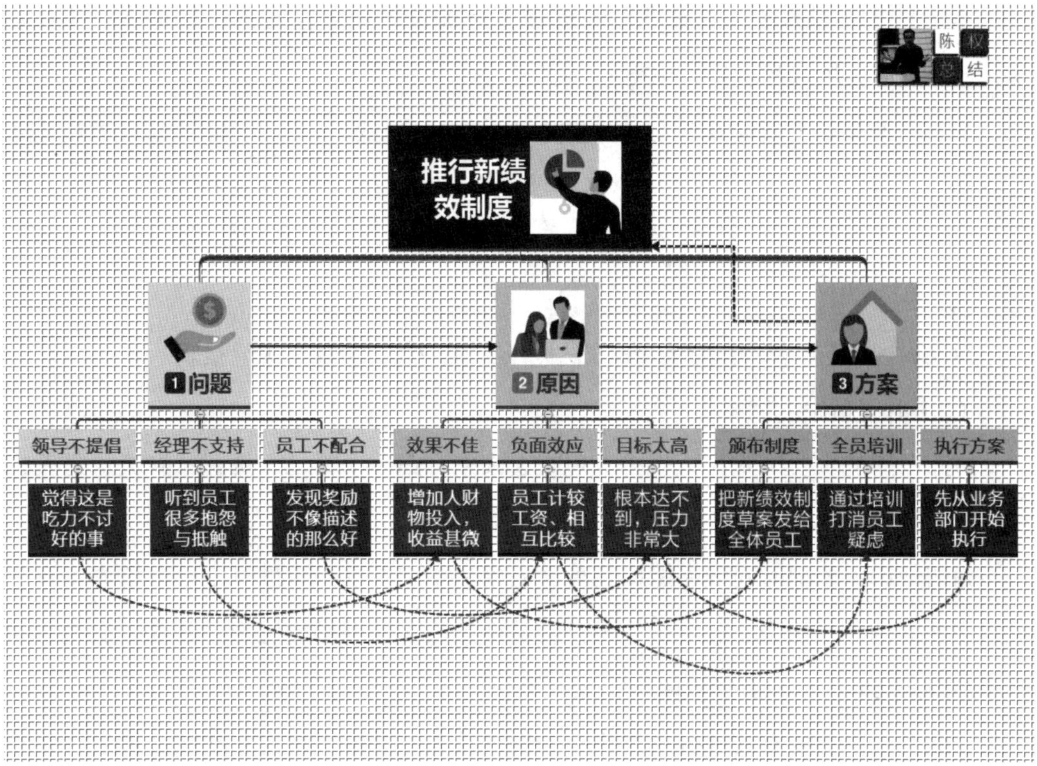

图 3-11　推行新绩效制度的思考

从上面的图片中可以看出以下内容。

企业需要推行新绩效制度。

目前，企业在进行绩效改革时所面临的问题主要有三个：领导不提倡，觉得这是吃力不讨好的事；经理不支持，听到员工很多抱怨与抵触；员工不配合，发现奖励不像描述的那么好。

为什么会出现这些问题呢？究其原因，主要有三个，并且原因与问题一一对应：老板觉得效果不佳，过去曾经投入了很多人力、财力、物力，但是收益甚微；经理担心出现负面效应，员工会计较工资，并且相互比较；员工发现目标定得越来越高，根本达不到，压力非常大。

如何解决这些问题并让企业顺利地推行新的绩效制度呢？具体措施有三个。

首先，把新绩效制度的草案发给全体员工，让大家提意见，同时告诉大家，出于战略考虑，企业必须进行绩效改革。

其次，要求全体员工分批来参加培训，培训内容就是企业为什么要进行绩效改革，目的是通过培训打消员工的疑虑。

最后，开始推行新绩效制度。为了能让制度稳妥地推行下去，新的绩效考核先从业务部门开始。

——《如何推行新绩效方案？这个方法非常管用》

大家看到了吧！演绎顺序跟MECE法则结合在一起，可谓是无缝接轨。

（2）时间顺序

时间顺序的主要形式为：过去、现在、未来；第一、第二、第三；春天、夏天、秋天、冬天；首先、其次、再次、从次、最后；等等。

确切地说，要把时间顺序嫁接到黄金圈模型中来，这个难度可不小。首先，有些时间顺序的因素是四个、五个……不符合黄金圈模型所要求的三个。其次，有些时间顺序的因素之间，并没有形成闭环，像“第一、第二、第三”等。

因此，我们需要对其进行“改造”。像“首先、其次、再次、从次、最后”要改为“首先、其次、最后”；“春天、夏天、秋天、冬天”要改为“年初、年中、年末”；“第一、第二、第三”要改为“首先、其次、最后”；等等。比如，下面这个案例。

全脑记忆GLPS法则的内容为：文字概括化（generalization），概括层次化（layering），层次程序化（procedural），程序情境化（situational）。

① 概括化（generalization）：对要熟记文章中每一段的文字进行概括，概括之后的词组字数为3～5个。为什么字数要压缩到这么少？因为人脑记忆容量的最佳数字是7±2。

② 层次化（layering）：给这些概括之后的词组（或者短句）进行归类并分层，同时，每层词组的数量不能超过5组。为什么要分层？还是刚才那个理由：词组的数量一旦超过9个，就超过人脑记忆容量的上限。

③ 程序化（procedural）：概括并分层好的词组是需要有先后顺序的，否则，我们记不住它们。如果这些词组看上去根本没有什么顺序可言，怎么办呢？我们必须从时序上、空间上、程度上等，给这些词语的排序找到一个合适又充分的理由。

④ 情境化（situational）：为了能更牢固地记住这些词组，我们还需展开丰富的想象力，给每一组词语添加一个画面，并让这些画面连接起来，形成一部情景剧。

全脑记忆GLPS法则这个理论可能有点枯燥，我们列举一个具体的例子吧，比如，要记住“鸡声茅店月，人迹板桥霜”这句唐诗。

其实，想记住这句唐诗，非常容易。只需要几分钟就可以完全背下来了。但是，想终身记住它，可能就不那么容易了。所以，我们还需按照“全脑记忆GLPS法则”的程序走一遍。

第一步，概括化。“鸡声茅店月，人迹板桥霜”这句唐诗可以概括为“鸡店月，人桥霜”。说句实在话，由于文字太少，这个概括的意义不是很大。

第二步，层次化。这句唐诗可以分为两个层次。一个层次是环境：鸡、店、月；一个层次是诗人：人、桥、霜。

第三步，程序化。第一个层次里面三组词语的次序是从低往高，也就是从地上到天上。即先从地上的鸡，到地上的店，再到天上的月。第二个层次里面三组词语的次序是从远到近，首先出现人，接着发现桥，最后看到了桥上的霜。

第四步，情境化。积极地展开联想，让这个动态画面丰富起来：在荒凉的驿站里，只有几家茅店供人住宿，旅客们往往还没睡够，就被乡村的鸡鸣声吵醒了。门外，破晓前的景色很苍凉，天上挂在一弯斜月，惨白得几乎失去了光泽。尽管天渐渐地亮了，但已有行人在这清冷的月色中前行，一路上没有碰到别的人，前面的小桥上，铺满了白霜，人踏过去，留下孤独的脚印……

——《拼命看了很多书，为何最终记不住？因为没有使用麦肯锡全脑记忆法》

大家都看到了吧！上面所提到的“全脑记忆GLPS法则”一共有四步，根本不符合黄金圈模型的要求。怎么办？我们只好忍痛砍掉其中不是很重要的一步（其实是把第一步和第二步合并在一起了），变成如下的样子（见图3-12）。

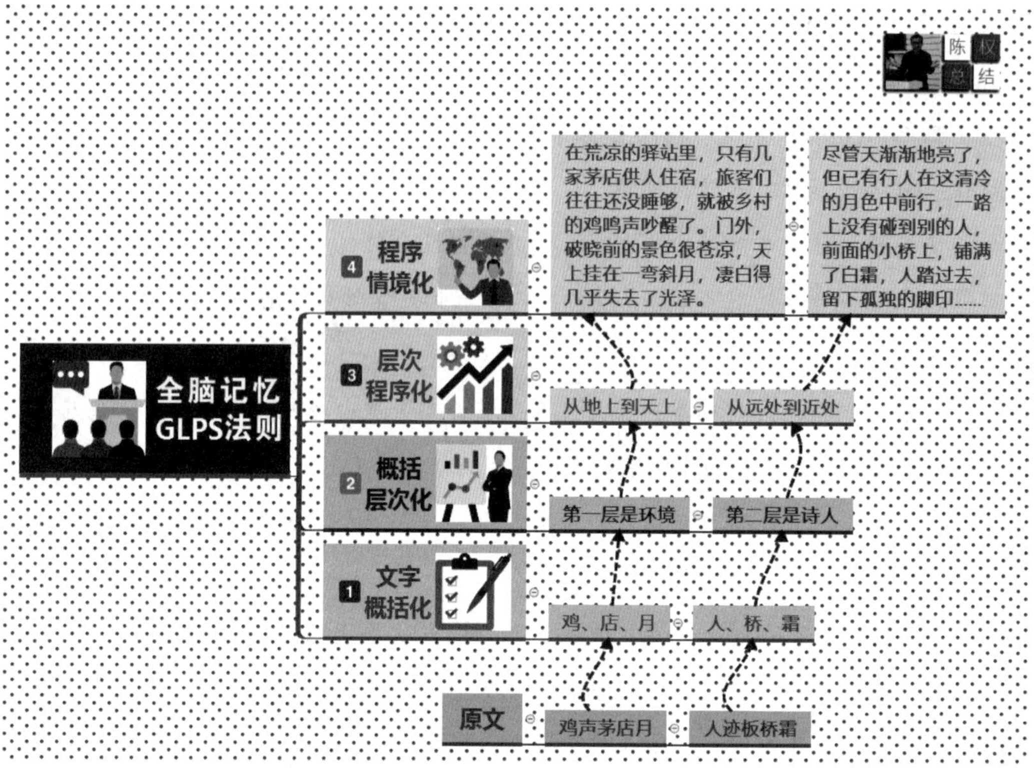

图 3-12 全脑记忆 GLPS 法则

这么一修改，它就符合黄金圈模型的要求——“三个要点”了，同时，相比起原文，也没逊色多少。

（3）空间顺序

空间顺序的主要形式为：左边、中间、右边；下面、中间、上面；外面、中间、里面；东、西、南、北、中；等等。

一般来讲，MECE法则非常适用于空间顺序。因为，在具体的空间范围之内，很容易做到“不遗漏、不矛盾、不重叠、不多余、有边界”。所以，我们只要想方法把空间分为三块就可以了，没必要去考虑把它分成四块或者五块。如果是已经分成五块、七块的，我们就采用合并法或者删除法，让它变成三块。比如，下面这个案例。

一篇文章不仅仅是只由文字组成，它的意涵上还包含着五个层面，依次为以下内容。

文本层。即作者写出来的既完整又有系统的一系列句子。换一句话说，文章是由很多句子组成的，这些句子是完整的，它们是有机地组合在一起，并成为一个系统。

句子的完整性和系统性，是文章写作的基本要求。

形式层。即文章有它固定的体裁。如果按照写作方式划分，它可以分为记叙文、说明文、议论文、应用文等类型。如果按照写作内容划分，它可以分为诗歌、散文、小说、戏剧等类型。

相同内容而不同体裁的文章，它的阅读对象是不一样的，阅读对象的数量也是不一样的。

信息层。文章一旦发布，它的内容就不再仅仅是作者一个人知道了，它马上变为信息，被流通、被传播、被评价、被监督、被反馈。

文章被很多人传播之后，可能成为爆文。所以，文章在传播的过程中被读者评价，也很正常。

期望层。即读者在阅读到该篇文章时，希望能从中获取到某些有价值的信息，学习到一些对自己有所帮助的经验或者知识。

如果阅读该篇文章之后并没有任何收获，读者就会很失落，可能会留下毫不客气的评论。

价值层。即文章给读者带来什么好处或者利益。

作者在写作之前，必须明确这篇文章能否给读者带来什么好处，否则，没必要动笔。另外，值得一提的是，作者提供的价值跟读者的期望值不一定吻合。

——《如何写出对读者有价值的文章？这三点很重要》

显而易见，上面这个案例是将整个空间分成五个圆圈，根本不符合黄金圈模型的要求。怎么办？我们只好去掉中间那两个不是很重要的圆圈，让它变成三个圆圈（见图3–13）。

大家看看，这样是不是效果更佳。

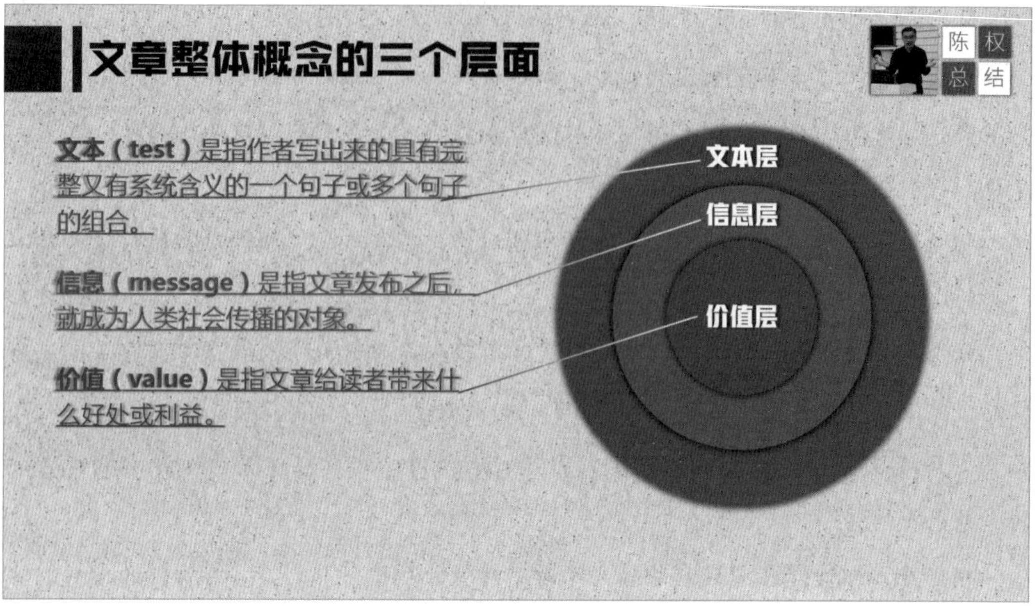

图 3-13 文章整体概念的三个层面

（4）程度顺序

程度顺序的主要形式为：优、良、中、低、差；黑、灰、白；最重要、次重要、不重要；等等。

个人觉得，要把程度顺序引入到黄金圈模型中来，这个难度不是一般地大。首先，我们所选取的三个要素，它们之间是否存在着差距，这个真不好确定，因为它们没有时空的特性。其次，如何让这三个要素形成一个闭环，并且做到不重不漏，这更是一个很大的挑战。

为了能妥善地解决上面的两大难题，笔者的经验是这样：将自己已经撰写好的内容，通过“比拟”“类比”等修辞手段，往一些现成的模型上套。现成的模型有：“个人、社会、世界”“固体、液体、气体”；“穷人、中产、富人”；“愚人、常人、智人”；“本我、自我、超我”；等等。如果实在没办法，就套这个模型——“最重要、次重要、其他”。

为了能很好地理解这种操作方法，我决定举一个案例。

个人能力的提升方式，主要来自亲自实践，次要来自他人指导，剩下来自间接学习（见图3-14）。

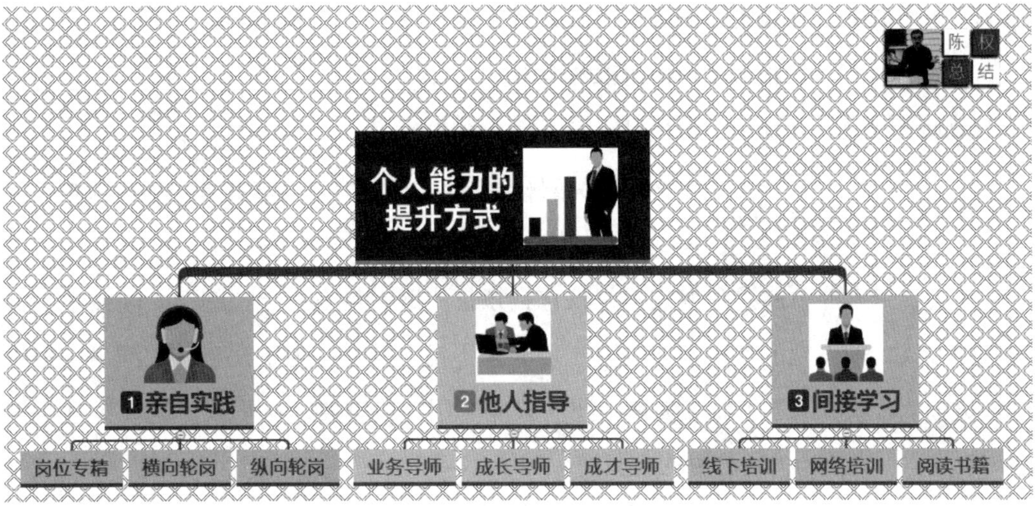

图 3-14 个人能力的提升方式

亲自实践。在职场中，个人成长大约有70%来自工作实践，这其中包括工作经验的积累、工作任务的完成与常见问题的解决等。个人成长，绝大部分靠企业培养，企业培养员工的方式主要有如下三种。

① 岗位专精。即企业通过专项任务、科研难题攻克等活动，激励员工在原工作岗位上做纵深专精努力，去提高自己的工作能力。

② 横向轮岗。即企业为了让员工对整体业务有全面的了解，而安排员工到同部门的其他岗位上锻炼一段时间之后再回到原岗位上工作。这么做的目的是：让员工成为多面手，如果锻炼过的岗位缺人，他可以顶替。

③ 纵向轮岗。即企业为了培养接班人，而安排员工到同部门的管理岗位上实习一段时间。这么做的目的是：本部门的某一管理者辞职了，就有员工马上顶替。

他人指导。在职场中，个人成长大约有20%来自他人的指导。这个“他人”就是导师（也称教练）或者直属领导。对员工来说，导师主要有如下三类。

① 业务导师：一般由部门的业务能手担任，负责指导员工的业务技能。

② 成长导师：一般由员工的直属领导担任，负责考核员工的绩效。

③ 成才导师：一般由集团的HR团队担任，负责帮助员工进行职业规划。

间接学习。在职场中，个人成长大约有10%来自自主学习。自主学习的方式主要有如下三种。

① 线下培训。即报名参加线下的培训班学习。

② 网络培训。即报名参加网络课程学习。

③ 阅读书籍。即通过看书这种方式来提升自己。

——《想快速提升自己的能力，这些方式你必须知道》

其实，个人能力的提升方式不仅仅包括亲自实践、他人指导、阅读（间接学习）这三种方式，像参观、行动学习等方式也非常不错。但是，为了让自己的演讲内容既符合黄金圈模型又符合MECE法则，我们只能套用“最重要、次重要、其他”这个模型。于是，个人能力的提升方式就只有三种了。

第四章

只要掌握黄金圈框架，任何类型演讲你都能应付自如

工作与生活中，笔者曾经在很多场合听过很多演讲，结果有一个发现：那些演讲者的思路千差万别，有的嘉宾仅仅讲一个关于自己的故事，再加上几句抒情或者一段议论就结束了；有的嘉宾却从来不讲故事，哪怕是别人而不是自己的故事，他也不讲，全场都在发表议论，并且论点有时候是三个，有时候是四个，有时候还超过五个。

正是因为需要做演讲的场合很多，而且场合的性质又相差甚远，于是就有很多演讲班的学员向我提过这么一个问题：陈老师，演讲有没有通用模板？如果有，能不能把这个模板的思路总结成一个公式或者框架？

这个问题非常好。演讲有即兴演讲和备稿演讲，特别是即兴演讲，由于它没有事前准备，仅是根据场合的需要，上台全靠自己临场发挥，那么，就可能存在着发挥失常的情况。但如果我们现在有一个通用的模板，临时发言就不会再出现荒腔走板的现象了。

因此，笔者在本章不仅仅向大家讲解什么是演讲、演讲的类型有哪些，更主要的是向大家介绍一个演讲的通用模板——黄金圈框架。这个黄金圈框架比前面所介绍的黄金圈模型更加有体系、更加实用。黄金圈模型的要旨是：就某一主题进行演讲或者发表意见时，仅说三个要点。而黄金圈框架呢，它是针对整场演讲来设计的，包括开头、正文、结尾等，其中心思想为：黄金圈框架=三部分 + 三论点；纵向不超过三层，横向不超过三点；提问开头，名言结尾。

好了，笔者现在开始介绍黄金圈框架，并且从什么是演讲开始讲起。

一、什么是演讲

什么是演讲？业界比较认同的概念是这样：演讲又叫公众演说、当众演讲、讲演等，它是演讲者就某一问题或某一事件，在特定的语境下，借助已经写好的书面语言（有时候可能不需要），通过有声语言和态势语言，面对广大听众发表个人观点，说明其中事理，抒发内心感情，从而达到感召听众并促使其行动的一种务实的信息交流活动。

从刚才的概念可以看出，演讲是一种社会实践活动，在舞台上，它的表演性虽然不及其他表演艺术，但它的互动性却远远超过其他表演艺术。所以，作为一个完整的演讲活动，它由演讲者、信息、听众、语境这四要素（见图4-1）组成，而且这四者缺一不可，离开其中任何一个条件，演讲活动或许不能顺利进行。现在将其一一介绍如下。

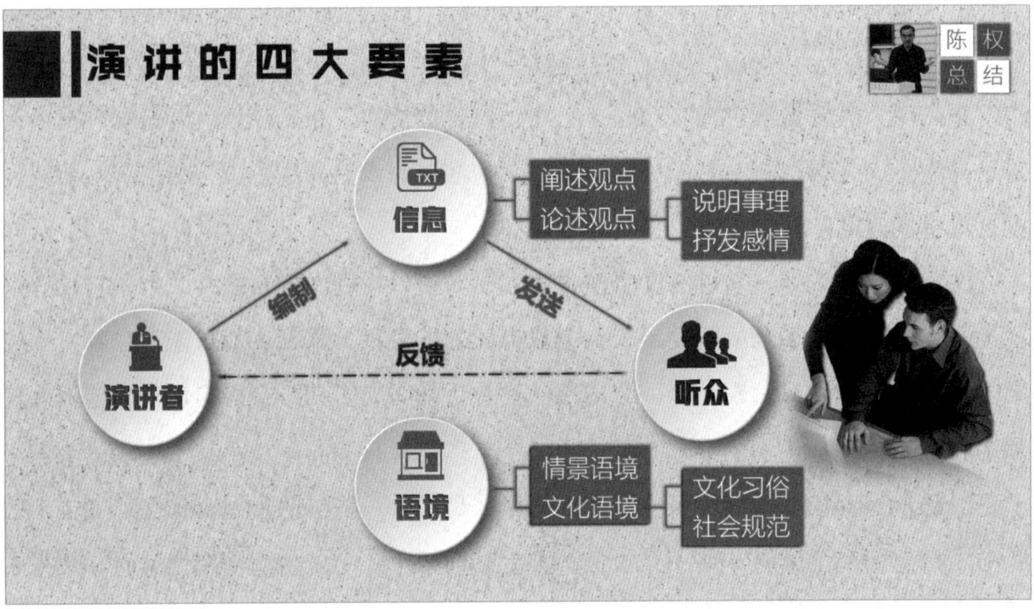

图 4-1　演讲的四大要素

演讲者，即信息的发送者。作为演讲活动的主要交流者，演讲者在演讲的过程中主要传递的信息是个人观点和社会身份。信息的选择非常重要，曾经有演讲大师说过：一流演说家传播信仰；二流演说家传播思想；三流演说家传播情感。

信息，它是由个人观点的阐述和个人观点的论述组成。一般而言，演讲者在上台演讲之前，已经想好了采用哪种方式来阐述自己的观点以及通过哪些论点来论证自己的观点。

听众，即信息的接收者，它是演讲活动中最重要的参与者。有些人认为，演讲中的听众跟演戏中的听众都是一样的，其实不然。演戏中的听众，他们是欣赏者，他们不会现场给演员反馈自己的看戏体会；而演讲中的听众，他们却是参与者。因为他们有一定的知识背景、有个人的兴趣爱好、有各自的价值取向，所以，他们会以有声语言或者态势语言来反馈自己的感受。比如皱眉、点头、哈哈大笑、对演讲者举手提问，甚至当场质疑演讲者的观点等。

语境，即演讲的言语环境。它分为两类，一是情景语境，即演讲时的真实空间。如果演讲是在阶梯式礼堂里进行，那么，这样的环境会更便利于听众欣赏演讲。二是文化语境，即听众所处的社会文化，包括文化习俗和社会规范等。比如，如果演讲者跟听众都是亚裔，那么，演讲者的某些价值观比较容易引起听众的共鸣。

二、演讲的类型

演讲分类的方法有很多。有人根据演讲的目的，把它分为应答型演讲、告知型演讲、说服型演讲；也有人根据演讲的风格，把它分为激昂型演讲、深沉型演讲、活泼型演讲、严谨型演讲……但我们现在是根据“演讲的备稿程度”来划分，并将其分为如下两类五种。

1. 有备式演讲：一些场合给你时间可以提前准备演讲稿

有备式演讲，就是我们平时所说的命题演讲。即在上台演讲之前，演讲者就给出的演讲题目已经做了一些准备。而根据准备程度的不同，它还继续分为备稿式演讲、提纲式演讲和腹稿式演讲这三种。

（1）备稿式演讲

这种演讲是事先已经写好了讲稿，并且还把讲稿背熟了，上台演讲时，凭借着自己的记忆再把讲稿的内容完整地复述了出来。由于讲稿可以事先写好，那当然有充足的时间去提前做准备了，完全可以反复仔细推敲、斟词酌句，只要牢牢记住了所写的内容，做演讲的时候就能够防止出现偏离话题、用词不当的情况。所以，这种方式经常被初学演讲的演讲者所采用。但是，这种方式也有不足之处。因为它是提前写好，凭借记忆再把讲稿背诵出来，那就难免：有时候带出来几个拗口的书面词语而影响到了演讲的通俗性和流畅性；有时候因为演讲稿过长或者过度紧张而出现突然忘词以致停下来回忆讲稿内容；有时候因为担心卡壳只专注自己所背的语句，而显得两眼呆滞、面无表情，以致无法跟听众进行良好互动。因此，当我们采用备稿式进行演讲的时候，不一定非死背讲稿不可，而是要吃透讲稿的内容，事先用流畅的口头语言试讲几遍，同时剔除一些不必要的口头禅，比如“这个嘛”“那个啊”“嗯”等。上台后，看稿但不念稿，讲述但不背诵，并且时刻注意听众的反馈而适时与听众进行交流。

（2）提纲式演讲

这种演讲不需要提前完全写好讲稿，它只需要对演讲内容做相对充分的准备，即把要讲的要点按照先后顺序编写成提纲，上台后，依据写好的提纲进行演说就可以了。由于这种演讲不是逐字逐句写出来再去讲的，演讲者无稿可搬，所以，这种方式很适合演讲者临场发挥，尤其为擅长演讲的人士所喜爱。你完全可以想得到，一旦发挥很好的话，演讲者的表达会更出彩、更流畅、更富有情感。不过，这种方式也有不足之处，那就是因为只有提纲，如果演讲者刚开始演讲的时候很兴奋，跟听众互动太过了，尽管是依据提纲去演讲，但难免也做不到中心突出、详略得当。因此，当我们采用提纲式进行演讲的时候，最好在提纲里每条要点的下面备注上时间，这样，就可以掌握演讲的节奏，做到主题鲜明、层次分明。

（3）腹稿式演讲

这种演讲不但不需要事先写好讲稿，甚至连提纲都不需要提前拟定，它只是演讲者在脑海里酝酿好演讲内容之后，凭借着记忆就去做演讲。由于这种演讲既没有讲稿也没有提纲，它的准备只是粗线条的、未成文的、落实不到具体的字句，仅仅停留于思想的状态。所以，这种演讲方式更加灵活，更加易于临场应变处理，更加适合演讲大家使用。但是，哪怕是历经百战的演讲大家，笔者还是建议在酝酿腹稿的时候，准备尽量详尽一些，最好能做到思路清晰、结构合理、层次分明。因为只有这样，才能让自己的演讲不会由于没有写稿而导致质量下降，反而是由于没有讲稿的约束而发挥得更加洒脱、更加感人。

2. 无备式演讲：很多场合不给时间无法提前准备演讲稿

无备式演讲，就是我们平常所说的即兴演讲。它一般是演讲者在事先毫无知情、一点准备都没有的情况下而临时决定之后所进行的演讲。根据演讲动机的不同，我们继续把无备式演讲继续分为主动式演讲和被动式演讲这两种。

（1）主动式演讲

这种演讲是本来演讲者没有演讲欲望的，但是被特定的场合或者有争议的主题所诱发，有了感想，形成不吐不快的欲望，因而主动站出来发表的即兴演讲。比如，在某某协会成立之后的第一次会议上，大家都踊跃发言，怎么做才能让本协会办得更好。再如，在公司新产品开发的头脑风暴会议上，大家都抢着发言，产品应该具有哪些功能才卖得更多。等等这些情况，都属于主动式的即兴演讲。

（2）被动式演讲

这种演讲是演讲者压根没有发表演讲的欲望和冲动，纯粹是由于客观原因或者场合的需要，演讲者本人又不好推辞或者推辞不了，只好硬着头皮去进行的即兴演讲。比如，在某场聚会上，主持人要求每位嘉宾都进行自我介绍。再如，在同学会上，班长要求每位同学都要讲几句话。等等这些场合，都属于被动式演讲。

介绍完有备式演讲和无备式演讲之后，我们有必要对其总结一下。

给时间让你充分准备的演讲一般是工作演讲和比赛演讲，比如就职演讲等；不给时间无法充分准备的演讲基本上属于社交演讲，比如现场发言等。

不管属于哪种场合的演讲，我们最好事先有一个思路，也就是如何开头、如何结尾、正文部分该怎么组织，因为只有这样，我们才能达到事半功倍、完美地做一场精彩的演讲。否则，你的即兴演讲，要么草草几句就提前结束，要么讲着讲着无法进行下去；你的命题演讲，尽管有充分的时间准备，还是不知道从何下笔，很长时间都无法完稿。

非常庆幸的是，针对上面在演讲思路方面所遇到的种种难题，我们现在已经有了一个万能公式，它可以应用于各种演讲场合，能让你演讲前心中有稿——腹稿或者成稿。

好了，我们开始进入正题，隆重介绍这个万能公式——黄金圈框架。

三、演讲的经典套路——黄金圈框架

在这里，所谓的演讲经典套路——黄金圈框架，说白了就是将演讲的结构固定了下来，让我们在拟定演讲稿的时候有章可循。它看上去是一个大圈包含三个小圈（见图4–2），其中心思想为：黄金圈框架=三部分＋三论点；纵向不超过三层，横向不超过三点；提问开头，名言结尾。其组成部分为：标题；称呼语、问候语；开场白；论点一；论点二；论点三；小结；感谢语。主要内容如下。

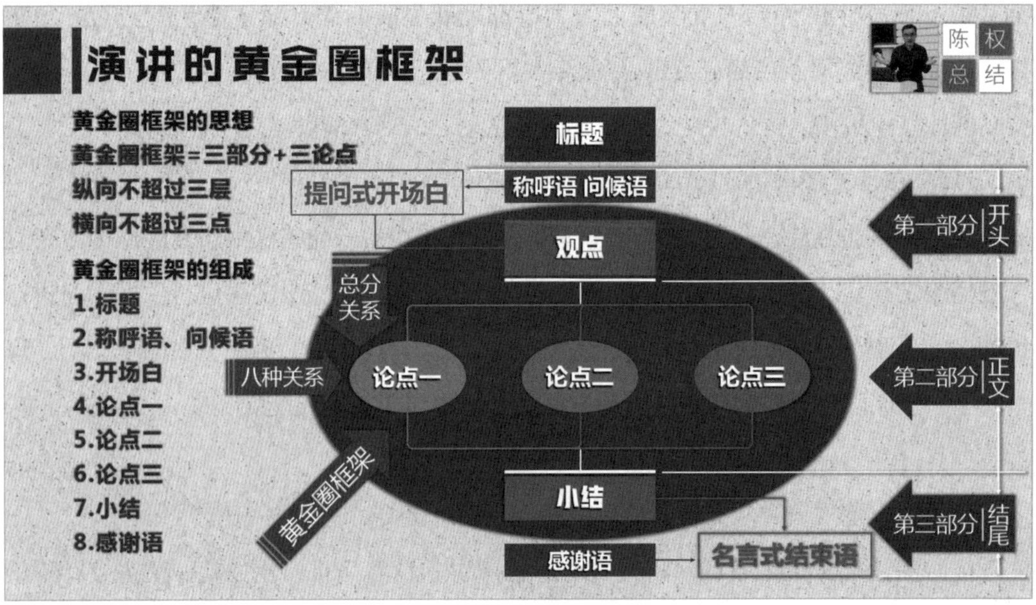

图 4–2　演讲的黄金圈框架

1. 在任何时候，演讲的结构都由三部分组成

我们都知道，文章由三部分组成，依次为开头、正文、结尾。

同样的道理，演讲也应该由三部分组成，它们是开头（第一部分）、正文（第二部分）、结尾（第三部分）。

演讲不能由两部分组成，比如一个故事（自己的故事或者别人的故事）、一个小结（一段点评或者一段抒情）。如果这样，演讲的内容就会显得很单薄，说服力不够强。就算你的表演能力非常强，身姿优雅、手势潇洒、表情丰富、语音标准、语调抑扬顿挫，但你这场演讲怎么也精彩不起来。

演讲也不能由四部分以上的内容组成，比如一个提问、一个正面的故事、一个反面故事、一段议论、一段总结。因为这样，演讲的内容会显得有点多，不但自己记不住这么多的内容，听众也觉得很烧脑，搞不清楚演讲嘉宾到底在讲些什么。

所以，演讲最好由三部分组成，这样不但显得结构合理，跟写作文的思路一样，还刚好构成“总—分—总”这种逻辑关系。

2. 开头部分，主要做好两件事情：提问题和下结论

一般来讲，演讲者上台发表演讲时，首先，向听众提出一个与演讲主题密切联系的问题；接着，演讲者对所提出的问题进行回答，并抛出自己关于某事物、某现象的看法或者结论。之后，演讲者再通过一系列论点来论证自己的观点或者结论。

当然，有些场合，演讲者需要开门见山、直奔主题，不能向观众提问。比如，在开追悼会的现场，你不能采用提问的方式来开头：大家好，你们知道今天是给谁开追悼会吗？而是直接下结论：今天，我们怀着沉重的心情，深切悼念 × × × 同志。

因此，除了极少数的情况之外，我们做演讲时还是需要采用提问的方式来开头。

可能有朋友会疑问：演讲开头有很多种方式，为什么偏偏采用提问式开场白呢？个人认为，相关理由分析如下。

（1）提问式开场白给演讲者带来的好处非常多

现在，笔者将提问式开场的好处罗列如下。

① 引起听众注意，让听众的注意力集中在讲台上。

你完全可以想象得到这种画面：演讲嘉宾开始发问之后，一些听众马上抬起头来，朝讲台上看去，不再盯着自己的手机不停地翻看好友的留言。

② 转移听众焦点，让焦点从演讲嘉宾身上转移到问题上。

一般来讲，当演讲嘉宾登台之后，很多听众的关注点一般都在演讲嘉宾的身上，颜值怎样啊？有多高啊？当演讲嘉宾开始发问之后，听众就不再留意演讲嘉宾长得怎么样了。

③ 引发听众思考，让听众从被动听讲变为主动思考。

可以这么说，如果听众愿意配合并积极思考演讲嘉宾所提问题的话，那么，听众将会大大增加他们对演讲内容认识的深度和广度了。

④ 提高学习效果，让听众更好地吸收知识。

我们都知道，参与者比旁观者收获更多。这个道理跟谈恋爱一样，越主动、越投入，就越快乐、越能修成正果！

⑤ 把演讲变沟通，让演讲主题更能深入人心。

一般来说，“讲”是单向表达，如果演讲嘉宾在演讲中加入了“问”这一环节，那演讲就从单向表达变为双向沟通了。演讲嘉宾这么做，演讲就成了聊天，不但让听众更容易接受，也无形中增加了演讲嘉宾的亲和力。

（2）没有掌握好提问式开场白的主要原因

虽然说，提问式开场白的好处有很多，但是，有一些演讲者，在使用这种方法的时候，还经常碰壁，为什么呢？笔者认为，原因无外乎如下这些。

① 问得太多，听众很厌烦。

假如演讲嘉宾一口气问听众一连串好几个问题，并且这些问题不是以一个问题为主，又各自不相干，那听众就崩溃了。他们根本不知道应该回答哪个才好，于是，干脆不回答。

② 问得太难，听众很痛苦。

如果演讲嘉宾问了一个全场听众都回答不了的问题时，那整个场面就尴尬了。因为大家都陷入长长的思索之中，没有人有勇气回答这个问题了。

③ 问得太浅，听众没兴趣。

一般来讲，演讲嘉宾所提的问题，最理想的结果是，少部分听众有能力回答。如果大家都能够回答，并且都觉得这个问题太过于简单，应该去问幼儿园的小朋友才合适，那听众对这个问题就不屑一顾了，因为很多人都认为回答这样的问题会拉低自己的智商。

④ 问得太生硬，听众觉得别扭。

如果演讲嘉宾向听众提问一些比较敏感、比较棘手的问题时，不懂得采用含蓄词语和使用委婉语气的话，那就会让听众觉得很不自然。当然，听众肯定不情愿去回答诸如此类的“不友好”的问题了。

⑤ 问得太强势，听众心理抵触。

有的演讲嘉宾，为了体现自己的权威，很喜欢采用高分贝的音量，或者很咄咄逼人的语气向听众提问，于是，造成很多听众面对这么做作的演讲者这样“盛气凌人”的提问时，干脆假装听不见了。

⑥ 问题与主题无关，听众听得莫名其妙。

有时候，有些演讲嘉宾，为了追求较好的现场效果，于是，就向听众提一些看起来很有趣而与主题毫无关联的问题，让听众“丈二和尚摸不着头脑”，导致听众心里纳闷：这到底唱的是哪一出呢？

（3）使用提问式开场白时的技巧

提问式开场白为何失败的种种原因，上文已经详细地介绍了。下面呢，笔者想根据自己的演讲经验，总结出使用提问式开场白的个人心得和体会，希望能帮助到大家。

使用提问式开场白时，要做到如下几点。

① 提问时语气很重要。

也就是说，演讲者在向听众提问时，语调应该是温和的，语调应该是商量的。尽量在情绪上，不要给听众以压力，就好像是跟老朋友聊天一样，轻松自然。

② 提问时措辞很重要。

由于有些问题比较敏感，倘若避开这类问题的话，又达不到效果。因此，演讲者必须善于选用恰当的话语，必要时，还要多加入一些谦辞、客套话、感谢语等礼貌用语。目的是避开敏感问题的锋芒，让听众觉得舒服一些。

③ 提与演讲主题相关的问题。

其实，这个是提问式开场白最基本的要求。也就是说，演讲者可以提一个让听众一时感到很意外但最终发现跟主题还是非常密切关联的问题，但不管如何变化，始终不能脱离演讲主题。

④ 提自己已知道答案的问题。

演讲者向听众提问时，所提问题不但是自己能把握的，而且问题所涉及的课题还是自己的研究对象，相对而言，是比较擅长的，甚至是精通的。所以说，演讲者尽量别问一下自己也不知道答案的问题，如果还是那么做的话，那就是厕所旁边打地铺——离屎（死）不远了。

⑤ 所提问题要深入浅出。

也就是说，自己对问题可以深入研究，但提问的时候，一定要听众听上去觉得很简单、很显浅，因为只有这样，听众才愿意回答并且积极参与。

⑥ 要鼓励听众回答问题。

演讲者向听众提出问题之后，第一步，要鼓励听众踊跃回答问题。当听众给予积极的回应之后，不管这个答案是否正确，都要鼓励这种抢答行为。如果听众的回答跟演讲者心中的答案非常接近，演讲者还要提议大家给这位回答问题的听众报以热烈的掌声，目的是为了以后提问时，有更多的听众能跟自己互动。

⑦ 有的提问不需公开答案。

因为有时候，演讲者向听众提问，只是为了诱发听众的积极性；还有一些时候，演讲者向听众提问，只是为了调研，了解听众对演讲主题的了解程度。所以，这种情况下，演讲者以“大家的回答非常不错”来结束这个提问，不需要公开自己的“标准”答案了。

⑧ 有时提问后还需自问自答。

这种情况比较少。比如，演讲者认为这个问题有点难，如果非要听众回答的话，可能会浪费时间，也可能会让听众难堪。所以，演讲者提出问题，让听众思考十几秒钟之后，赶紧给出这个问题的“标准”答案。

3. 正文部分，主要做好一件事情：任何话题都要分成三点来展开论述

其实，这一部分的内容，在本书前面的第一章、第二章里面已经详细介绍过了。在此，为了避免没必要的重复，我们只能对其做一个简单的概括。

黄金圈模型的主旨就是：任何话题都要分成三点来展开论述。比如三个方面、三个理由、三点建议、三点感想、三种方式、三条途径等。同时要给它加上次序词语，以便让内容条理化。比如“第一、第二、第三”“首先、其次、最后”等。

为什么论述部分只采用三点而不是两点或者四点以上呢？理由是：仅用两点来证明自己的观点，显得论证很苍白、说服力不够强，四点以上呢，又显得有点多了，不但自己记不住，听众也觉得很烧脑。

如果将论证内容分为三点进行，会有哪些方法呢？经笔者总结，方法主要有如下

五种：

如果对象是有形的，我们就采用分割的方法，在空间上对其进行拆分。

（1） 空间分解法

第一种情况，从横向维度出发，把事物分为左、中、右三个部分。像“左边、中间、右边”，就是属于这种划分方法。

第二种情况，从纵向维度出发，把事物分为下、中、上三个部分。像“海洋、大地、天空”，就是属于这种分割方法。

第三种情况，从深向维度出发，把事物分为外、中、里三个层次。像“最外层、中间层、核心层”，就是属于这种划分方法。

如果对象是无形的，分割不了，那我们就采用分类的方法。分类的依据有时序、程度、成分、习惯等四大原则。

（2）时序分解法

在时序上，还可以细分为时间和序数两种情况。

像 “过去、现在、未来”就属于直接式的时间分类法，因为这几个词语都是直接用来表示时间的。

像 “少年、青年、老年”就属于间接式的时间分类法。尽管说，这些词语不是用来直接描述时间的，但从其意义上，我们还是可以从中体会到时间的存在。

像“第一、第二、第三”就属于数字式的序数分类法，因为每组词组都包含有具体的数字。

像“首先、其次、最后” “甲、乙、丙”就属于文字式的序数分类法。虽然说，这些词语并不是由数字组成，但根据其意思，我们还是可以感觉到这些词语是有先后顺序的。

（3）程度分解法

在程度上，也细分为优劣、强弱、深浅、快慢等很多种情形。

比如“冠军、亚军、季军”，就属于优劣式的分类方法。

比如“金领、白领、蓝领”，就属于强弱式的分类方法。

再如“黑、灰、白”，就属于深浅式的分类方法。

再如“快速、中速、慢速” ，就属于快慢式的分类方法。

（4）成分分解法

至于从组成的成分上划分，那就举不胜举了。

比如“丈夫、妻子、孩子”，就属于这种分类方法。

（5）习惯分解法

另外，针对无形的对象，还有一种叫习惯式的分类方法。这种分类方法将事物拆分为若干部分之后，它们之间的先后顺序不明显，大多情况下是平起平坐的。但是，人们的表达习惯却给它们加上了先后顺序。比如“红、蓝、黄”，就属于这种分类法。

不可否认，学会了上面的五种分解方法之后，我们的思考将更加主动、思维将更加活跃、思路将更加宽阔，当众演讲将更加得心应手。但是，我们马上又遇到一个非常棘手的问题，也是演讲班学员们经常提到的问题——在发表个人观点的时候，我应该选择其中哪一种分解法才比较好呢？

针对这个问题，笔者的建议如下。

（1）这五种分解法是训练思维的最佳方法。由于中国人不擅长逻辑思维，不习惯采用分类方法，一张嘴就来一堆不分要点的话，让人如坠云里雾中、不知所云。所以，为了锻炼自己的逻辑思维能，为了提高自己的表达能力，上面所提到的那些分解法，我们都要找机会去练习一下。比如，在工作、学习、生活中所遇到的一些话题，都可以拿来训练，并尝试着用这五种方法去分解。

（2）每一个话题都可以采用上面的五种方法来分解。完全可以这么说，如果你是知识渊博、经验丰富的演讲高手，那任何话题都可以使用这五种分解法来进行演讲。比如，就拿“如何提高演讲”来当题目，五种分解法的结果如下。

①空间分解法。要想练好演讲，必须利用这三种场合并且抓住所有的上台机会。第一是学习课堂；第二是单位开会；第三是社交活动。

②时序分解法。要想练好演讲，必须过三关。首先，背全稿关；其次，半脱稿关；最后，全脱稿关。

③程度分解法。想要练好演讲，不能操之过急，应当一步一个脚印去达成目标。初级目标是敢讲；中级目标是能讲；高级目标是巧讲。

④成分分解法。要想练好演讲，必须从三大方面入手。第一，心理方面，要做到表现欲非常强、了解听众心理。第二，表演方面，要做到口头语言优美（音准、音美、

调美）、态势语言丰富（仪表得体、身姿优雅、手势潇洒、表情丰富、眼神到位）。第三，内容方面，要做到主题深刻、材料新颖、思路清晰、结构合理、语言生动。

⑤习惯分解法。想要练好演讲，要善于向他人学习。首先，向老师和同学学习，其次，向领导和同事学习，再次，向名人和名家学习。

大家都看到了吧，同一个题目，五种分解法都能进行演讲。

（3）究竟选择哪一种方法，靠的是知识积累和灵机一动。针对前面所提到的那个问题，需要做演讲，特别是即兴演讲，拿到题目后，到底选择哪一种分解法来进行才比较好？笔者的体会是：此时只能靠自己的知识积累、个人经验和灵机一动。其实，只要能自己养成经常对事物进行分解的好习惯，一旦遇到了需要演讲的场合，看到演讲题目后，脑海里会自然而然地产生出一些分解，有的分解可能超过三点，有的分解仅有两点；有的分解很精彩的，有的分解很普通。

总之，最终选择哪一种分解法来进行演讲，没有定法，只要你觉得哪种方法能够更好地表达出你心中的想法，或者觉得哪种方法会更加精彩一些，那此方法就是最合适的选择。

就像上面关于“如何提高演讲”的五种分解法，笔者更加倾向于选择第④种方法，因为它比较全面。当然，如果时间不允许笔者发表长篇大论，那笔者只好选择第③种方法，因为这种分解方法很容易举例子、讲故事，能增加演讲的趣味性和吸引力。

4. 结尾部分，也是要做好两件事情：小结和名言结束

即演讲者在演讲结束之前，首先用几句话来对前面的论述进行归纳，随后，再用一句名言来结束这场演讲。

如果问：为什么喜欢引用名言来结尾？笔者觉得，这种方式如果使用得当，它将产生非常震撼的效果。具体理由如下。

（1）名言式结束语的好处很多

经笔者总结得出，名言式结尾的具体作用有如下这些：

①增强演讲的说服力。

因为名言一般都是名家、名人、名流所说的话，所以，他们的话权威性较大。如

果我们引用他们的话来证明自己的观点，那无形中就会增加了自己演讲的说服力和可信度。

②增加演讲的含金量。

一般来讲，名言都是名人的智慧的结晶、经验的积累。所以，引用他们的话到我们的演讲中来，自然而然也增加了自己演讲的含金量。

③增加演讲的艺术感

其实，很多名言的文学艺术性都挺高的，比如文字精练、合辙押韵、逻辑性强、幽默度高等。而当我们把这些名言引用到自己的演讲中来，那就会给听众一种赏心悦目的感觉。

④让演讲“高大上”。

由于名言是名人所说的，因而这些话的知名度都很高。现在，我们把他们的话借用过来了，那自己的演讲便沾了点光，自己的演讲也就提高了档次。

（2）应该选择怎么样的名言

虽然说，名言式结束语的好处有很多，但是，有一些演讲者，在使用这种方法的时候，并没有取得预期的效果。为什么呢？笔者认为，个中原委就是没有选对名言。因为，名人所说过的话，并非句句都很经典。所以，我们在选用名言的时候，还需遵循一些原则。

①选哲理性强的名言。

所谓的哲理，就是关于宇宙和人生的根本性原理。因此，哲理性很强的名言，其实就是听起来非常有道理的话。

为什么要选哲理性强的名言呢？因为很多时候，演讲者的目的是要向听众灌输自己的理念或者强调自己的观点的。所以，演讲者需要一边摆事实，一边讲道理。而在讲道理的过程当中，为了能让自己的观点更有说服力，于是，演讲者就需要引用名人那些哲理性很强的原话来佐证自己的观点了。

例如，某演讲者在演讲结束时，为了强调自我改变的重要性，他引用了下面这句名言：

发生一件事，如果你喜欢它，那么享受它；不喜欢，那么避开它；避不开，那么改变它；改不了，那么接受它；接受不了，改变自己的观念，你就会接受它。

再如，某演讲者在演讲结束之前，当他讲到如何与顾客交谈的时候，就引用了下面这句名言：

顾客为什么不听你说，是因为他不喜欢你，顾客为什么不找你买，是因为他不相信你。该怎么办呢？要说顾客想听的话，别说自己想说的话。顾客不在乎你说什么，顾客最在乎你怎样说。

②选抒情性强的名言。

其实，除了向听众强调自己的观点之外，演讲者还有另外一个目的，那就是抒发自己的情感。

演讲者为什么还要抒发情感呢？因为有时候，光给听众讲大道理的话，听众听多了会厌烦的。于是，演讲者在发表个人观点、看法的同时，也抒发一下自己的情感，目的是能让听众更好地接受自己的观点。至于怎么抒发情感呢？有一个很好的方法就是借用名人那些抒情性很强的原话了。

比如，为了表达对家乡的热爱，演讲者在演讲结束时，就引用了原深圳市委书记梁湘的原话：

我对特区的一草一木、一山一水都有感情。如果必须生一千次，我愿意生在这个地方；如果必须死一千次，我也愿意死在这个地方。

③选幽默性强的名言。

除了哲理性强、抒情性强的名言之外，幽默性强的名言，也是演讲者的最佳选择。因为这类名言，可以引起听众发笑并能调节现场气氛。

比如，某演讲者在演讲结束时，为了强调坚持的重要性，就引用了马云的原话：

今天很残酷，明天更残酷，后天就美好，但绝大多数人都死在明天晚上，看不到后天的太阳。

④选韵律性强的名言。

除了上面所介绍的三个原则之外，如果碰到非常合辙押韵的名言，我们也可以选取。因为这类名言听起来朗朗上口，非常有节奏感，而它的杀伤力也是相当强大的。

例如，某演讲者在演讲结束之前，再次强调“只有付出才有收获”这个观点，于是，他引用稻田和夫曾经说过的话：

如果你有才干，请拿出才干；如果你缺少才干，请你多流点汗；如果你既缺少才干，又不愿流汗，那你就乖乖地给我滚蛋！

⑤选积极性强的名言。

另外，我们在选择名言的时候，还需要把握一个非常重要的原则，那就是：必须选积极向上的名言，不能选取消极低迷的名言。

比如，下面这则名言，它属于积极向上的，我们可以优先选用。

我不能左右天气，但我可以改变心情；我不能改变容貌，但我可以展现笑容；我不能控制他人，但我可以掌握自己；我不能预知明天，但我可以利用今天；我不能样样顺利，但我可以事事尽力；我不能决定生命的长度，但我可以拓展它的宽度。

比如，下面这则名言，它就是消极低迷的，我们最好别采用。

人生就像是拉屎，尽管你已经很努力，结果出来还是一个屁。

四、演讲的场合

现在我们有必要将那些常见的演讲场合罗列如下，因为黄金圈框架的思路是具体到每一种场合的。也只有这样，我们才能做到有的放矢，任何演讲场合都能出口成章、慷慨陈词，并且紧扣主题、思路清晰、详略得当、精彩不断。

经笔者总结，演讲的场合主要有三类（见图4-3），为：工作演讲、社交演讲和比赛演讲。

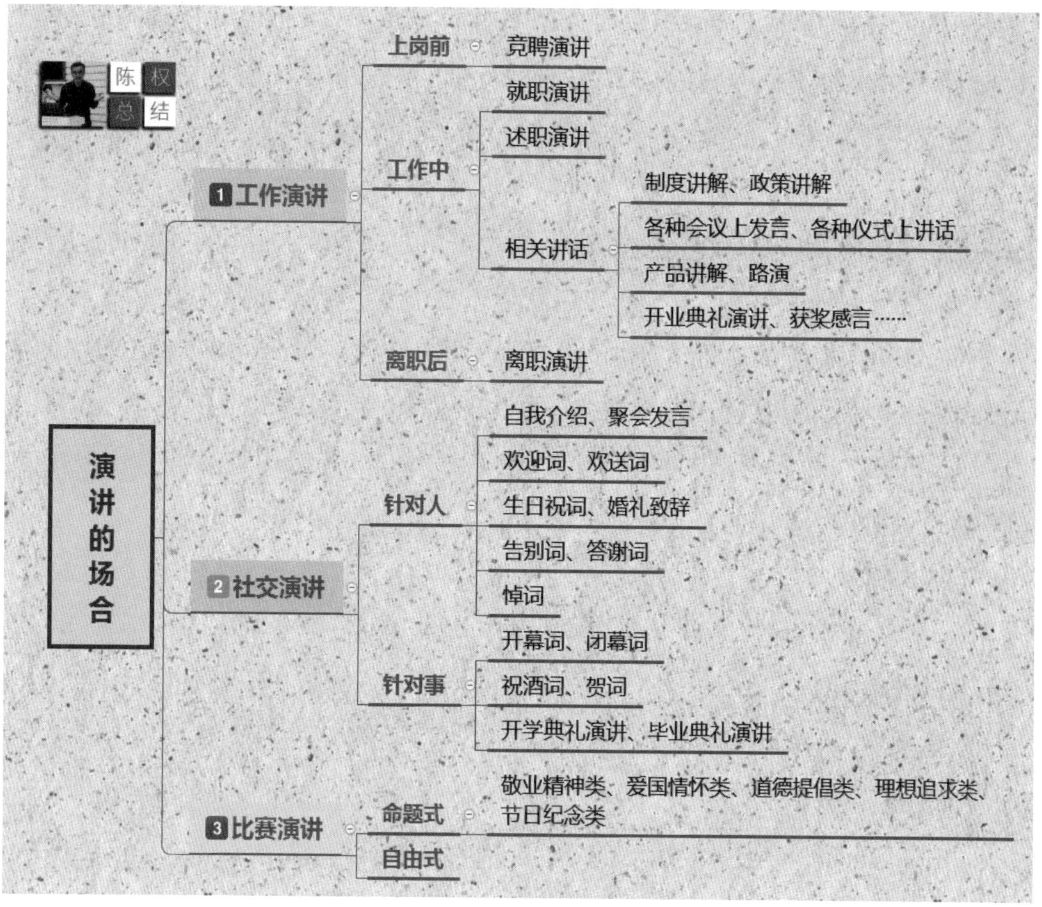

图 4–3　演讲的场合

1. 工作演讲：由于工作需要的演讲

工作演讲就是由于工作的需要，演讲者必须发表的演讲。需要发表演讲的工作场合比较多，大约有如下5种。

（1）竞聘演讲。

（2）就职演讲。

（3）述职演讲。

（4）相关讲话，具体包括公司或者部门制度的讲解、公司或者部门政策的讲解、活动动员会上的讲话、员工座谈会上的讲话、工作总结会上的发言、运动会上的讲话、文艺晚会上的讲话、开业活动中的发言（开业典礼演讲）、周年活动中的发言、大楼奠基仪式上的讲话、早会升旗仪式上的讲话、公司产品说明会上的讲解、公司上市股票推介会上的讲解（路演）、获奖感言……

（5）离职演讲。

2. 社交演讲：因为礼节需要的演讲

社交演讲大多数都是即兴演讲，它是因为礼节的需要，演讲者不得不发表的演讲。出于礼节需要的演讲场合也比较多，大约有如下12种：

（1）自我介绍。

（2）欢迎词。

（3）欢送词。

（4）生日祝词。

（5）婚礼致辞。

（6）悼词、告别词、答谢词、聚会发言等。

（7）开幕词。

（8）闭幕词。

（9）祝酒词。

（10）贺词。

（11）开学典礼演讲。

（12）毕业典礼演讲。

3. 比赛演讲：命题式演讲，围绕主题开展

比赛演讲一般都是由企事业单位所举办的，这类演讲基本上都是命题演讲，不是演讲题目已经固定就是演讲主题已经确定。关于比赛演讲的主题大约有如下5种。

（1）敬业精神类，比如《做一名合格的企业人》《西部，我的家园》。

（2）爱国情怀类，比如《祖国，我生为您，死亦为您》《中国，我们的根》。

（3）道德提倡类，比如《心的呼唤、爱的奉献》《雷锋精神永驻人间》。

（4）理想追求类，比如《创新学习、学习创新》《我用青春铺路》。

（5）节日纪念类，比如《母爱的力量》《与党一起同行》。

介绍完这20多种演讲场合后，接下来笔者挑选其中最主要的11种演讲场合、根据黄金圈框架制作出11种演讲专用模板，并把它们介绍给大家，希望大家都喜欢！

这11种黄金圈专用模板依次为：竞聘演讲模板、就职演讲模板、述职演讲模板、离职演讲模板、开业典礼模板、开幕词模板、闭幕词模板、欢迎词模板、欢送词模板、婚礼贺词模板、自我介绍模板。

注：由于版面有限，不能将所有的模板全部收入本书，如果需要其他模板的朋友，请加笔者的微信：chenquan114。

第2篇

黄金圈框架在工作演讲中的应用

第五章

黄金圈框架让你的竞聘演讲更加出色、更能打动众多评委

当今社会，竞聘上岗、择优录用这种模式已经成为人才选拔的一种新趋势。想要获得领导和听众的认可并实现晋升、提岗等，除了本人应该具备相关的学历水平、知识素养、能力要求之外，是否掌握当众演讲技巧也成为职场人士能否竞聘成功的一个重要因素。

但是，提到竞聘演讲，很多职场人士都头疼不止。他们根本不知道从何讲起，应该讲些什么、展现些什么。特别是在演讲腹稿构思这个环节，很多人更是如临大敌、惶恐不安。

笔者从中学开始就参加过无数次演讲比赛，进入职场之后也经历过很多场竞聘演讲，而且每次演讲都能获得很好的名次。另外，笔者曾经举办过几十期演讲培训班，也辅导了不少职场人士通过竞聘演讲获得了晋升的机会。现在，笔者决定将竞聘演讲的相关概念、具体要求、腹稿思路（即黄金圈框架运用于竞聘演讲）分享如下，希望能帮到大家。

一、什么是竞聘演讲

竞聘演讲，是指竞聘者为赢得某一职务而在特定的时间和场合，面对相应的评委和听众，就本人所具备的竞聘条件、竞争优势，对竞聘职务的认识以及应聘成功之后的工作计划和实施方案等内容所发表的演说。

二、竞聘演讲有何不同

从上面竞聘演讲的概念可以看出，相比起其他类型演讲，竞聘演讲的特点非常明显，归纳起来一共有如下四点。

1. 目标的明确性

这是竞聘演讲区别于其他演讲的主要不同之处。一方面，演讲者一登台就要明确地说出自己所要竞聘的职务，比如厂长、经理、校长等；另一方面，演讲者所选用的一切材料和使用的一切方法都是为了一个目标——让评委投上自己一票使自己竞聘成功。而其他类型的演讲则不同，命题演讲也可，即兴演讲也罢，虽然它们也都有一定的目的性，但其目标比较模糊、比较笼统。

2. 内容的竞争性

一般情况下，在进行竞聘演讲时，演讲者要向评委和听众说明三件事情：一是叙述个人对所要竞聘职务的认识；二是讲清楚自己的竞聘优势以及这种优势足以完成相应职务的工作；三是回答“倘若应聘成功，自己该如何做”这个问题。在此过程中，如果竞聘者比较谦虚，不好意思讲出自己的长处，仅表示自己也是一般般，那就不能战胜对手了。因此，演讲者必须“八仙过海，各显其能”，不但强调自身所具备的条件、宣讲自己的施政构想，还要尽最大可能彰显出“人无我有，人有我强，人强我新”的胜他人一筹的“优势”来，甚至有时，还要把本来是“劣势”的东西换一个角度讲成“优势”。所以，竞聘演讲的竞争性非常强。

3. 思路的程序性

思路，指的是演讲者的思维轨迹：程序，指的是演讲中先讲什么后讲什么的顺序。请注意，竞聘演讲不像一般演讲那么自由，它除了题目和称呼之外，其他内容必须遵循一定的程序。其中，竞聘条件和未来工作构想等几个步骤是必不可少的。同时，也不能因为自己的主观爱好而任意打乱其次序。

4. 措施的条理性

一般来讲，未来工作构想及相应工作措施是竞聘演讲的主要内容。所以，演讲者在讲具体工作措施时，一定要做到条理清晰、主次分明，不能像猪八戒踩西瓜皮——滑到哪里是哪里，让人一头雾水。那如何做才能把工作措施讲得头头是道呢？笔者认为，可以采用时序法，比如“首先、其次、最后”“第一点、第二点、第三点”等。另外，在段落之间，还要用“过渡语”来承上启下。比如，自我介绍完毕，可以这么说：“我之所以敢来竞聘，是因为我具备以下条件……”讲完条件之后，可以再来一句过渡语：“以上所讲的是我的应聘条件，那么，假如我真的当了部门经理，会采取什么工作措施呢？下面接着谈谈我的初步设想……”大家看到了没，这样不仅条理清晰、逻辑清楚，而且还使演讲前后呼应、上下贯通。

三、竞聘演讲的基本结构

了解到竞聘演讲的不同之处之后，接下来，我们继续探讨竞聘演讲的结构。

一般来讲，一场竞聘演讲的时长在8~16分钟，字数在1600~4000字。而竞聘演讲通常由标题、称呼和主体三个部分组成。下面，笔者对其进行一一介绍。

1. 标题

标题就是演讲的题目，它主要有两种方式。

第一种是单标题，即事由+文种。它直接注明竞聘的职务并标明文种。例如《人事经理竞聘演讲》《竞聘财务经理的演讲》。

第二种是双标题，即由正标题和副标题组成。正标题概括演讲的主要内容；副标题标明事由和文种。例如《洁白的荷花、天使的心——竞聘护士长的演讲》《积极参与、做好表率——竞聘综合处处长的演讲》。

2. 称呼

所谓的称呼，是指称呼语和问候语的总称，也就是演讲者对主办竞聘活动单位领导的称呼和问候。

通常情况下，我们采用的称呼格式为：“尊敬的各位领导、各位评委、各位同事，大家好！”相比其他类型演讲，由于竞聘演讲比较严肃，所以，演讲者最好不要采用“女士们、先生们，大家下午好！”等这种方式来开场。

3. 主体

主体是竞聘演讲的主干部分，它主要包括开头、正文和结尾三块内容。

由于这部分的内容比较重要，需要按照黄金圈框架来设计，所以，笔者决定将其单独介绍如下。

四、黄金圈框架在竞聘演讲中的运用

1. 开头：表达感谢、表达心情、表达希望、说明缘由

虽然说，竞聘演讲的重点内容在主体中的正文部分，但演讲的开头也不容忽视，因为只有精彩的开头才能唤起评委的兴趣、吸引他们的注意力并促使他们继续听下去。所以，我们在演讲的开头部分也必须做足功课。

笔者认为，竞聘演讲的开头方式主要有如下四种方式。

（1）表达感谢

即用真诚的语音来表达自己对组织者或者有关领导的感谢。这是一种很有礼貌性的开场白，也是一种比较稳妥的开场方式，它通过演讲者真诚的感谢，能够给评委和听众留下良好的印象，从而增加大家对演讲者的好感。比如，“首先应感谢处领导为我们提供了一个参与公平竞争、充分展现自己的舞台。同时，也借此机会对各位领导和同人们对我一贯的关心、支持和帮助，表示最诚挚的谢意！”

（2）表达心情

即演讲者把参加竞聘时的心理感受表达出来。这也是一种比较常见的开场方式，它能够增加演讲者和听众之间的亲和力。不过，这种方法很忌讳千篇一律。如果大家都这么说“很高兴今天能来参加这次演讲”，那就变成死板的客套话了。当然，如果采用有创意的方式，听众还是很欢迎的。比如，“此时此刻，我能以一个竞争者的身份走上演讲台，向各位展示自己，心里既激动又紧张。激动，是因为我幸运地赶上了公平竞争的大好时机；紧张，是因为我害怕有负领导和同志们的厚望。但无论如何，我要对局党委这一英明而富有魄力的决策表示衷心的感谢！并借此机会向所有关心并支持我的领导和同志们表示深深的谢意！”

（3）表达希望

在这里，所谓的希望指的是演讲者希望能获得听众的支持的意思。比如，“希望各位领导、各位评委对我今天的演讲能够给予指导，更希望我今天的表现能够令在场的各位满意！”等。

（4）说明缘由

在演讲的开头部分，演讲者也可以用简练的几句话来阐述自己为什么要参加这次竞聘的理由。比如，“之所以参加此次竞聘，是因为在人生的道路上，常常会有许多更高的目标等待着我们去攀登，常言说得好‘人比山高，脚比路长’，只有不断地‘挑战自我，超越自我’，才能到达成功的顶峰。”

特别提醒：在前面，我们介绍黄金圈框架的时候曾经说过，演讲的最佳开头方法是向听众提问题。但是，我们必须明白，提问式开场白，一般运用于观点演讲，而不适合于社交演讲。大家不妨想一想，如果在竞聘演讲中突然向台下的领导提问，是不是意味着你不想混了？

所以，刚才所介绍的四种开场方式，在竞聘演讲中是最常用的、也是最稳当的。有时候，我们最好能将其中的几种开场方式有机地组合在一起使用。

下面，笔者再把三种比较失败的开场方式也罗列如下，以便引起大家的注意。

（1）盲目自信型

案例：一名年轻公务员在竞聘某县宣传科副科长时，开头便讲：“我在大学参加过多次演讲，受到老师和同学们的热烈欢迎，他们都认为我的演讲非常精彩，我感到无比欣慰。我相信，我今天的演讲也一定会很精彩，能够给评委领导和同志们交一份满意的答卷。”

分析：演讲者在台上表现出很自信，这本身没错。但如果没有把握这个度，太过了就会变成自傲。我们都知道，“王婆卖瓜，自卖自夸”是很招人厌的。因为演讲者太过于自我肯定，很容易导致听众产生逆反心理。就算演讲的确很成功，听众的满意度也会大打折扣。况且，万一这场演讲不是很精彩呢，那这个“台”就很难下了。

（2）满腔抱怨型

案例：一名在高校工作多年的同志在竞聘德育处副处长时，其演讲开头是这样：“我是政法系副主任、副教授。我1973年参加工作，1975年加入伟大的中国共产党，1986年从师范大学政教系毕业，1989年被学院任命为政法系副主任，至今已有15年了。与我同时任命为副主任的同志早已当上处长，有的甚至还当上了副厅长；比我晚提拔的同志也早已当上了正处长。是我能力差吗？不是！其根本原因是我不善于同领导搞好关系。所以，有些同志对我说：‘你啊，不善于取悦领导，谁赏识你啊！’”

分析：演讲者上台之后，本应该首先感谢领导的多年栽培和提供此次竞聘机会才对。但上面这段话却流露出演讲者对自己多年没被提拔任用的不满和抱怨，说明这位领导干部没有最起码的政治觉悟，没有正确地看待组织的工作安排，竟然将多年未被提拔的原因归咎于没有同领导搞好关系。所以，这样的干部不能提拔，这样的演讲只会产生负面影响，这样的开场白无异于打手电筒捡粪——找屎（死）。

（3）现场感恩型

案例：一名企业中层干部在竞聘副厂长时，这样开头：“大家对我非常熟悉了，因为你们都是我的老领导、老同事。在过去5年的工作和生活中，你们给了我亲切的关怀和大力的支持。张书记一直关心我政治上的进步，还亲自当我的入党介绍人；王厂长、李主任等，在业务方面曾经手把手教过我……各位的恩情，我一定铭记在心、永世不忘。今天借此机会，我对你们的关心和支持表示衷心的感谢，并致以崇高的敬意！（鞠躬）”

分析：对曾经帮助并关心过自己的老领导、老同事表达感恩之情，这是很有必要的。但是，演讲者也要看清场合再开口。现在站在讲台上逐一地去感恩他们，怎么听都觉得是在套近乎。老领导觉得，这个人的目的性太强、不可靠。老同事觉得，这个人刻意地讨好领导，人品不怎么样。于是，即便是真情，也会变成了假意。所以，这种开场方式也不可取。

2. 正文：个人优势、职务认识、施政纲领

完全可以这么说，主体中的正文部分就是竞聘演讲的重点内容。所以，这部分内容必须认真构思，它不但能凸显演讲者的个人优势而打败其他演讲对手，更是借助演讲者的施政措施而打动现场各位评委。

既然这部分内容如此重要，那演讲者应该如何构思此部分内容呢？笔者认为必须从如下三方面入手。

（1）重点列出个人的优势条件，适当介绍自己的不足之处。①关于优点。这部分内容，可用发散思维将自己的思想政治素质、性格爱好、学识水平、业务能力、工作经验这五个方面的优势逐一展现出来。这五个方面先后顺序呢，就按照刚才的排列次序，因为这种从虚到实，也就是从思想政治素质到工作经验的排序方法，才显得很有逻辑性，容易为听众所接受和理解。至于篇幅的长短、这五大方面是否都需要一一介绍，这就需要考虑到竞聘职务的性质了。如果是管理岗位，比如部门经理等，思想政治素质方面，还是需要介绍的。如果是技术岗位，比如高级工程师等，业务能力和工作经验方面，才是介绍的重点。

另外，在介绍个人优势的过程中，不能夸夸其谈，必须客观真实，多用事实说话。比如，多介绍一些自己曾经做过的与竞聘职务相关联的工作，效果如何，取得哪些成就，并从中展现出自己的学识水平、工作能力，以便得到听众的认同和信任，从而在竞聘中获胜。

②关于不足。虽然说，在竞聘演讲的过程中，演讲者更多的要向评委和听众展现自己的优势条件，重点陈述倘若自己当选后的工作目标和具体措施。但有时候，也要根据具体情况，适当地说明一下自身仍然存在着某些缺点与不足，并表示一定会加以改正和克服。

为什么还要这么做呢？基于两个原因：从逻辑上讲，既讲到了优势，又讲到了不足，比较全面，听众听起来很顺耳，觉得合情又合理。从事实上讲，如果你跟评委很熟悉，他们对你的各个方面是心知肚明的，肯定知道你在某些方面可能达不到该职务的要求。但听你这么一说，领导们也就释怀了，觉得你能正确认识到自己的缺点，是个可造之才。当然，如果评委对你不是很了解，这部分内容可以避而不谈。

如果谈及自己的缺点，应该如何说呢？这就需要把握分寸了。首先，不能过多地

去描述，尽说一些不利自己的话。其次，要学会将缺点的影响力弱化。比如，“当然，自己身上还有许多与党委的要求和办公室工作不相适应的地方，具体表现在国资监管的业务知识知之不多、工作的创新精神不够强等方面，不过可以在今后的工作中加以提高”。

（2）简述对所竞聘职务的认识。这部分内容也是需要的，因为评委也很想知道你对该职务的工作内容是否了解。当然，这部分内容不需要详细讲解，因为过多讲解，就会容易出现失误，造成你对该职务的认识和评委对该职务的认识大相径庭。所以，最好是用简简单单的几句话来对其进行概括即可。比如，“12年的酒店工作经历，使我对酒店服务行业有了较为深刻的理解，对酒店管理有了较为全面的认识，并在实践中获得了比较丰富的酒店管理经验。多年的一线工作经历，养成了我严谨细致的工作作风，也造就了我敢于面对困难的坚毅品格。而丰富的从业经验、扎实的业务能力和认真细心的工作作风，使我赢得了领导及众多客人的信任和尊重。我相信，这些经历会在今后的工作中对我有很大的帮助。要想成为一名合格的助理，不仅要有一定的专业水平、综合素质、心理素质，还要有良好的人际沟通能力。尽管我有很多的不足之处，但是我会不断加强业务学习，在工作中总结经验”。

（3）提出若获聘后的施政纲领。在这里，施政纲领，包括工作目标、设想或方案等。可以这么说，这部分内容是评委最想听的。因为评委很想知道，倘若演讲者竞聘成功之后，他究竟怎么做。

既然评委都很重视此部分内容，那演讲者应该如何设计呢？笔者认为，要根据竞聘职务或者岗位的具体要求。一般来讲，要重点阐述两大方面内容：一方面，是该职务目前所面临的但又久悬未决的问题。比如，品牌没有知名度、产品卖不出去；部门效益差、业绩不好；人心涣散、团队没有凝聚力；等等。另一方面，是针对当前存在的弊端进行改革，并提出明确的工作目标和可行的具体措施。在这里，值得注意的是，工作目标和具体措施的提出一定要适应时下的发展趋势，并能够体现本单位或者本部门的特点，而且还能够围绕人们对此职务或岗位较为关注的焦点、难点、重点来提出。另外，目标的提出要符合SMART原则，即目标必须是具体的（specific）、可度量的（measurable）、可实现的（attainable）、跟工作有关联的（relevant）、有时限的（time-bound）；措施的提出必须是主次分明的、有时间节点的、可落地的。

3. 结尾：希望式、表态式、祝愿式

人们常说：“编筐编篓，重在收口；制锣制镲，最后一锤。”所以，演讲的结尾必须是整篇演讲的精华部分才对。它既是结束又是巅峰：在时间上，既水到渠成，又戛然而止；在表现上，既铿锵有力，又余音绕梁；在手法上，既别开生面，又自然清新。所以，演讲的结尾要比开头部分和正文部分要求更高才对。内容上，要更有深度；语言上，要更有力度；方法上，要更加匠心独运；效果上，要更加耐人寻味。一言蔽之，演讲的结尾是走向成功的最后一步，它在整个演讲中起着一锤定音的重要作用。

既然结尾这么重要了，那竞聘演讲的常用结尾方法有哪些呢？经笔者总结，大约有如下三种。

（1）希望式。希望式就是在结尾表明自己的希望，希望得到听众的支持和帮助，希望听众能投自己一票，同时再次向听众致谢。比如，“同学们，请给我一张信任的投票，给我一次锻炼的机会。我坚信：在老师的鼎力支持下，在大家的共同努力下，我们每个人都能发挥自己的聪明才智；我们的班务工作一定能搞得十分出色；我们的班级一定能跻身于全市先进班级的行列。最后，我一句话来结束我今天的演讲：给我一次机会，我将还你十分精彩。谢谢大家！”

（2）表态式。表态式就是在结尾表明自己的态度，表达自己对竞聘的信心以及倘若竞聘成功后必将把工作做好的决心。当然，如果竞聘失败了，也要表达出坦然面对这个结果，不会因为此次竞聘失败了而影响以后的工作热情。比如，“总之，我以平常之心对待这次竞聘，落选不消沉，失败不气馁，将一如既往在工作岗位上充实、完善自己，自我增值，并与同志们一道为南充工商局的繁荣与兴旺尽心尽力，矢志不渝”。

（3）祝愿式。不可否认，真诚的祝愿或祝福最能打动人心，引起听众的情感共鸣。所以，用祝愿或祝福的方式来结尾，可以营造热情洋溢、满堂欢喜的气氛，使人在快乐中提升自豪感和荣誉感，激励听众满怀信心地去创造未来。比如，“俗话说：天下无难事，只怕有心人。只要我们每个人愿意付出，拥有一份对人的友善与真诚、对事业的追求与执着、对压缩机厂新生的期望与责任感，还有什么办不到的事？朋友们，那就让我们为了压缩机厂美好的明天，劲往一处使，汗往一处流吧！今天的竞选，我的态度是：不怕失败，但希望成功，因为我渴望工厂的明天比今天更好”。

特别提醒：在前面，介绍黄金圈框架的时候，我们曾经说过：演讲要结束了，先

用一段话来对前面的论述进行归纳，随后，再用一句名言来结束这场演讲。不过，针对竞聘演讲，由于它的目的性比较强，是个特例，不能完全照搬前面的公式，因此，演讲完毕时，我们首选采用上面所介绍的那些方法之中的任何一种或多种。当然，我们也可以采用“希望式 + 名言式”“表态式 + 名言式”“祝愿式 + 名言式”等这样的组合方案，因为这样，效果更加不错。

五、竞聘演讲的通用模板

由于上面所介绍的竞聘演讲的结构还是有点复杂，所以，笔者决定将这个结构简化为一个通用模板。目的是让大家一看就明白，一上台就能发表一场精彩无比、掌声不断的演讲。

竞聘演讲的通用模板分为如下三步六点（见图5–1），每步每点的具体内容和相关要求如下。

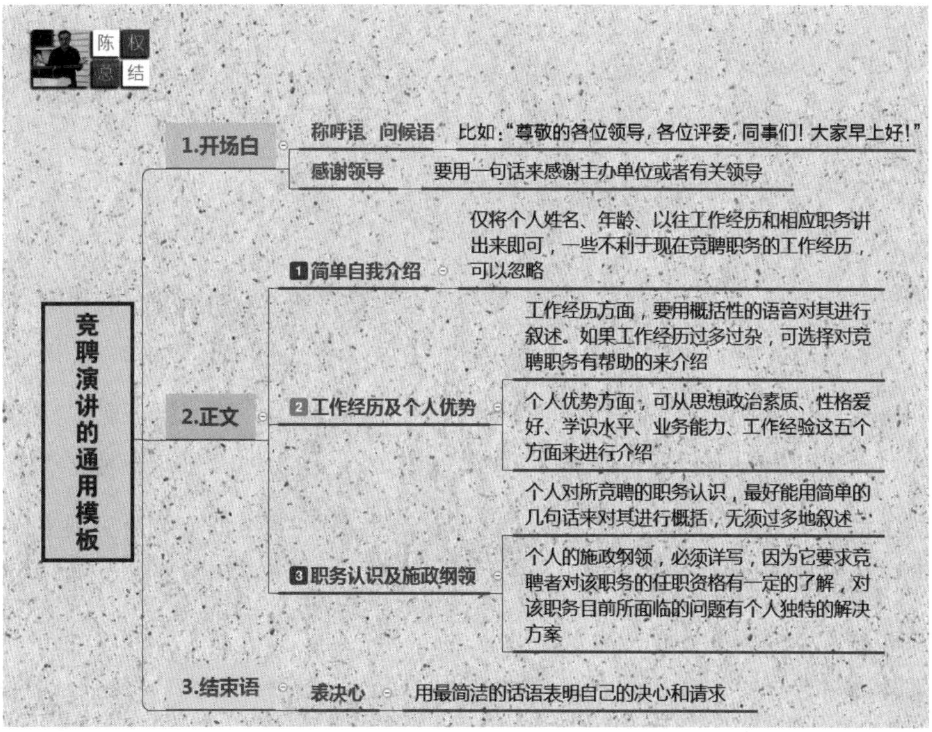

图 5–1 竞聘演讲的通用模板

1. 第一步：开场白

（1）称呼语、问候语

我们把称呼语和问候语的格式固定为："尊敬的各位领导，各位评委，同事们！大家早上好！"当然，"早上好"这句话，有时候根据具体情况而需要改为"下午好"或者"晚上好"。

（2）感谢领导

当讲出自己所要竞聘的职务之后，接着要用一句话来感谢主办单位或者有关领导。比如，"今天，我荣幸地站在这里演讲，竞选副局长职位，首先要衷心感谢南充局的领导，没有你们改革干部任免制度，实行公开、公平、公正的竞聘，我不可能有此机会；其次，要衷心感谢局机关的全体同志和各工商所的领导，没有你们的信任和推荐，我不可能成为正式的候选人"。

请注意：这句话是必不可少的。

2. 第二步：正文

（1）简单自我介绍

可以这么说，这部分内容是必不可少的。因为只有通过演讲者的自我介绍，评委和听众才真正地认识演讲者。不过，这个自我介绍必须简单扼要，仅将个人姓名、年龄、以往工作经历和相应职务讲出来就可以了，有时候，一些不利于现在竞聘职务的工作经历，可以忽略不计。比如，"我叫徐宾，1948年出生；1968年返乡后当过知青、教师；1970年应征入伍；1985年转业到检察院，任过办公室、调研室副主任，工会主席，法律政策研究室主任"。

（2）工作经历及个人优势

工作经历方面，要用概括性的语言对其进行叙述。如果工作经历过多过杂，可选择对竞聘职务有帮助的来介绍。

个人优势方面，可从思想政治素质、性格爱好、学识水平、业务能力、工作经验这五个方面来进行介绍。

（3）职务认识及施政纲领

个人对所竞聘的职务认识，最好能用简单的几句话来对其进行概括，无须过多地叙述。至于个人的施政纲领，必须详写，因为它要求竞聘者对该职务的任职资格有一定的了解，对该职务目前所面临的问题有个人独特的解决方案。

3. 第三步：结束语

结束语一般是表决心，即用最简洁的话语表明自己的决心和请求。比如，“最后，真诚地希望您把神圣的一票投给袁家剑吧！如果我如愿以偿当上办公室主任，我一定不会辜负各位的期望，开拓进取，追求卓越，为广西教育出版社的可持续发展奉献自己的智慧和汗水！”

当然，以上的通用模板可能有点公式化，在具体的实践中，演讲者可以根据实际需要稍做改动。

六、竞聘演讲的语言要求

本来这部分内容应该安排在前面去讲解，但笔者却把它拉出来放在这里，单独对其进行介绍，理由是：因为竞聘演讲的竞争性非常强，所以它对语言的要求有点高。

完全可以这么说，竞聘演讲跟其他类型演讲有点不一样。它不但要求逻辑清晰，还希望演讲者能做到慷慨激昂、无比激情。

所以，演讲过程中，在语言选择方面要做到如下两点。

1. 多用概括性语言

也就是先用几个字来概括自己想表达的内容，之后，再对其进行展开论述。比如，“如果我竞聘成功，我的工作思路是：以‘三个服从’要求自己，以‘三个一点’找准工作切入点，以‘三个适度’为原则与人相处。‘三个服从’是个性服从党性，感情服从原则，主观服从客观。做到服务不缺位，主动不越位，服从不偏位，融洽不空位……”大家看到了没，采用概括性的语言，就能让演讲者的演讲更有条理性，演讲内容更容易被听众所理解。

2. 善于使用排比句

设计排比句时，在分句方面，最好将排比句设计成三个分句。在字数方面，前面两句话的字数一样多，最后一句话要比前面两句话长一些。在声调方面，排比句的最后一个字最好是阳平或者阴平，即第一声或者第二声。为什么要这样设计呢？因为这样的文字朗读起来，更加朗朗上口，更加酣畅淋漓。特别是后一句比前一句的声调更高、声音更大，那演讲者的激情就很容易带动现场听众的情绪，演讲者的陈述就容易获得理想的效果。比如，“对营销人员进行一次彻底的摸底调查，根据其特长、能力安排合适的工作岗位，实现人尽其才、人尽其力、人尽其用”。大家看到了吧，如果善于使用排比句，自己的演讲就会变得更加铿锵有力！

七、精彩竞聘演讲范文和点评

【范文】

竞选办公室经理的演讲

王萍

各位领导、各位同事：

大家好！

在这里，我以平常人的心态参与支行综合办公室经理岗位的竞聘。首先应感谢支行领导为我们创造了这次公平竞争的机会！此次竞聘，本人并非只是为了当官，更多的是为了响应人事制度改革的召唤，在有可能的情况下实现自己的人生价值。

我叫王萍，今年43岁，中共预备党员，大专文化程度，会计师专业技术职称。1975年在枝江市供销社参加工作，先后做过营业员、门市部主任、统计员。1985年调入枝江市总工会，先后担任了图书管理员、出纳员、会计师、办公室副主任、计财科副科长。

经过几年银行工作的锻炼，自己各方面素质得以提高，去年我光荣地加入了中国共产党，荣幸地被三峡分行评为1998年度先进工作者，在创先业务竞选活动中，被分行授予“三收能手”的称号。1999年度我实现了个人揽存余额1300万元的任务。几年的工作使我深深地感到机遇和挑战并存，成功与辛酸同在。

参与这次竞聘，我愿在求务实中认识自己，在积极进取中不断追求，在拼搏奉献中实现价值，在市场竞争中完善自己。

我深知综合办公室工作十分重要，这主要体现在以下三个方面：一是为支行领导当好参谋，二是为全行事务当好主管，三是为一线员工当好后盾。具体说就是摆正位置，当好配角；胸怀全局，当好参谋；服从领导，当好助手。

我也深知，办公室工作非常辛苦，正如前一段社会上流传的那样：在办公室工作的同志就像忠诚的狗、老实的羊、受气的猪、吃草的牛、忙碌的马。可是他们像蜡一样，燃烧自己，照亮别人；他们像竹一样，掏空自己，甘为人梯。

如果我竞聘成功，第一，我的工作思路是：以“三个服从”要求自己，以“三个一点”找准工作切入点，以“三个适度”为原则与人相处。

“三个服从”是个性服从党性，感情服从原则，主观服从客观。做到服务不欠位，主动不越位，服从不偏位，融洽不空位。

“三个一点”是当上级行要求与我行实际工作不相符时，我会尽最大努力去找结合点；当科室之间发生利益冲突时，我会从政策法规与工作职责上去找平衡点；当行领导之间意见不一致时，我会从几位领导所处的角度和所表达意图上去领悟相同点。

“三个适度”是冷热适度，对人不搞拉拉扯扯、吹吹拍拍，进行等距离相处；刚柔适度，对事当断则断，不优柔寡断；粗细适度，即大事不糊涂，小事不计较。做到对同事多理解，少埋怨；多尊重，少指责；多情义，少冷漠。刺耳的话冷静听，奉承的话警惕听，反对的话分析听，批评的话虚心听。力争在服务中显示实力，在工作中形成动力，在创新中增强压力，在与人交往中凝聚合力。

如果我竞聘成功，第二，我的处事原则和风格是：努力做到严格要求，严密制度，严守纪律，勤学习，勤调查，勤督办。以共同的目标团结人，以有效的管理激励人，以自身的行动带动人。努力做到大事讲原则，小事讲风格，共事讲团结，办事讲效率。管人不整人，用人不疑人。我将用真情和爱心去善待我的每一个同事，使他们的人格得到充分尊重，给他们一个宽松的发展和创造空间。我将用制度和岗位职责去管理我的同事，让他们像圆规一样，找准自己的位置；像尺子一样公正无私；像太阳一样，给人以温暖；像竹子一样每前进一步，小结一次。

如果我竞聘成功，第三，我的工作目标是：“以为争位，以位促为。”争取支行领导对综合办公室工作的重视和支持，使办公室工作管理制度化、服务优质化、参谋有效化，让办公室成为支行领导的喉舌、沟通员工与行长之间关系的桥梁、宣传精神文明的窗口、传播企业文化的阵地、培养人才的摇篮、联结银行企业合作的纽带。我愿与大家共创美好的未来，迎接支行辉煌灿烂的明天。

谢谢大家！

【点评】

在格式上，此篇竞聘演讲比较规范，基本符合黄金圈框架的要求。像什么称呼语、问候语、感谢语、竞聘缘由、自我介绍、工作经历、个人优势、对职务的认识（一共2点）、以后的施政纲领（一共3点）、希望式结束语等，都已经涉及了。

在语言上，此篇竞聘演讲非常出色，善于使用概括性语言，逻辑性极强。比如，“‘三个服从’是个性服从党性，感情服从原则，主观服从客观”。善于使用排比句，朗朗上口。比如，“当上级行要求与我行实际工作相符时，我会尽最大努力去找结合点；当科室之间发生利益冲突时，我会从政策法规与工作职责上去找平衡点；当行领导之间意见不一致时，我会从几位领导所处的角度和所表达意图上去领悟相同点”。

在内容上，此篇竞聘演讲的正文部分中的“施政纲领”由三点组成，依次为：“第一，我的工作思路是：以‘三个服从’要求自己，以‘三个一点’找准工作切入点，以‘三个适度’为原则与人相处”“第二，我的处事原则和风格是：努力做到严格要求，严密制度，严守纪律，勤学习，勤调查，勤督办”“第三，我的工作目标是：‘以为争位，以位促为。’争取支行领导对综合办公室工作的重视和支持，使办公室工作管理制度化，服务优质化，参谋有效化”。这三个论点不但符合黄金圈模型的要求——就某一主题进行当众演讲或者发表意见时，仅说三个要点。而且三个论点之间还符合金字塔原理里面的MECE法则，即“工作目标、工作思路、处事原则”，刚好涵盖了“施政纲领”的三个维度。所以说，这篇竞聘演讲非常棒，值得大家认真学习。不过，此篇竞聘演讲稍有一点点小瑕疵，那就是在工作思路方面，讲得比较虚，还不够具体，可能这也是与所竞聘的职务有关吧。总之，这段内容设计得还不够好。

第六章

黄金圈框架让你的就职演讲更加精彩、更能展现个人魅力

时代在发展、社会在进步、观念在更新，真没想到就职演讲竟然成为就职者上任时非常重要又相当隆重的一个环节。完全可以这么说，大到国家领袖、小到部门主管，新上任时都要就自己如何开展工作发表一场演讲。

一般来讲，好的就职演讲，能够让演讲者在下属或者群众的心目中树立起崇高的威望和良好的形象；能够充分展示演讲者所具备的领导素质、管理才能、人格魅力；能够给人们带来希望和力量；能够让演讲者以后的工作开展起来更加得心应手。

所以，上任之初的就职演讲，我们必须认真对待。

下面，笔者决定将就职演讲的相关概念、具体要求、腹稿思路（即黄金圈框架运用于就职演讲）分享如下，希望能帮到大家。

一、什么是就职演讲

就职演讲，是指就职者接受某种职务，在开始履行岗位职责时，就自己在任职期间的打算、工作重点内容、要致力于解决问题而将采取的措施和严格遵守的原则，以及决心、承诺等，在一定范围内发表的当众演讲。

二、就职演讲有何不同

由于就职演讲是就职者面对其职权范围之内的下属或群众而发表的任职演讲，就

职者的首要目的是为自己建立信赖感。因此，就职演讲必须具备如下四大特征。

1. 目标的针对性

我们必须明白，发表就职演讲，其用意不是去传授知识，也不是去分享经验，而是要针对本单位或者本部门的实际情况来宣布施政目标。因此，就职者必须就本单位或者本部门目前需要解决的人们普遍关心的焦点问题、热点问题、难点问题，有针对性地进行演说。因为只有这样，才能激发听众的兴趣，并引发他们的共鸣。比如，“借此机会，我谈几点想法：第一，狠抓学科建设，向着研究型、开放式的目标阔步前进；第二，以人为本，大力加强师资队伍和管理干部队伍的建设；第三，落实四个机制，把奖勤罚懒措施落到实处；第四，拓展外部发展空间，优化校园文化环境；第五，坚持贯彻公开、公正、透明、合理的原则，努力创造一种公平竞争、透明规范的工作局面”。

2. 内容的真实性

我们应该知道，就职演讲的内容必须真实、可靠、客观。因为只有以事实为依据、以证据为准绳，讲真话、说真事，才能赢得听众或下属的信任和支持。如果不顾事实而空喊口号，结果可能会招致听众的反感或下属的抵触。比如，“当然，我也清楚地知道，在我的前任书记主持医院党委工作期间，医院成绩斐然，无论是党的建设，人才培养，医德、医风建设，还是硬件建设，都在局内外享有很高的声誉。面对这样高的工作起点，要做到局党委要求的起码保持原有水平不掉下来，并争取再上一个新台阶，是有很大难度的。我热切地期盼同志们能早一点认识我，特别是能对我的弱点和毛病保持足够的清醒和必要的耐心，进而帮助我、鞭策我、接纳我”。

3. 表述的情感性

我们还需清楚：发表就职演讲时，就职者不能仅仅是为了演讲而演讲，而是要注入一定的情感，通过丰富的表情、潇洒的手势和抑扬顿挫的语调，恰如其分地将自己的内心世界表达出来。因为只有就职者的情感流露了，才能赢来听众的情感流露，才能引起听众的强烈共鸣，就职演讲也由此而产生强大的感染力和号召力。比如，“当我听到主持人宣布选举结果后，激动了，因为我出身一个贫苦的农家，15岁以前，吃不饱饭，也几乎读不起书，我深深地懂得群众的疾苦，也深深地懂得人民的伟大。代表们投给我的每一张票，集中起来，就是全市270万父老乡亲寄予我的重托。权力是有限度的，任期也是有限度的，但是父老乡亲们交给我的责任是没有限度的，因此我要把为群众谋取利益作为己任，尽情、尽力、尽心地为群众多办实事”。

三、就职演讲的基本结构

接下来，我们继续探讨就职演讲的结构。

一般来讲，一场就职演讲的时长在5～10分钟，字数在1000～2500字。它不同于竞聘演讲，时间不宜过长。但是，它跟竞聘演讲的结构一样，也是由标题、称呼和主体三个部分组成。下面，笔者对其进行一一介绍。

1. 标题

就职演讲的标题有多种写法，经常使用的有如下四种。

第一种是文种标题，即只标出文种的名称，例如《就职演说》。

第二种是公文标题，即由就任职务和文种构成。例如《关于就任银星集团公司人力资源总监职位的演讲》。

第三种是单标题，也就是普通文章的标题。例如《当市长，就要对老百姓负责》。

第四种是双标题，即由正标题和副标题组成，正标题概括演讲的主要内容，副标题标明事由和文种。例如《五年走上致富路——一位县长的就职演讲》。

2. 称呼

称呼，即演讲时，就职者对听众的称呼和问候。这种称呼，首先，要表明演讲对象的不同身份，也就是必须全面、尽可能地将所有听众都包括进去。其次，要表达得亲切得体，给人一种稳重、谦和、懂礼貌的感觉。

通常情况下，使用类似“各位领导、同志们，大家好”这样的称呼就可以了。但是，有时候需要根据现场听众的身份和职务来确定称呼。具体来说，有三种情况。

一是听众为单位领导及单位同事，那称呼可以使用“尊敬的各位领导、同事们，大家下午好！”

二是听众为全体人民代表，那称呼需要使用“尊敬的各位代表，大家好！”

三是听众为单位领导和员工代表，那称呼就是“尊敬的各位领导、各位代表，大家好！”

3. 主体

主体是就职演讲的主干部分，它主要包括开头、正文和结尾三块内容。

由于这部分的内容比较重要，需要按照黄金圈框架来设计，所以，笔者决定将其单独介绍如下。

四、黄金圈框架在就职演讲中的运用

1. 开头：表达心情、衷心感谢、个人想法、宣布某种结果

跟竞聘演讲一样，就职演讲一般不采用提问式开场白，常用的开头方式有如下两种：

（1）表达心情 + 衷心感谢 + 个人想法。这种开头方法是最完美的，也是最易于赢得好感的。它首先是叙述就职者此刻的无比激动心情，接着真诚地对选民、代表、群众或者下属所给予的信任表示衷心的感谢，然后谈谈自己就任的原因、以后的打算和想法等。比如，“此时此刻，我的心情是激动的。因为，我很荣幸地当选为樟树乡人民政府乡长。这应该感谢各位代表、全乡人民对我的拥戴和信任；感谢各级领导、乡村干部对我的帮助和支持。当一踏上这片神奇的土地，我便深深地爱上了这里的一山一水。俗话说：‘同船过渡三世修。’能因此同樟树人民并肩战斗、携手共进，真是‘三生有幸，万世所修’。我愿将自己全部心血无私地奉献给这片土地和这里的

人民”。

（2）宣布某种结果＋个人想法。这种开头方法其实就是开门见山。它首先告诉听众今天在这里要干什么，也就是向大家宣布某种结果，然后话题一转，再谈谈自己的想法和打算等。比如，“金菊含笑，秋风送爽。在这个美好的季节，我专业新一届学生分会成立了。学生分会是在团总支的指导下独立开展工作的学生组织，是切实为同学们服务的团体，新一届学生分会是承前启后的一届，更是开拓创新的一届，我们深知肩膀上的重任。在继承并发扬学生分会优良传统的同时，我们更要在新的形势下搭建新的舞台、开创新的局面，使我专业学生分会提升到一个新的发展平台。为此，我代表新一届学生分会全体成员向大家汇报一下工作设想”。

2. 正文：介绍相关状况、工作目标、具体措施

主体中的正文部分是就职演讲的重点内容。这部分内容需要用心构思，如果设计得当，它不但能因为任职者谈吐得体、彬彬有礼而赢得下属或者听众的好感，更是借助任职者自己的未来设想和施展措施而得到下属的支持。

一般来讲，正文部分应该包括如下三个方面：

（1）必须介绍的一些相关状况。它还分为两种情形，一种是简单地叙述一下现在工作的地方，这基本上属于赞美话，目的是博得听众的好感。比如，“‘谁知竹西路，歌吹是扬州。’扬州是我热爱的地方。2012年5月，省委安排我来扬州工作。六年半的时间里，扬州城市的开明开放，扬州人民的崇文尚德，扬州干部的踏实进取，让我获得了弥足珍贵的成长经历”。一种是简单地向听众介绍自己，这基本上属于谦虚话，目的是获得听众的信赖。比如，“先谈谈我的优点。我这个人——对工作比较投入，对同志比较诚恳，透明度比较高，相容性比较强。再谈谈我的特点。我这个人——最崇敬善待同志的人，最厌恶口是心非的人，最感谢能当面指出我毛病的人，最瞧不起视职业为儿戏的人。我特别请大家能够注意一下的是我的弱点。我这个人——除了有将近两年在基层接受‘再教育’的经历外，其余有28年时间都是在机关工作。其中，8年是在处机关工作，20年是在局机关工作，而且做的都是人事宣传工作。换言之，我没有在基层带队伍的经验。在工作能力方面，我是严重的‘残缺不全’，是弱点太弱，短处太短”。

（2）就职后的工作目标和自己的决心。它包括两个方面，一是就职者必须向听众阐述个人上任后的一些主张、打算以及希望能收到的某些成效等。同时，就职者还需对当前的形势和环境进行一定的分析，对可能存在的一些问题进行深入的剖判，对未来的发展前景进行适当的畅想。二是就职者需要向听众表决个人的信心，也就是表达个人不完成任务达成目标决不罢休的信心。比如，“最后，我向在座的各位销售精英表态：目前，金融市场的前景这么美好，公司又有这么好的政策，如果我带领大家完成不了今年30亿元的销售任务，那我就从这里跳下去！当然，如果我的任务没有完成是因为各位没有配合的话，那我在跳楼之前，首先将你们推下去！大家都听明白了没有？”

（3）实现目标的具体措施和对下属或员工提出一定的要求。当就职者陈述工作目标和表达坚定信心之后，接下来还有两件事情需要重点强调。一是具体的施政措施。也就是就职者谈到个人的施政措施时，必须结合本单位的实际情况和发展需要，将工作任务的价值性和完成目标的可行性一一进行阐述，尽可能地将具体措施落到实处。同时，也要对可能遇到的困难适当地进行说明，目的是让表述留有一定的余地，不至于让听众觉得就职者是在信口开河。二是对下属或员工提出一定的要求。即就职者发表就职演讲时，也应向下属或员工提出一定的要求，比如，“开头脑风暴会议的时候，大家必须踊跃发言，因为‘人多出韩信，智多出孔明’。具体安排工作任务的时候，你们就不能讨价还价了，因为我是领导，必须听我的”。

3. 结尾：表决式、号召式、名言式、祝愿式

就职演讲的结尾，一般都是展望前景、表示决心，发出号召、鼓舞人心，给下属或者听众以信心和希望。经笔者总结，就职演讲的结尾方式有如下四种：

（1）表决式。表决式就是表示自己的决心，即决心做好什么事情或者绝不做什么事情。比如，“我将做到‘三个不当’，即廉洁奉公，不当贪官；秉公执法，不当昏官；真抓实干，不当懒官。我不奢望历史对我的褒扬，也不苛求人们对我的赞誉，我相信自己，相信代表们、同志们，相信三万一千人民的力量和智慧，压力终将变为动力，目标成为现实。谢谢大家！”

（2）号召式。号召式就是号召大家一起干事情。比如，“同志们，我们学校曾经

有过辉煌的过去，正经历着充满机遇和挑战的现在，也必将有一个更加美好的未来。我们应当认真地总结过去，准确地把握现在，清醒地规划未来。让我们以‘三个代表’思想为指导，紧密结合我校实际，团结一致，振奋精神，奋发努力，扎实工作，少说空话，多做实事，为把我校早日建成特色鲜明、研究型、开放式的国内外知名大学而努力奋斗！谢谢大家！”

（3）名言式。名言式就是借助某则至理名言说明某个道理。比如，“最后，我愿引用一句话来结束我的发言：‘拧在一起，我们就是一道闪电；聚在一块，我们就是整个太阳；站在一处，我们就是用心灵结成的信念，就像打不垮、推不倒的铜墙铁壁。’只要我们携手同行，奋力拼搏，必定使我们学生分会绽放出更加夺目的光芒。谢谢大家！”

（4）祝愿式。祝愿式就是祝福自己单位的未来更加美好。比如，“我相信，有县委的坚强领导，有县人大的鼎力相助，有前任班子打下的良好基础，有全县干部群众的大力支持，我能够挑起这副担子，也将努力挑好这副担子。只要我们全县上下齐心协力、扎实苦干，我县的明天一定会更加美好！”

五、就职演讲的通用模板

上面所介绍的就职演讲的结构还是有点复杂，笔者决定将其简化为一个通用模板，以便让大家一看就马上明白，一上台就能发表演讲。

就职演讲的通用模板分为如下三步六点（见图6-1），每步每点的具体内容和相关要求如下。

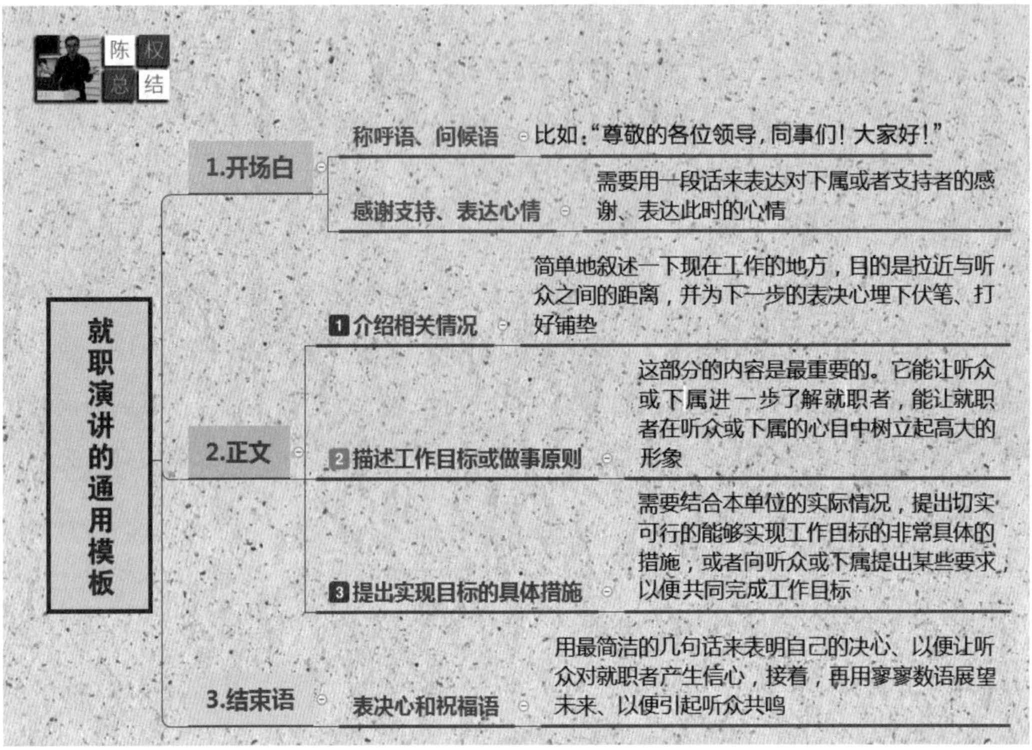

图 6–1　就职演讲的通用模板

1. 第一步：开场白

（1）称呼语、问候语

由于职位不同，听众会完全不一样，所以，我们把称呼语和问候语概括为三种格式："尊敬的各位领导，同事们，大家好！""尊敬的各位市民，大家好！""尊敬的各位领导，各位老师，大家好！"

（2）感谢支持、表达心情

说完称呼语和问候语之后，就职者需要用一段话来表达对下属或者支持者的感谢，表达此时的心情。比如，"首先，我感谢省委的信任，感谢十堰人民又一次接纳了我，再次给了我向十堰人民学习、为十堰人民服务的机会，尤其是给了我弥补过去五年多的工作缺陷、遗憾和纠正错误、将功补过的机会"。

2. 第二步：正文

（1）介绍相关情况

一般情况下，就职者需要简单地叙述一下现在工作的地方，目的是拉近与听众之间的距离，并为下一步的表决心埋下伏笔、打好铺垫。比如，“我热爱资阳，就像热爱自己的家园一样。资阳这块热土，有厚重的历史、光荣的传统、丰富的资源、秀美的山川，更让我感动的是资阳人民的勇敢、勤奋、质朴和包容。这些年来，资阳人民在市委、市政府的领导下，团结奋斗，不断进取，勤奋工作，不懈追求，取得了经济建设和各项社会事业的巨大成就，我为之自豪”。

（2）描述工作目标或做事原则

这部分的内容是最重要的。它能让听众或下属进一步了解就职者，能让就职者在听众或下属的心目中树立起高大的形象。比如，“在这里我可以向大家表明三个态度：第一，一定会以积极进取、奋发有为的精神状态，为十堰人民倾心竭力地工作；第二，一定会用更加严谨、更加自律的态度严格要求自己；第三，一定会为政府创造良好的行政环境”。

（3）提出实现目标的具体措施或者对听众或下属提出某些要求

即就职者需要结合本单位的实际情况，提出切实可行的能够实现工作目标的非常具体的措施，或者向听众或下属提出某些要求，以便共同完成工作目标。

3. 第三步：结束语

结束语一般为表决心和祝福语，即用最简洁的几句话来表明自己的决心，以便让听众对就职者也产生信心，接着，再用寥寥数语展望未来，以便引起听众共鸣。比如，“我坚信，‘日日行，不怕千万里；常常做，不怕千万事’，一勤天下无难事，有省委、省政府和市委的正确领导，有市人大、市政协的监督支持，有460万扬州人民的团结奋斗，我们一定能把各项工作做好，一定能把人们心目中的扬州建设好！”

当然，以上的通用模板可能有点公式化，在具体的实践中，演讲者可以根据实际需要稍做改动。

六、就职演讲的注意事项

有人认为，相比起竞聘演讲，就职演讲比较简单，随便讲几句就行了。但笔者不以为然，反而觉得就职演讲跟竞聘演讲一样重要，想做一场精彩的就职演讲，还需要注意如下三点。

1. 真情实意

新官上任，就职者的就职演讲就相当于一场自我展示。至于怎样做好这场自我展示呢，就职者必须以真实的情感去感动听众，也就是必须放下身段，以推心置腹的方式来演讲，以便让听众感到特别亲切自然和平易近人。比如，“我深知自己能力有限、水平不高，尽管如此，我还是愿意倾我所有、尽我所能，为资阳市的发展贡献自己的全部力量。我相信天道酬勤、勤能补拙，相信有付出就会有收获。我想，只要我努力践行‘正位、笃学、勤勉、重道、守纪’的为人从政准则，勤政务实，廉洁为民，勇于进取，敢于突破，工作就一定会有成效。我更坚信，有市委的正确领导，有各位人大代表的支持、监督和帮助，经过全市人民的共同努力，我们的奋斗目标就可以实现，也一定能够实现。我渴望在我交卷或者交棒的那一天，得到的掌声比现在更多、更热烈。因为，你们的肯定就是对我最大的褒奖”。大家都看到了吧，这段话，情真意切，让人倍感亲切，充分体现了一位人民父母官的责任感和事业心。

2. 言简意赅

林语堂先生曾经说过：绅士的演讲，应当像女人的裙子，越短越好！这句话虽然有点夸张，但是，它揭秘了演讲的要旨——以短为佳。尽管说，就职演讲嘛，有话讲长一些，无话讲短一些。但是，通常情况下，这种场合下的演讲，是宜短不宜长的。如果刚上任就来一个长篇大论、没完没了，那听众就会以为这位新领导以后干事情也会拖泥带水。因此，重要的事情说三遍：就职演讲，必须短、必须短、必须短！比如，“特区建设大有作为。说实在的，我到深圳，不是为官而来。组织上要我到深圳，与大家一起开荒、创业，我无条件地接受了。因为我没有把当官看得太重，我有艰苦创业的思想准备。所以，坦诚地说，即使今天没有被选上，也是光荣的，因为在过去的八个月的工作中，我已深感人民的支持、爱护和肯定。我到深圳来，并没有什么后台，就凭三句话：凭良心说话，凭本事吃饭，凭骨气做人。我没有多大的本事，反而有许多明显的不足，如年轻不够成熟、经验不足等。但我有我的优势，最大的优势是年轻，我精力充沛，敢想敢干。我敢想，但绝不是胡想；我敢干，也绝不是蛮干。今后，我一定谦虚谨慎，和大家齐心协力、扎扎实实、坚决地完成本届政府提出的各项工作任务！”这场演讲，可谓简洁明快、干净利落，最终赢得了现场听众的热烈掌声。

3. 风趣幽默

尽管说，就职演讲属于政治性演讲，场面比较庄重，但这并不意味着就职者需要以严肃的表情来讲话，甚至打官腔。如果就职者能够根据现场气氛，添加一些幽默语言或者诙谐的段子，不但不会降低演讲者的身份，反而拉近了就职者与听众之间的距离，更易于打动听众，并引起他们的共鸣。比如，“我是带着饭碗来咱们连的，带饭碗自然是要长期吃饭，也就是说，二连就成了我的家。大家要踢我的饭碗，也不是不可能，但愿这糟糕的事儿不会发生。谁希望自己下岗，谁希望自己饿肚子呢？但是我也绝不怕这样，堂堂男子汉，无力糊口， 何谈立业？诚然，我希望自己碗里的饭多一些、好一些，我会用自己的努力工作去挣来一顿、两顿、顿顿盛宴。我相信自己有能力做到，更相信我面对的战友们也有与我同样的心情。让自己的工作对得起人民给予的一日三餐！谢谢大家！开饭！”你看，你看，这位指导员的就职演讲，可谓非常幽默风趣，将“饭碗”比喻为工作职责，让讲台下的士兵们马上感受到了他的真诚和自信。

七、精彩就职演讲范文和点评

【范文】

A市市长就职演说词

佚名

尊敬的各位市民：

大家好！

首先非常感谢大家对我的信任，选举我担任A市新一任市长。我在倍感光荣的同时，更深深地感到一份沉甸甸的责任，而且大家的掌声越大，我的压力就越大。因为在你们的身后，是36万A市人民殷切的期望，是36万人民真诚的重托。

A市是一块富饶、美丽而又神奇的土地。我虽然来这里只有4个多月，但从我到A市的第一天起，我就把她作为我的第二故乡。让我感到欣喜的是，36万父老乡亲很快就真诚地接纳了我，而且通过你们为我提供了市长这个舞台，感激之情我无以言表。

今天，是我人生一个新的起点。当我迈上这个讲台时，我听到的是同志们真心真意的鼓励，想到的却是几年之后如何向父老乡亲交一份满意的答卷。我想，为了做好这份答卷，我唯一的选择就是倾注自己全部的热情与心血，致力做到“三个一”：

一是一心一意为民。近几年，虽然我市经济社会发展取得了长足进步，但是，在439平方公里的土地上，还有部分群众生活仍然困难，还有大批待业青年和下岗职工没有找到谋生之路。“衙斋卧听萧萧竹，疑是民间疾苦声”，作为市长，作为A市的一分子，我深感责任在心、重任在肩。因此，在今后的工作中，不管多难、多累、多苦，我将始终把36万父老乡亲的切身利益放在首位、刻在心上，尽自己最大的努力做实事、办好事。

二是一丝不苟干事。我市目前正处于体制转轨、经济转型的关键时期，改革要攻坚、发展要加快、稳定要确保，要做的事情还有很多很多。作为市长，我没有半点理由不尽职尽责。我应该做的，就是以求真务实的作风，坚持真抓实干、埋头苦干，认认真真做好每一项工作，努力做到定一件、干一件、成一件，以“诚”取信于民，以“实”造福于民。

三是一清二白做官。“公生明，廉生威”，我将时刻牢记手中的权力是人民赋予的，坚持按原则办事，按制度办事，不当昏官；坚持不偷懒，不畏难，不当庸官；坚持洁身自好，严于律己。真正做到仰不负党，俯不愧民。

各位代表，为政不在言多，做人当守承诺。A市未来的蓝图已经绘就。尽管前途会有坎坷，但有上级和市委的坚强领导，有人大、政协的鼎力支持，有全市人民的共同努力，没有任何困难可以阻挡A市实现跨越发展的步伐。我坚信，A市的明天一定会更加美好、更加灿烂、更加辉煌！

【点评】

在格式上，此篇就职演讲比较规范，基本符合黄金圈框架的要求。像什么称呼语、问候语、感谢语、介绍相关情况、描述工作目标、强调个人做事原则、祝福语等，都已经涉及了。

在语言上，此篇就职演讲的文笔非常出色，善于使用概括性语言，逻辑性极强。比如，“我应该做的，就是以求真务实的作风，坚持真抓实干、埋头苦干，认认真真做好每一项工作，努力做到定一件、干一件、成一件，以‘诚’取信于民，以‘实’造福于民”。善于引用古诗词，让人耳目一新。比如，“衙斋卧听萧萧竹，疑是民间疾苦声”“公生明，廉生威”。

在内容上，此篇就职演讲正文部分中的“实现目标的具体措施”主要由“三个一”组成，依次为：“一是一心一意为民”“二是一丝不苟干事”“三是一清二白做官”。这三个论点不但符合黄金圈模型的要求——就某一主题进行当众演讲或者发表意见时，仅说三个要点。而且三个论点之间还符合金字塔原理里面的MECE法则，即“做官、干事、为民”，刚好涵盖了从政的三部曲：做官、干事、为人民。所以说，这篇就职演讲非常棒，值得大家认真学习。

第七章

黄金圈框架让你的述职演讲有说服力、更能体现个人业绩

目前，述职演讲对一个组织或机构来说，非常重要！它是考核领导干部的一道必不可少的程序，不仅能够促进干部忠于职守、努力工作；同时也有利于干部政治思想的转变和工作能力的提高，可谓是完善干部管理制度的一项主要措施。

同时，述职演讲对职场人士来说，更加重要！它是职务晋升、评优选先的一个重要依据。如果讲得精彩，会直接获得上级领导的认可和赏识；如果搞砸了，会导致上级领导认为你的工作能力有问题。

所以，述职演讲，我们必须认真对待！毕竟述职演讲的水平，会直接关系到自己的个人利益。

但是，现实工作中，很多职场人士往往把述职演讲弄成了流水账式的工作汇报。比如有一位处长，他本来应该讲“自己是怎么当处长的”，结果他讲的却是“全处的工作是怎么干的”。

为了纠正这个误区，笔者决定将述职演讲的相关概念、具体要求、腹稿思路（即黄金圈框架运用于述职演讲）分享如下，希望大家喜欢。

一、什么是述职演讲

述职演讲，是指述职者根据自己职务的要求，就工作目标，向任命机构、上级领导或者本单位的职工群众讲述自己在一个阶段内履行岗位职责的情况，如工作业绩、不足之处、存在的主要问题等方面所做的演讲。

述职演讲可分为年度述职演讲、任期述职演讲、专题述职演讲、综合述职演讲等。

二、述职演讲有何不同

1. 气氛的严肃性

我们都知道，组织对干部的要求是：身在其位，须谋其政。因此，作为单位的领导或者干部，在其任职期间，是需要接受上级领导的考察和单位职工的监督。而在年终或者其他考核时间点需要做述职演讲的时候，他必须认真对待这件事情，不夸大、不缩小，以实事求是的作风去肯定自己的成绩，以坦然乐观的心态去承认自己的不足，做到恰如其分、质朴无华。同时，由于场合比较严肃，述职者决不能为了避轻就重或者活跃气氛而硬把一些自我解嘲式、插科打诨式的段子穿插到演讲中来。

2. 内容的限定性

一般来讲，述职演讲的内容只能是述职者的个人职业素养、过往的工作经验、任期内工作绩效达成情况、存在的缺点和不足、今后的改进措施和打算，等等，都是以述职者的职责范围为限，而不属于其本人职责范围的所作所为，哪怕所获成绩再可圈可点，也不应加入述职演讲中来。

3. 形式的自评性

跟一般演讲不同的是，述职演讲特别强调个人履行职责、取得业绩等方面的情况。这就势必要求述职人通过讲述自己在某部门、某时期如何工作的同时，来一个总结性的回顾。即依据岗位职责和胜任力模型，对自己任期内的工作态度、工作能力、工作业绩等方面的情况进行自我评估。因此，述职者在叙述个人业绩时所采用的材料必须是真实可靠的、确凿无误的，因为只有如此，述职者才能做到恰如其分地评价自己。

三、述职演讲的基本结构

接下来，我们继续探讨述职演讲的结构。

一般来讲，一场述职演讲的时长在15～26分钟，字数在3000～6500字。相比起其他演讲，它需要的时间会长一些。因为只有足够的时间，才能让述职人充分地讲述个人工作任务的完成情况。当然，跟其他工作演讲一样，它的结构也是由标题、称呼和主体三个部分组成。下面，笔者对其进行一一介绍。

1. 标题

述职演讲稿的标题主要有如下四种形式。

第一种，以文种名称为标题，例如《述职演说》。

第二种，由述职人和文种名称构成，例如《陈权的述职演讲》。

第三种，由任职职务、任职时间和文种名称构成，例如《广东省教委办公室主任2020年度述职演讲》。

第四种，由正副标题组成，正标题概述演讲的基本内容，副标题标明职位、姓名和文种。例如《在困境中开创招商引资工作新局面——招商处处长黄河的述职演讲》《努力抓好菜篮子和米袋子——县长王格璧的述职演讲》。

2. 称呼

称呼是演讲时述职者对听众的称呼和问候。由于述职者述职演讲面对的对象主要是上级领导，因此，称呼格式仅有如下两种。

一是听众为上级领导及平级同事，那称呼可以使用“尊敬的各位领导，同事们，大家下午好！”

二是听众仅仅是上级领导，那称呼就是“尊敬的各位领导，大家好！”

3. 主体

主体是述职演讲的主干部分，它主要包括开头、正文和结尾三块内容。

由于这部分的内容比较重要，需要按照黄金圈框架来设计，所以，笔者决定将其单独介绍如下。

四、黄金圈框架在述职演讲中的运用

1. 开头：自我介绍、定基调、讲客套话、讲故事

述职演讲的开头方式有如下三种。

（1）自我介绍。这种开头方式是最常用的，也是最稳妥的。述职者要介绍的个人情况包括：所任职务、岗位职责、任期时间、任职期间的工作目标及任职的背景，等等。这部分内容比较固定，无须过多发挥，演讲时能做到简明扼要、逻辑清楚即可，其目的是为了下一步正文内容的发挥划定范围。比如，“我于2019年3月通过竞聘上岗，行党委组织委任我为朝阳分理处主任，主持工作至今。在担任朝阳分理处主任以来，我能够认真贯彻落实有关金融政策方针，立足本职工作、爱岗敬业、无私奉献。在工作中，紧紧围绕市分行提出的‘跑赢大市、逐年增盈’‘强力出击、两翼齐飞’的经营策略，抓住‘发展与控制’两大工作主题不放松，团结带领分理处人员，艰苦创业，锐意开拓，为我行事业的发展鞠躬尽瘁。随着我行股改上市紧锣密鼓地进行，改革创新步伐加快、发展管理要求更高、各项任务越加繁重，作为一名基层网点的主任，我既深感责任重大，又有干好工作的强烈使命感。现在就将我任职期间的工作情况汇报如下……”

（2）定基调。这种开头方式比较“高大上”，会让人“不明觉厉”（虽然不明白，但觉得很厉害）。一开篇，述职者首先用一些概括性很强的话来谈一谈自己对所任职岗位的认识和感受，目的是为接下来的演讲做好铺垫、奠定基调。比如，“我是从2017年3月由机关岗位调任到基层任职的。从机关到基层，使我对单位有了更深的认识；从理论到实践，使我对工作有了更真多感受；从感性到理性，使我对建设有了更多的思考。一年多的工作实践，让我由衷地感到，基层事业很神圣、基层单位很重

要、基层群众很可敬。作为党支部书记，必须在工作中当好理论的‘播火者’、事业的‘助推器’、团队的‘黏合剂’、工作的‘明白人’、制度的‘铁将军’、人员的‘连心桥’。为此，在今年工作中，我重点围绕‘铸魂、谋事、聚力、强基’四个关键字，抓这四个方面工作”。

（3）讲客套话。这种开头方式，就是述职者一开场，首先讲一些客气话，或者恭维话，目的是为了拉近与领导之间的距离，常用句式为“在某某的关怀下”或者“在某某的支持下”。比如，“2010年，在所领导亲切关怀下，在经理的正确领导下，在餐饮部全体干部员工的大力支持下，我认真履行岗位职责，协助部门经理同全体员工一道，端正态度、克服困难、扎实工作，顺利完成了各项工作任务。作为餐饮部副经理，现就以下四个方面对本年度的任职工作情况，向大家汇报，请大家给予评议”。

（4）讲故事。这种开头方式的效果非常好。述职者借助一句过渡语，也就是首先强调某某东西很重要，接着讲出一个关于自己亲身经历的故事，而这个故事刚好是体现了自己的敬业精神，或者就是获得良好业绩的证据。比如，“对交通岗台，你一定很熟悉，然而我更熟悉，因为三尺岗台就是我的工作岗位。那上面不仅有我洒下的汗水，也有我成长的足迹。在我的眼里，它不仅是人民安全的绿灯，也是衡量交警价值的一杆秤。去年6月的一天，我正在值勤时，发现一位50多岁的老大爷骑自行车遇红灯刹车时，不小心重重地摔倒在马路上，我赶忙找车把他送到医院，背着他上楼透视，并拿出身上所带的300块钱和工作证做抵押为他办了住院手续，又通知了他的家属。老大爷感动地拉着我的手说：‘孩子，大叔我跪不下去，就让我好好看看你吧！’当时，我这五尺高的汉子，哽咽着说不出一句话”。

2. 正文：主要成绩、存在问题、努力方向

主体中的正文部分是述职演讲的核心内容。主要讲成绩、做法、收获以及存在的问题等。一般来讲，述职演讲的正文部分应该包括如下三大方面。

（1）主要成绩。人们常说：成绩如何，是干部好坏的主要标志。因此，在进行述职演讲的时候，述职者要向组织和群众讲述自己做了哪些具体的工作，取得了哪些主要的成绩，产生怎样的经济效益。同时，在讲述业绩的时候，述职者要多举实例，多用数据，以便增加演讲的说服力和可信度。在此处不宜使用综合性、概括性的表述

方法，更不能笼统地说些原则话、套话和空话。总之，这部分内容的要求是：格式规范、数字准确、事例具体、有礼有节、详略得当。比如，“在客户管理工作中，我们在两个方面下功夫。一是进一步利用好、维护好商业渠道。虽然商业公司体制及营销策略发生了变化，但保持渠道的畅通仍是我们做好市场开拓工作的重要环节。我们积极与分县公司业务部门和人员联络协调、密切感情，妥善处理工作关系，特别是有针对性地开展重点县公司的工作。付出必有回报，通过长期的渠道公关，我们得到了商业公司的支持和帮助，不仅宣传促销活动能够顺利进行，而且分县公司控制市场的力度也比较大，没有发生返销问题。同时，货款回收也很及时，今年的回款已提前完成；历史积欠也得到了解决，2001年至今的累计欠款已全部结清。可以说，因为有了商业公司的支持，我们才能完成双百的业绩，即：合同履约率达到100%，回款率达到100%。二是进一步开发好、维护好终端客户。做好终端是我们营销工作的出发点和落脚点，因此，在保持与商业公司良好关系的基础上，我们切实增强服务意识，将工作重心下移，重点联系零售户、电话访销员等，坚持‘一切从客户出发，一切为客户着想，一切对客户负责，一切让客户满意’的一对一的营销理念，对零售户实行全过程、高质量的服务。业务员通过主动上门了解访问，建立重点客户档案，及时征求客户意见，对客户的经营状况、客户要求、消费者意见和市场变化心中有数，并及时反馈，使上级能迅速准确地了解市场信息”。

（2）存在的问题及经验教训。这部分内容必须讲的，不能只讲成绩而不讲存在的问题，那样的话，就会显得逻辑不严谨、说服力不强。但是，怎样去讲述这部分的内容呢，一般来说，有两种方法。第一种是概括法，即述职者将工作中存在的问题或者不足浓缩为有先后次序的几句话，寥寥数语即可，毕竟是缺点，不宜长篇大论。比如，“在过去的一年里做了一些工作，取得了一点成绩，这都是餐饮部全体员工共同努力的结果。我的工作能力、管理水平与上级领导的要求和实际工作需要还有差距，主要表现在：①知识结构不够全面，制约管理水平的提升；②制度执行不够坚决，管理工作有时被动；③行业信息掌握不及时，创新能力明显不足；④对员工业务抓得不够，整体服务水平提高不快”。第二种是问题加经验法，即述职者简明扼要地讲述自己工作中存在的一些问题，同时又从这些问题中总结出一些宝贵的经验和教训。尽管说，这种方法也讲述了个人的缺点，但由于它的重点是在后面的经验和教训，所以，使用这种方法时，讲述的篇幅可以长一些。比如，“2020年的工作虽然取得了一定成绩，但也存在一些不足。从工作方面来讲主要存在以下问题：一是企业文化建设工作不扎实，员工队伍的团队意识、竞争意识、进取意识和大局意识还有所欠缺，增强全体职工的组织纪律性、树立良好的团队形象是明年开展企业文化建设的重要内容。二是精神文明建设工作由于创建达标的时间差原因，自治区级文明单位的创建工作得不到落实。三是网络协会各项规章制度的落实情况的监督不够，在执行上还要下大功夫。四是在完成助民增收工作三年目标任务以后，扶贫组饲养的牛羊以及扶贫资金如何处理需要进一步研究。五是基层网点新员工安全培训工作不扎实。从个人方面来讲主要存在以下问题：一是思想解放程度还不够，政治学习抓得不紧，政治理论水平不高，尤其对新时期行业工作理论和指导方针的钻研还不够，理论指导实践还有欠缺；二是个人文字综合能力提高不快，达不到领导期望和要求；三是在督办上还需要进一步加大力度，服务质量不够高，机关办会、办文工作有时不够细致；四是在机关待久了，思想上有时出现松懈情绪”。

（3）努力方向或工作设想。这一部分内容非常重要，如果讲得好、评委被打动了，它对述职者转正或者晋级起到非常大的作用。这部分内容由两方面组成：今后努力方向和工作具体设想。述职者在演讲的时候，可以只讲其中一方面，也可以全部讲。当然，两方面都讲的话，效果更佳。比如，“努力方向：①要强化学习、注重实践，不断完善知识结构，提高自身的综合素质和驾驭工作的能力，当好领导的参谋和助手，当好下属员工的带头人；②要加大制度执行的力度，充分调动自己的主观能动性，动脑筋想办法，坚决把上级领导的意图和想法不打折扣地落实到工作中去。同时，通过多种渠道了解餐饮酒店业的发展趋势，掌握周边同行的新动向，吸收别人家的好经验、好做法，结合本部门的实际情况，开创性地完成工作；③要把提高部门员工业务水平当作大事去抓，突出质检、培训与考核、晋级、评比相结合，常规性培训与针对性培训相结合，集中培训与分批轮训相结合，培训的内容形式与集体活动和员工爱好相结合。工作具体设想：①要突出餐饮服务文化氛围；②要加强员工思想道德教育；③要定期组织岗位大练兵、大比武；④要加大奖惩力度；⑤要经常走出去学习”。

3. 结尾：表决式、祝福式、名言式、诗歌式

述职演讲的结尾一般都是提出切实可行的奋斗目标，或者表明述职者尽职尽责的

态度和决心，方式有如下四种。

（1）表决式。在述职演讲中，表决心是最常用的结尾方法，这种方法比较容易打动评委。比如，“在今后的工作中，我将尽心尽责做好本职工作，为保持朝阳分理处业务稳健发展的势头，积极带领全所员工解放思想，大胆实施创新经营，全身心投入我行的‘淡季攻坚’第二轮储蓄存款竞赛活动中去，勤奋务实，为中行事业发展尽责尽职。努力把自己培养成一个爱行敬业、素质高、适应性强、有独立能力、有正确人生观、充满朝气、富有理想的复合型人才。‘人生的价值在于奉献’，在未来前进的道路上，我将凭着自己对中行的激情和热情，为我热爱的中行事业继续奉献我的热血、智慧和青春”。

（2）祝福式。在述职演讲中，祝福大家也是比较常用的结尾方法，它能获得评委的好感。比如，“最后把一句话送给大家，在新一年工作中一定要能迈大步的迈大步，能迈小步的迈小步，但绝不允许原地踏步！以上报告不妥之处，请领导、同志们批评指正。谢谢大家！”

（3）名言式。用名言来强调自己的观点，这种结尾方式非常不错。比如，“聂譬初在给交警题词时说：‘发扬优良传统，做人民交通卫士。’今天我要对大家说，我无悔我是一名交通卫士，我自豪我是一名人民警察！今后我一定要谱写新篇章，让青春永远和红绿灯一同闪光！谢谢大家！”

（4）诗歌式。以诗歌来强调自己的观点，这种结尾方式也很好。比如，“我清楚地知道一个人的生命是有限的，但教育事业却是常青的。我们的生命将在学生身上延续，我们的价值将在学生身上体现。我无悔于我的付出，更无悔于我的选择，在这三尺讲台上，阅历春秋，苦苦耕耘，用我的爱心、诚心、细心、耐心，换取学生的开心、家长的放心、祖国的振兴！最后就用当代诗人汪国真诗歌里的一句话，结束我的演讲吧：我不去想是否能够成功，既然选择了远方，便只顾风雨兼程”。

五、述职演讲的通用模板

笔者决定将上面所介绍的述职演讲的结构简化为一个通用模板，以便让大家一看就马上明白，一上台就能发表演讲。

述职演讲的通用模板分为如下三步六点（见图7-1），每步每点的具体内容和相关要求如下。

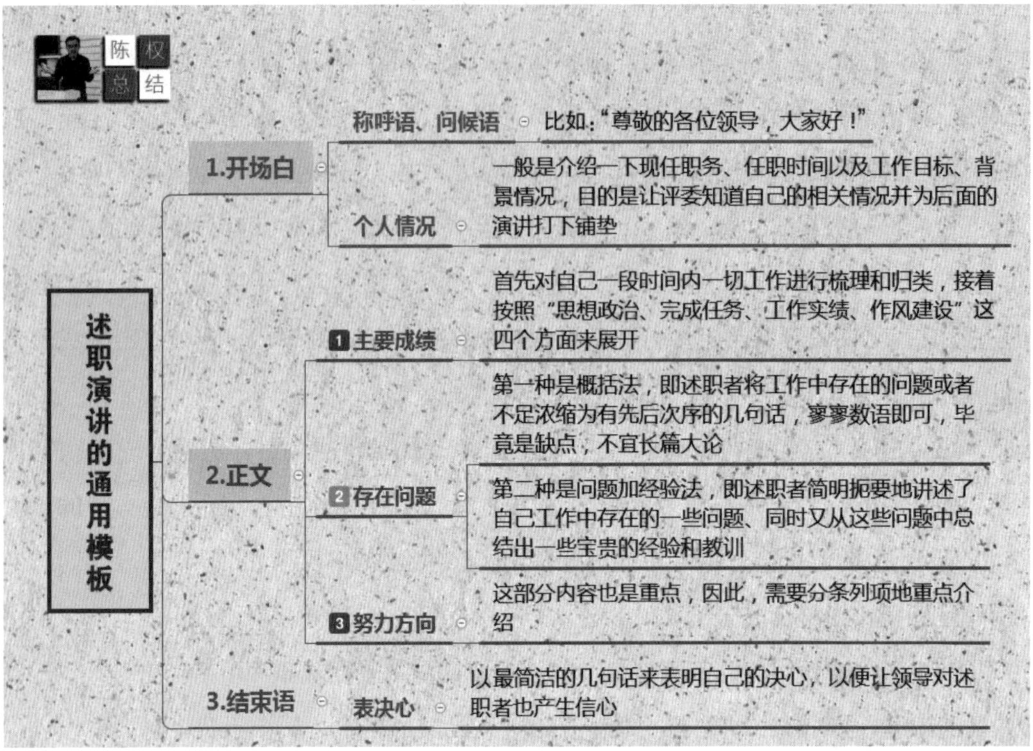

图 7–1　述职演讲的通用模板

1. 第一步：开场白

（1）称呼语、问候语

述职演讲的称呼语和问候语比较固定，一般采用的格式为"尊敬的各位领导，大家好！"或者"尊敬的各位领导，同事们，大家好！"

（2）个人情况

一般是介绍一下现任职务、任职时间以及工作目标、背景情况，目的是让评委知道自己的相关情况并为后面的演讲打下铺垫。

不过，介绍个人情况时，不能过于简单。比如这样，"今年以来，在各级领导和同事们的指导和帮助下，我本着'自身要求从严、完成任务求精、待人接物求实'的原则，脚踏实地干好每项工作，较好地履行了职责、完成了任务"。

正确的介绍方式要包括四大要素，也就是个人任职时间、工作职责、工作思路以及个人对工作职责的评价。比如这样，“我是2019年3月通过竞聘上岗而当上党委书记的。自任职以来，在上级领导的正确引领下，我同班子成员一道，心系使命、团结协作、砥砺奋进，较好地完成了上级赋予的各项任务，使团队保持了稳中求进的良好势头。作为党委书记，我坚持抓班子、把方向、务实事、强作风，带领大家力争上游、创新超越。现在就将我任职期间的工作情况汇报如下……”

当然，别开生面的自我介绍也是可以的。比如，“我是机械系胡竞湘，申报副高职称。能上金字塔的动物只有两个：一是雄鹰，它凭借宽大的翅膀搏击长空；一是蜗牛，它借助汗水与毅力缓缓前行。站在这里我拿不出一张令人艳羡、光彩照人的名牌大学的文凭，但是我还是有勇气走上这个讲台，因为自任职以来，我一直在学习蜗牛的精神，仰望心中‘金字塔’，用汗水与毅力苦苦地登攀，也拥有了自己的实力”。

2. 第二步：正文

（1）主要成绩

这部分的内容非常重要。因此，为了组织好这部分内容，我们应该首先对自己一段时间内一切工作进行梳理和归类，接着按照“思想政治、完成任务、工作实绩、作风建设”这四个方面来展开。比如，“一是注重理论武装，始终做到‘心中有定力’；二是注重实践锤炼，始终做到‘肩上有使命’；三是注重实干作为，始终做到‘身上有担当’；四是注重严于律己，始终做到‘脚下有底线’”。

（2）存在问题

这部分内容不能去掉，需要使用概括性语言来讲述。比如，“半年来，本人敬业爱岗，创造性地开展工作，取得了一些成绩。但也存在一些问题和不足，主要表现在：第一，办公室主任对我而言是一个新的岗位，许多工作我都是边干边摸索，以致工作起来不能游刃有余，工作效率有待进一步提高。第二，有些工作还不够精细，一些工作协调得不是十分到位。第三，自己的理论水平还不太适应公司工作的要求”。

（3）努力方向

这部分内容也是重点，因此，需要分条列项地重点介绍。比如，“在新的一年里，自己决心认真提高业务、工作水平，为公司经济跨越式发展贡献自己应有的力量。我应努力做到：第一，加强学习，拓宽知识面。努力学习房产专业知识和相关法律常识。加强对房地产发展脉络、走向的了解，加强周围环境、同行业发展的了解和学习，要对公司的统筹规划、当前情况做到心中有数。第二，本着实事求是的原则，做到上情下达、下情上报，真正做好领导的助手。第三，注重本部门的工作作风建设，加强管理，团结一致，勤奋工作，形成良好的部门工作氛围。不断改进办公室对其他部门的支持能力、服务水平。遵守公司内部规章制度，维护公司利益，积极为公司创造更高价值，力争取得更大的工作成绩”。

3. 第三步：结束语

结束语一般为表决心，即用最简洁的几句话来表明自己的决心，以便让领导对述职者也产生信心。比如，“总之，我将进一步认真反思自己的工作和思想，实事求是地总结经验教训，诚恳听取批评意见，积累和增强做好本职工作的经验与能力，以强烈的事业心、饱满的热情、高度的责任感努力工作，为提高销售业绩、促进企业发展做出自己应有的贡献。谢谢大家！”

当然，以上的通用模板可能有点公式化，在具体的实践中，演讲者可以根据实际需要稍做改动。

六、述职演讲的注意事项

对领导干部或者职场人士来说，述职演讲非常重要，它会直接关系到述职者的个人利益，因此，我们要认真对待这件事情，还必须注意如下四个事项。

1. 内容真实

在述职演讲中，述职者必须讲真话、讲实话、讲心里话，不能无中生有、编造数据，更不能自我吹嘘、刻意拔高。因为，述职演讲就是给自己画像，只有画得像，领导才会觉得真实可信，述职演讲才有可能达到效果。

其实，在述职演讲之前，领导和群众已经对你有了一个预先判断，如果你的自我评价跟这个预先判断反差过大的话，那你的述职演讲就不能得到认同。因此，好的述职演讲，必须在听众的预先判断之内，讲出一些打破常规思维惯性的新东西，才能颠覆领导对你的印象。例如，领导原本觉得，你取得这些成绩源自运气，而听了你的述职演讲之后，这才知道你曾经为此付出了如此之大的不为人知的努力和牺牲，于是，领导认同了你的成绩，对你刮目相待。

2. 层次分明

述职演讲，其实是在讲述自己的业绩，不管怎么说，自己都很明白，但是，想让别人也一目了然，那就需要下功夫了。

所以，自己要对相关材料进行分类并排序，最好是按照事物的性质来分类，比如，分析能力方面、沟通能力方面、操作能力方面，并且在每一方面的下面，再用一二三来展开讲述。同时，必须永远记住，不能按照时间的顺序来介绍，否则，就是流水账了。

3. 一分为二

作为述职者，需要用辩证的观点来进行自我评价，既要看到成绩，也要看到不足。如果只是大谈特谈所取得的成绩，一味地拔高自己，对工作中存在的问题却视而不见，甚至加以掩饰，这样的做法是不可取的。因此，对述职者而言，必须意识到既要肯定成绩，又要正视问题，既要报喜，又要报忧，才能给领导和群众留下诚实的印象，从而让述职演讲取得良好的效果，达到述职演讲的目的。

4. 亮点突出

述职演讲跟领导讲话一样，就算讲了很多很多，但能让听众记住的只是少得可怜的一小部分。因此，作为述职者，必须把自己工作中的亮点给显现出来。既然如此，那什么样的工作才算有亮点呢？首先，“人无我有”的工作是亮点，参与性的工作不算亮点。其次，成绩突出的工作是亮点，一般完成的工作不算亮点。再次，别人不了解的工作是亮点，全员都参与的工作不算亮点。另外，千篇一律的东西，尽量不说。

例如，在理论学习部分，很多人都是这么说：自觉学习马克思主义，用党的创新理论武装头脑、指导实践，刻苦改造人生观、价值观。其实与其这样，倒不如这么讲：今年对政治理论学习比以往重视，从3月份开始，有计划地读了《习近平谈治国理政》（共三卷），收获比较大。

七、精彩述职演讲范文和点评

【范文】

办公室主任述职演讲

佚名

尊敬的各位领导：

大家好！

按照党委、政府的要求，结合本办的实际，现我就过去的1年本人及办公室工作情况述职如下，请予评议。

一、过去1年工作的主要情况

在过去的1年，本办在镇委、镇政府的正确领导下，在各部门单位、各股室的支持与配合下，在在座各位领导的高度重视和悉心关怀下，本办全体人员本着务实、求实的宗旨，以“上传下达，确保政府高效运作”为己任，扎扎实实地开展了各项工作，取得了一定的成绩。具体表现在：（1）上传下达工作做到及时、准确、无误；（2）在工作事务的安排上，积极主动，利用有限的资源，做了较多的工作，使政府得以协调、高效运作；（3）有效协调各部门及股室工作，使各项工作达到整体推进的目的；（4）积极做好各时期工作情况调研、督察、汇报，全面了解、掌握社会动态、信息，为政府决策提供有力依据；（5）按时、按质、按量完成领导交办的各项工作，得到领导的信任、支持和好评。综观上述，主要抓了以下几方面工作。

1. 强化学习，努力提升本办综合素质

学习如同逆水行舟，不进则退，要适应新形势的要求，更加要不断学习，充实自我。我深刻地认识到这一点，故此，我一方面自身不断加强学习；另一方面以提高办公室人员自身素质和造就一支高素质干部队伍为出发点，有计划、有组织、有目的地对本办人员进行辅导学习，要求他们做到：一要勤学习；二要多思考；三要善总结。

要读好两本书。一是读好有字之书。即要时刻向书本学习，学习政治理论，学习党和国家的政策法规、方针路线，学习业务知识等，做到基本知识笃学，业务知识深学，修身知识勤学，急需知识先学。二是读好无字之书。我时常强调，社会也是一本书，而且更丰富、更有实际意义，要求他们虚心向领导、向同事、向群众学，学习他们的理论观点、工作方法、对人处事及语言、文字表达等。与此同时，在日常生活中要求他们要做到多看、多听、多闻、多想、多写、多做，把学习与实践有机结合起来，形成“学而思，思而入，入而进”的良好习惯。通过学习，办公室人员的整体素质不断提高，精神面貌焕然一新，凝聚力、号召力、战斗力不断增强。

2. 明确职责，合力做好本办职能工作

我深刻地认识到，办公室是党委、政府的一面旗帜，是形象的集中表现。办公室工作的好与坏直接影响到党委、政府工作能否顺利开展和有效推进，是做好工作的关键。特殊地位和作用，表明办公室各项工作都要走在前头，也决定了办公室工作人员要“任人难任之劳，承人难承之重，挑人难挑之担”。为此，强化职责，全方位发挥办公室每个人的专长作用，挖掘每个人的工作潜力，更好地形成统一协调的工作程序和机制，形成团结一致、高效运作的氛围，尤为重要。故此，在主管领导李员的大力支持下，根据每个人的特点和专长，工作能力与水平，从建立和完善办公室各项工作程序、标准和规范入手，制定了《办公室人员岗位责任制》，强化了各人的职责和责任，对每条线、每个层次、每个工作要点都指定专人负责，基本上做到事事有人管，人人有专责，并落实目标考核责任制。由于加强了管理，明确了责任，强化了职责，从而使办公室的各项工作都有了质和量的提高。

3. 真抓实干，全力完成党委、政府及领导交办的任务

搞好服务，是办公室工作的天职，党委、政府部署的工作和领导交办的任务就是办公室工作服务的一种形式。做好服务，首先要找准位置，我时常强调，办公室上至主任，下至一般干部职工，都是服务员。其次要有责任，我时常告诫，办公室工作无小事，办公室做好一件事是小事，做错一件事是大事，不容半点闪失，所以要求他们尽心尽责做好。

以上是本人及本办1年来的主要工作情况，总结起来可以用如下几句话形容，就是：任务件件完成，从不拖拉推诿；工作锤锤到肉，从不马虎了事；做人实实在在，从不阿谀奉承；做事任劳任怨，从不埋怨泄气。可以讲，办公室是在埋头苦干中做工

作，在默默无闻中做实事。由于有效地推进了各项工作，2003年本办被县“两办”评为先进单位，本人也连续6年被“两办”评为先进。这些成绩的取得，离不开各位领导的高度重视和大力支持，离不开各部门单位及全体干部、职工的密切配合，借此机会，我诚挚地向工作中支持过我、帮助过我、指点过我的领导和同事们表示衷心的感谢。

二、存在的主要问题

在看到成绩的同时，我们也清楚地看到自身存在的很多问题与不足。

本人存在的问题表现在：一是在处理重大问题时，不够大胆果断，对有些问题欠缺冷静思考，情绪化时有出现；二是深入基层、调查研究做得不够；三是对人对事的了解还不够透彻，处理人与人之间的关系上表现生硬。

本办公室存在的问题表现在：一是办公室人员的整体素质与写作水平有待进一步提高；二是收集材料、掌握信息方面做得不够全面；三是思想上有抱怨，责任心不够强；四是工作方式单一、生硬。

以上存在的问题有待今后工作中加以改正。

三、今后努力方向

针对本人及本办在工作中存在的问题，为全面贯彻李书记在全镇机关“作风建设活动”动员会议上提出的“抓机关作风建设就是抓经济发展”的思路精神，在以后工作中，本办公室将以加强机关作风建设为目标，以紧紧围绕党委、政府中心工作为重点，内强素质，外树形象，狠抓以下几方面的工作：

1. 以落实“四抓”为重点，建设一支高素质的队伍

一抓学习。通过学习，要不断提高自身素质，努力跟上时代发展的步伐，树立正确的人生观、价值观、世界观。二抓思想。转变那种“有求有功，但求无过”的思想，树立进行、开拓、积极的工作姿态。三抓团结。经常性开展批评与自我批评活动，做到多谈心、多理解、找问题、促提高。四抓管理。以遵守镇政府各项规章制度为主，以制度管人、管事、管物。

2. 以落实“五个工作要点”为中心，创造性地开展工作

主要是围绕办公室的工作中心，狠抓以下五点要素：一是做好参谋。做好经常性的调查研究，掌握各方面信息材料，把握领导的意图，提出具有建设性的设想和意见，为领导决策提供服务。二是做好把关。把好镇政府文件与各种材料质量关，把好

材料信息的保密关，把好各部门配合的协调关，做到承上启下，沟通内外。三是做好督查。积极认真对党委、政府做出的决定、指示及工作部署的贯彻、执行、落实情况进行督查。四是做好服务。多深入基层，了解社情民意，为群众服务，为基层服务。五是做好管理。严格按章办事，做好车辆、食堂、机关设施等后勤工作的管理。

3. 以落实“六个不准”为准则，实现工作作风转变

主要以廖书记在大会上提出的“六不准”为基本要求，强化机关作风建设，即一不准迟到早退；二不准串岗串室；三不准上班吃早餐；四不准下乡打麻将；五不准公办私事；六不准聚众闲谈。

各位领导，以上是我的述职演讲，请予审议，希望各位领导、同事们提出宝贵意见。在今后的工作中，我将尽心尽责做好本职工作。

谢谢大家！

【点评】

在格式上，此篇述职演讲比较规范，基本符合黄金圈框架的要求。像什么称呼语、问候语、介绍个人情况、主要成绩、存在问题、努力方向、表决心等，都已经涉及了。

在语言上，此篇述职演讲的文字比较朴素，让人感到非常亲切、自然和可信，并不像一些述职者，把述职演讲当成了朗诵比赛，让领导和听众觉得此人不太着调。其实，语言朴实并不意味着语言笨拙，反倒是更高层次的精明。因为述职演讲，更多的是一种情感沟通，是述职者与领导、与群众的情感沟通。述职者讲真话，讲心里话，马上会缩短与评委之间的距离，引起听众的共鸣。比如，“要读好两本书。一是读好有字之书。即要时刻向书本学习，学习政治理论，学习党和国家的政策法规、方针路线，学习业务知识等，做到基本知识笃学，业务知识深学，修身知识勤学，急需知识先学。二是读好无字之书。我时常强调，社会也是一本书，而且更丰富、更有实际意义，要求他们虚心向领导、向同事、向群众学，学习他们的理论观点、工作方法、对人处事及语言、文字表达等”。

在内容上，此篇述职演讲正文部分中的“今后努力方向”主要由三大块组成，依次为：“以落实‘四抓’为重点，建设一支高素质的队伍”“以落实‘五个工作要点’为中心，创造性地开展工作”“以落实‘六个不准’为准则，实现工作作风转

变”。这三个论点刚好符合黄金圈模型的要求——就某一主题进行当众演讲或者发表意见时，仅说三个要点。尽管说，它们之间并没有符合金字塔原理里面的MECE法则，但“建设队伍、创新工作、扭转作风”这三点也基本上涵盖了办公室主任的主要职责，所以，这篇述职演讲还算不错，值得大家学习。

第八章

黄金圈框架让你的离职演讲更加感人、更能引起听众共鸣

以前，部门领导离职了，一般都是搞一次聚餐，大家互诉不舍之情，互祝对方前途无限光明。毕竟同事一场，不来一个告别仪式，好像是说不过去的。

但是现在呢，随着社会的进步和人力资源管理制度的发展和改革，无论是党政机关领导，还是民营企业高管，在离职的时候，除了聚餐，还要发表一场演说，其目的不仅是适应职务变动的客观现实，更是要充分地展示现代社会的人才素养。

因此，为了能将自己的工作经验、个人心得完好地跟大家分享，为了能体现自己是一位重情重义的人，为了能给自己这段职业生涯画上一个完美的句号，我们首先要努力提高自己的演讲能力。

不过，相比起其他演讲，离职演讲不是很常见，特别是怎么做才能让离职演讲更加感人，大家也不是很熟悉，于是，笔者决定将离职演讲的相关概念、具体要求、腹稿思路（即将黄金圈框架运用于离职演讲）分享如下，希望大家喜欢。

一、什么是离职演讲

离职演讲，是指一个单位或者一个部门的任职者（一般都是领导干部），在工作期满、离任之前，对全体工作人员所发表的演讲。

二、离职演讲有何不同

1. 内容的针对性

顾名思义，演讲者所发表的离职演讲，其内容必须是围绕离职这一主题而展开讲演的。因此，只有针对特定时境，解说具体事由、叙述事情经过、抒发离别之情、阐述某种事理，才算是逻辑清晰、紧扣主题。否则，没有了内容的针对性，越是下笔千言，越是离题万里，会大大地削弱了演讲的表达效果。

2. 结构的程序性

显而易见，离职演讲是一种实用性非常强的口语交流方式，也是一种实战性非常强的社会活动。随着时间的推移，自然而然，离职演讲逐渐形成了一种相对稳定的程序。也就是说，演讲者首先应当讲什么、接着必须讲什么、最后需要讲什么，大体上已经有了一个比较固定的套路。因此，在一般情况下，我们进行离职演讲的时候，要遵循或者参考这个套路，以便让演讲思路更加清晰，让演讲更能打动听众。

3. 语言的情感性

人们常说：人之将去，其言也善，鸟之将别，其鸣也哀。毫无疑问，离职演讲的感情色彩是非常浓重的。因为在离职的特定情境里，演讲者面对着朝夕相处的同事，会联想到以后再见面可能是猴年马月的事了，心情难免无比沉重。因此，发表离职演讲时，演讲者一定要注重情感的渗透、语调的设计和表情的安排，力求通过情真意切的语言去感染听众，以便达到先感动自己再感动听众的目的。

三、离职演讲的基本结构

接下来，我们继续探讨离职演讲的结构。

一般来讲，一场离职演讲的时长在10～16分钟，字数在2000～4000字。当然，也有很短的离职演讲，不足5分钟，也有很长的离职演讲，超过半个小时，但这些都是特例。

跟其他工作演讲一样，离职演讲的结构也是由标题、称呼和主体三个部分组成。下面，笔者对其一一进行介绍。

1. 标题

离职演讲稿的标题有如下四种形式。

第一种，以文种名称为标题，例如《离职演说》。

第二种，由离职人和文种名称构成，例如《陈权的离职演讲》。

第三种，由任职职务和文种名称构成，例如《办公室主任的离职演讲》。

第四种，由正副标题组成，正标题概述演讲的基本内容，副标题标明职位、姓名和文种。例如《拜谢、拜托、拜请——一位办公室主任的离职演讲》。

2. 称呼

称呼是演讲时离职者对听众的称呼和问候。由于离职者离职演讲面对的对象主要是领导和同事，因此，其称呼格式一般为："尊敬的各位领导，同事们，大家好！"

3. 主体

主体是离职演讲的主干部分，它主要包括开头、正文和结尾三块内容。

由于这部分的内容比较重要，需要按照黄金圈框架来设计，所以，笔者决定将其单独介绍如下。

四、黄金圈框架在离职演讲中的运用

1. 开头：抒情式、名言式、祝贺式

离职演讲的开头方式有如下三种。

（1）抒情式。在离职演讲中，这是最常用的一种开头方式。首先，演讲者抒发一下对大家的一片恋恋不舍之情。接着，再聊一聊关于为何离职的原因。比如，“今天晚上，我要跟同志们告别了。小车就停在外面，讲完话，就要走了，就要离开我生活战斗了42年的英雄部队了……我舍不得啊，同志们、42年——15000多个日日夜夜，经历了多少次出生入死的战斗，完成多少困难重重的任务啊！我从来没有想过有一天我要离开我的部队，多少年来，部队就是我的家，我的摇篮。我的生命、我的成长、我的欢乐、我的荣辱、我的前途，都跟我的部队紧密相连。我真想在部队里奋斗到生命的最后一息。但是，当今社会已进入了信息时代，我国的社会主义建设也进入了高速的新时期。这就需要一大批有胆识、有文化、年富力强、勇于创新的同志走上领导岗位。因此，辞老迎青，势在必行。这是党的事业发展规律的需要，也是我一个老兵的愿望……”

（2）名言式。在离职演讲中，这种方式也非常不错。首先，演讲者引用一句名言来说明离职是一种客观现象，接着话锋一转，很自然地进入正文。比如，“‘芳林新叶催陈叶，流水前波让后波’，首先，感谢组织的安排，我完全服从组织的决定，退居二线。回想运输公司这8年的发展历程，饱含了8年的困苦艰辛，到今天应该说有所不易。8年来，在公司党委的领导下，在运输公司广大干部职工的共同努力下，我和班子其他的同志们认真贯彻上级精神，落实领导对运输工作的各项指示，到现在，人数由当初的561人精减到现在的223人，设备由385台变成现在的108台，设备新度系数从0.37提高到了0.45，‘三费’平均以6%的年速度递减，经营上扭亏为盈，从当初吃补贴200多万元到现在盈利65万元……”

（3）祝贺式。在离职演讲中，这种开头方式也很常见。首先，演讲者介绍上级领导的决定——自己任务已经完成，准备离职。接着，对继任者表示祝贺。比如，“刚才，省委组织部常务副部长谢计来同志宣布了省委的决定。省委副书记付志方同志代表省委做了重要讲话，对我的高度评价和充分肯定是对我的鼓励和鞭策；同时，介绍

了王雪峰同志的情况，并就唐山的下一步工作提出了明确的希望和要求，语重心长，催人奋进。首先，我对省局的安排表示衷心的拥护，并对王雪峰同志的任职表示热烈的祝贺……”

2. 正文：离职背景、任职经验、真诚建议

主体中的正文部分是离职演讲的核心内容。主要写离职背景、个人经验、个人建议等。一般来讲，离职演讲的正文部分应该包括如下三大方面。

（1）介绍离职的背景情况。无论是因为任期已满而退休，或者是因为特殊需要而调职，演讲者都很有必要如实地向听众加以说明，目的是打消听众的疑虑、避免误解。不过有时候，离职演讲的背景情况，也会跟离职演讲的开头连在一起，导致两者分不开。比如，“刚才，省委组织部副部长郑德川同志宣读了省委决定，省委常委、省委组织部部长李邑飞同志代表省委做了重要讲话。我坚决拥护、坚决服从。长春同志政治素质好，领导经验丰富，熟悉党务、经济和基层工作，统筹驾驭全局和处理复杂问题的能力强，相信在省委的坚强领导下，在以长春同志为核心的领导班子的团结带领下，遵义各项工作一定能取得新的更大成就。我个人工作的变动，不仅体现了组织对我的培养、信任和厚爱，更重要的是体现了省委特别是敏尔书记对我的关心支持、对遵义的亲切关怀、对遵义领导班子建设的高度重视”。

（2）总结个人的任职经验。介绍离职背景情况之后，演讲者接下来要简单扼要地回顾一下自己的任职经历，并对自己的“功过”做一个概括性的总结。这是离职演讲的重点部分，它要求演讲者实事求是地将自己任职期间所取得的成绩、所总结的经验，还有遇到问题出现失误所吸取的教训，坦诚地跟大家分享和交流。而在这里，当谈到目标达成和取得成绩时，必须将成绩归功于大家，并对领导和同事的大力支持表示衷心的感谢；当谈到工作失误和存在问题时，要把失误归咎于自己，并向大家致以真挚的歉意。因为只有这么说，才能给听众留下真诚谦虚的印象，才能博得听众的好感，并给自己的这段职业生涯画上圆满的句号。比如，“我们共同见证遵义‘富’起来了。始终坚持‘以人民为中心的发展思想’，坚定不移贯彻总书记视察遵义时做出的‘党中央的政策好不好，要看乡亲们是笑还是哭’的重要指示精神，深入实施民生工程和大扶贫战略行动，贫困人口从2013年92.22万减少到35.52万，贫困村从871个减

少到455个，贫困发生率从21.73%减少到5.25%。农村居民收入首次跨过万元大关，全面小康实现程度达到89%。人民群众安全感和满意度位居全省前列”。

（3）提出自己的真诚建议。在发表离职演讲的过程中，演讲者也可以根据自己的工作实践就自己曾经任职过的岗位，给听众提出一些富有启发性和创新性的建议。这么做，可以有助于继任者更好地开展新工作、开创新局面。这不仅是责任心的体现，更是品德高尚的表现。当然，不提个人建议也可以。

3．结尾：祝福式、抒情式、道歉式

离职演讲的结尾一般都是运用简洁、真挚、富有感情色彩的言语，来表达自己对即将离任的地方，致以殷切希望与美好祝愿。所以，其结尾方式有如下三种。

（1）祝福式。祝福式就是演讲者对曾经工作过的地方致以真诚的祝福。比如，“离别是有点伤感的。但我相信，接任者会比我更能干，新一届政府会比我们干得更出色。不能一一道别了，在此说声再见吧！我不会忘记大家，不会忘记这块给我太多收获的土地。我为同事们祝福、为市民们祝福、为企业家们祝福、为佛山的美好明天祝福！”

（2）抒情＋道歉式。这种结尾方式比较特别，具体方法为：首先，演讲者抒发一下自己的恋恋不舍之情，接着，再就自己工作中尚且存在着不如意的地方而向大家表示歉意。比如，“在唐山工作的1400多个日日夜夜，使我深深地眷恋着这里的一切，我将永远深爱这里的干部、深爱这里的人民、深爱这片神奇的土地！4年来的工作中，我还有很多做得不到位的地方，有很多工作刚刚展开还没有做完，需要大家继续努力。在同大家一道工作的过程中，有时对工作要求过于严格，有时批评得过于严厉，虽然出发点都是为了工作，但我还是要向这些同志们道个歉，希望能够得到大家的谅解！”

（3）抒情＋祝福式。这种结尾方式是最常用的。具体方法为：首先，演讲者抒发一下自己的恋恋不舍之情。接着，对曾经工作过的地方以及相关的人们致以真诚的祝福。比如，“心若在，梦就在。昨天，所有的荣誉都成为美好的回忆；今天，所有的情谊都必将深藏于心底。无论走到哪里，我都深深眷恋着这片红色的热土，深深关注这座伟大的城市，都会倍加珍惜与同事们、战友们结下的深情厚谊，都会永远感恩这方淳朴善良的父老乡亲。无论身在何方，遵义的每一点变化，我都倍加自豪；遵义的每一个进步，我都倍加振奋；遵义的每一项成就，我都倍加点赞。在今后的岁月里，一切有利于推动遵义发展的事，一切有利于造福遵义人民的事，我一定义不容辞、全力以赴。难离家乡，难舍事业，难忘亲人，难说再见。千言万语道不尽，殷殷祝福寄情深，衷心祝愿遵义在‘开创百姓富生态美多彩贵州新未来’这条新的长征路上越走越宽广！衷心祝愿遵义人民在‘决胜脱贫攻坚、同步全面小康’这个宏伟目标的奋斗征程中越来越幸福！衷心祝愿各位身体健康、工作顺利、万事如意！”

五、离职演讲的通用模板

笔者决定再将上面所介绍的离职演讲的结构简化为一个通用模板，以便让大家一看就马上明白，一上台就能发表演讲。

离职演讲的通用模板分为如下三步六点（见图8-1），每步每点的具体内容和相关要求如下。

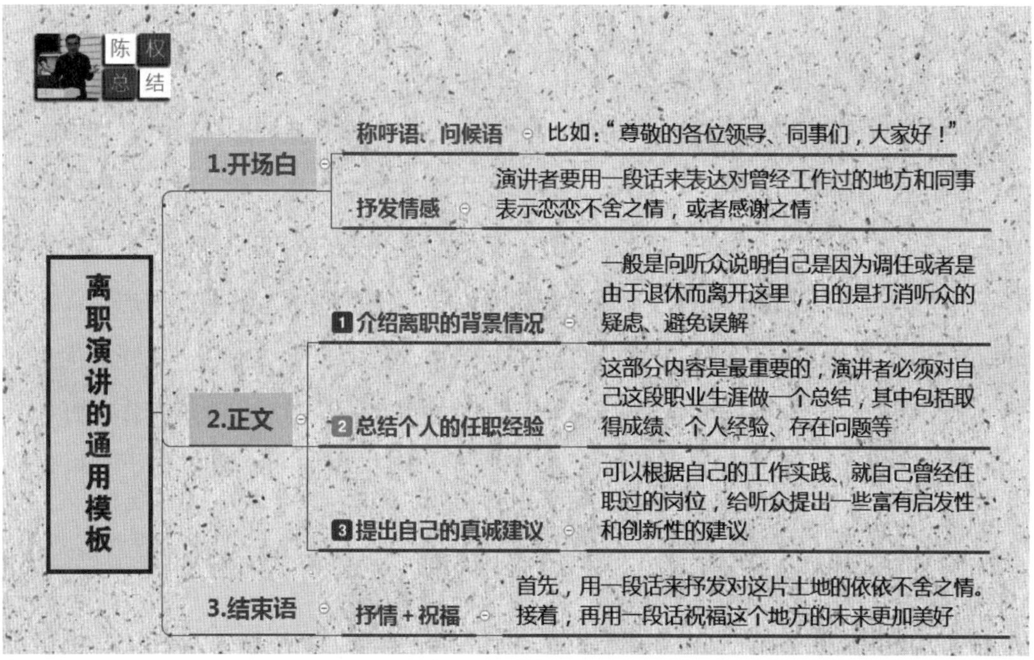

图 8-1　离职演讲的通用模板

1. 第一步：开场白

（1）称呼语、问候语

离职演讲的称呼语和问候语要根据对象来确定。其格式一般为："尊敬的各位领导，同事们，大家好！”“各位同志，大家好！”“各位领导、老师、同学们，大家好！”

（2）抒发情感

说完称呼语和问候语之后，演讲者首先要用一段话来对曾经工作过的地方和同事表示恋恋不舍之情，或者感谢之情。比如，“时间如一指流沙，过得真快！我先后两次到遵义工作，一晃就是11个年头了。最近，在整理手头工作的同时，也一直在整理自己的思绪，回首这段岁月，想起遵义的山山水水、遵义的父老乡亲、遵义的同事战友和一起奋斗的事业，一幅幅画面、一幕幕场景、一处处变化、一缕缕憧憬，是那么清晰、那么令人难忘、那么令人眷恋，让我久久无法平静”。

2. 第二步：正文

（1）介绍离职的背景情况

一般是向听众说明自己是因为调任或者是由于退休而离开这里，目的是打消听众的疑虑、避免误解。比如，“这次康保主要负责同志调整，是省委、市委对康保工作的充分肯定，对省委的决定，我完全拥护、坚决服从，并向李军同志、学勤同志表示衷心的祝贺。李兵部长代表市委做了重要讲话、提出明确要求，请与会同志认真抓好贯彻落实。李军同志是一个基层经验丰富、自身要求很严、工作责任心很强的优秀领导干部，学勤同志从中直机关到地方任职，政治站位高、全局意识强、工作视野广。我相信，在以李军同志为班长的县委领导下，康保一定能开创新的局面、开启新的征程”。

（2）总结个人的任职经验

这部分内容是最重要的，演讲者必须对自己这段职业生涯做一个总结，其中包括取得成绩、个人经验、存在问题等。比如，“3年来，我们在奋斗中攻坚克难。康保发生扶贫领域腐败和作风问题后，面对干部士气低落、工作近乎停摆的现状，我们没有懈怠、没有退缩，坚持以干部作风建设破题开路，主动向问题宣战、向困难进军，打硬仗、破难题，连续3年被市委评为‘实绩突出领导班子’，连续3年全省扶贫成效考核位列‘好’的行列，连续3年公共预算支出跻身全市前列，连续3年大幅提高干部职工的工资福利待遇，全县呈现出前所未有的良好发展态势。3年来，我们在奋斗中惠民利民。我们始终坚持‘群众所盼，我们就干’，有3万人通过易地搬迁住上了电梯楼房，新修1415公里道路打通了全县交通‘大动脉’和‘微循环’，30辆智能公交车驰骋康保大地方便了群众出行，贫困群众享受到签约医生的贴身服务，滨湖广场、滨湖公园即将建成使用，少年宫、体育场等公共设施开工建设……每一项惠民举措，都赢得了群众的拥护和赞赏，群众满意度连年保持全市第一”。

（3）提出自己的真诚建议

演讲者可以根据自己的工作实践就自己曾经任职过的岗位，给听众提出一些富有启发性和创新性的建议。

3. 第三步：结束语

结束语一般为抒情+祝福。首先，用一段话来抒发对这片土地的依依不舍之情。接着，再用一段话祝福这个地方的未来更加美好。比如，“此时此刻，我要把这份牵挂化作深深的眷恋。将来，无论我走到哪里、身在何方，我都会深深眷恋着这片热土，不会忘记催人奋进的‘六种作风’，不会忘记如诗如画的康湖落日，不会忘记满是乡愁的山药莜面，更不会忘记康保人质朴可爱的面庞。此时此刻，我要把这份牵挂化作最美的期待。今天的康保，资源优势得天独厚、新型产业培育初成、城乡面貌日新月异、政治生态洁净清新、社风民风正气充盈，已经具备了大发展、快发展、高质量发展的基础条件。相信在新一届县委的领导下，康保的发展一定会取得更大的成绩，康保人民的生活一定会更加幸福！真正要离开这方热土时，真的不想说再见，真想在康保多干几年，和康保人民共同奋斗几年。但是，人事有代谢，往来成古今。衷心祝愿康保的事业，每一天都欣欣向荣、每一年都蒸蒸日上；祝福康保人民的生活，每一分都灿烂美好、每一秒都幸福安康！再见康保！祝福康保！谢谢大家！”

当然，以上的通用模板可能有点公式化，在具体的实践中，演讲者可以根据实际需要稍做改动。

六、离职演讲的注意事项

离职演讲相当于自我评定，演讲腹稿的构思会直接影响现场表达的效果。因此，为了能发表一场精彩的离职演讲，演讲者除了需要掌握黄金圈框架之外，还需要注意如下两点。

1. 多用概括性语言

概括性语言，能让演讲者的演讲更有条理性，更容易被听众所理解。其方法为：先用几个字来概括自己想表达的内容，再对其进行展开论述。比如，“三年多的时间，我与大家共同成长进步，喝的是康保水，吃的是康保菜，听的是康保话，康保已然成了我的第二故乡。我更加真切体会到一句话：‘为什么我的眼里常含泪水，因为我对这土地爱得深沉。’此时此刻，我深感最难割舍的就是这份战友情，最难离别的就是这份同志情，最难报答的就是这份百姓情。在这里，我感受到了真诚的战友情。面对繁重的脱贫攻坚任务，‘四大班子’密切配合，干部群众团结一心，在干事创业中加深了了解、走进了彼此、形成了默契。回望这一路走来的点点滴滴，一幅幅画面、一幕幕场景、一个个片段，时时萦绕在我的心头、浮现在我的眼前，感动着我、鞭策着我、激励着我。特别是我在工作中有时性子急躁批评人不分场合、不分地点、不留情面，伤害了一些同志的感情，但让我深为感动的是，大家给了我极大的包容、理解和支持。你们是我一辈子的宝贵财富”。

2. 要用排比句抒情

其实，抒情的方式有很多，如直接抒情、即事抒情、借景抒情、就物抒情和顺理抒情，等等。抒情的修辞手法也很多，如拟人、夸张、比喻，等等，比如，“鱼说，你看不到我眼中的泪，因为我在水中；水说，我能感觉到你的泪，因为你在我心中”，“如果我必须活一千次，我愿意活在这里；如果我必须死一千次，我也愿意死在这里”。但是，在这里，我们要使用排比句来抒情，并且，在设计排比句的时候，还有三大要求：第一，在分句方面，最好将排比句设计成三个分句。第二，在字数方面，前面两句话的字数一样多，最后一句话要比前面两句话长一些。第三，在声调方面，排比句的最后一个字最好是阴平或者阳平，即第一声或者第二声。为什么要这样设计呢？因为这样的文字朗读起来，更加朗朗上口，更加酣畅淋漓。特别是后一句比前一句的声调更高、声音更大，那演讲者的激情就很容易带动现场听众的情绪，演讲者的陈述就容易获得最后的成功。比如，“此时此刻，此情此景，我深感最难割舍的是这份情谊，最难离别的是这群同事，最难忘怀的是这份事业，最难报答的是这方人民。我也深知自己还有许多不足，特别是工作中有时性子急躁批评人有些过头，对同志们的关心还不够周全，但大家还是一如既往地理解我、包容我、支持我。能被人包容是一种幸福，能宽容别人是一种境界，在此，我要诚恳地向大家表示深深的歉意、深深的谢意、深深的敬意！”

七、精彩离职演讲范文和点评

【范文】

十堰市市长的离职演讲

陈天会

同志们：

大家好！

刚才，阳生部长宣布了省委对市委主要领导调整的决定并做了重要讲话，对省委的决定我完全赞成，衷心拥护，坚决服从。阳生部长的讲话，对十堰过去的工作给予了充分肯定，对十堰未来提出了殷切的期望，希望大家深刻学习领会，认真贯彻落实。

下面，我借这个机会也与大家说些告别的话。说实话，参加今天的会议，心情很不平静，当我环顾这个熟悉的会议室和一个个亲切、熟悉的面容的时候，一种不可言状的感情油然而生，因为和同志们一起度过了近十个春秋，现在就要画上句号了，今天一切都是那样熟悉，一切又是那样陌生。我明白这是我最后一次在十堰干部大会上的讲话，想说的话很多，但今天的时间不允许我在这里多讲，为了节约时间，请允许我占用阳生部长和同志们一点时间表达三层意思。

首先，我想说几句感谢的话。

光阴似箭，日月如梭。2002年12月17日我正式来十堰报到，一晃过去了九年又五个月零三天，九年五个月在历史长河中只是一个瞬间，对社会进步也只不过是弹指一挥，但对我个人来说却是不短的人生履历和社会经历。这10年是我人生中最为宝贵的一段时光，更是我工作中最难忘怀的一段岁月，伴随着调离日子的临近，我的心情也越来越难以平静，十堰的山山水水、一草一木，十堰的广大干部、父老乡亲，十堰的发展变化、成败得失，一幅幅画卷，一幕幕场景，总是在眼前飘来浮去，使人难忘，也使我感动和眷恋。近10年来，我与十堰的同志们一道，在省委、省政府的坚强领导下，度过了十堰一个最为困难的时期：以双星东风轮胎公司为标志的1000多家企业成功进行了改革改制，10多万职工转变了身份；制约十堰发展的“四大瓶颈”正在有效破解；两届世界传统武术节的成功举办使十堰对外的美誉度和影响力大为提升；“双亿”工程、“一统三分”“一城两带”、市县对接等发展思路和战略日益深入人心；国家卫生城市的成功创建，既为“三城联创”夯实了基础，又使我们对“三城联创”的信心倍增；18万库区移民安全顺利安置到位，十堰为国家重大战略实施又做出了新的贡献；机场、能源、高速公路、山地整理、工业园区等项目建设正在有序推进；建设区域性中心城市的大旗已在十堰大地高高举起。全市人民对十堰的未来发展信心倍增，充满期待。可以说，我们已经在十堰跨越式发展的征程中，迈出了坚实的一步，取得了阶段性成绩。

我深知，个人的智慧是有限的，个人的力量是单薄的，个人的贡献是微小的。我也清醒认识到，10年来，大家不仅是认同了我的优点和长处，更重要的是包容了我的缺点和不足，是大家的理解给了我信心，是大家的支持给了我力量，如果没有大家的理解和支持，我也很难坚持这么多年。我所起的作用只不过是把大家拢在了一起，给大家创造一个大胆干、放心干、催着大家干事业的环境。10年来，各行各业、各条战线都没有闲着，没有消极懈怠，都在努力开创各自的辉煌，是大家无数个小的成就聚合起来成就了十堰今天的总体变化。10年来所取得的成绩，得益于省委、省政府的坚强领导，得益于十堰历届市委、市政府打下的基础，得益于老领导、老同志们的悉心指导，得益于东风公司和各驻堰单位的大力支持，得益于市级领导班子的精诚合作，得益于各级干部的创造性工作，更得益于全市350万人民的共同努力奋斗。

今天要走了，离别前我发自内心地向大家在过去10年给予十堰建设的付出和贡献，给予市委、市政府工作的支持，给予我个人的理解和帮助表示衷心感谢。

第二，我要说几句歉意的话。

回顾过去10年的工作，前几年主要是在应急，应东风总部搬迁之急、应自然灾害之急、应破解难题之急，后几年才逐步由补课转向谋远、打基础，这既是历史的传承和延续，也是不可跨越的一个阶段，在这个过程中，我虽然做了一些职责所系、力所能及的工作，但由于受各种因素和条件的制约，更由于受自身能力、水平、智慧和胆识的局限，尽管本人在主观上做出了很大的努力，仍然有很多想去做、应该去做的工作没有去做；还有一些工作完全可能做得更好，但因自己努力不够而做得不完美、不尽如人意；在实际工作中留下了很多不足和遗憾；在发展思路和目标设计上也有很多是不切实际的想法；在干部任用和领导班子建设上也存在不少顾此失彼、统筹兼顾不够的问题。加上个人还有处事主观、性情急躁、方法简单等不少坏毛病，对有些同志批评过于严厉，要求过于急迫，让有些同志受了委屈，也伤害了一些同志的个人感情。我最近在想，如果以我现在的经验和认识，恐怕前几年的有些事情我就不会那样处置；如果再给我3～5年的时间，有些事情可能会做得更好更加完美一些；如果过去自己在学习上再刻苦一些，思想再解放一些，工作中再深入一些，领导方法再讲究一些，或许十堰今天不止现在这个样子。但遗憾的是历史不能假设，时光不能倒流，我曾经为了原谅自己，为了让大家理解自己，讲了这样三句话：大家可以质疑我的工作能力和水平，但不要质疑我的工作态度；大家可以质疑我的处事为人的方式和方法，但不要质疑我做事的认真和为人的真诚；大家可以质疑我的工作效果，但不要质疑我工作的动机。话虽这样说，但我们工作和事业毕竟都是既要讲过程又要讲结果，既要讲动机又要讲实效，既要讲态度又要讲能力和水平，二者是统一的，任何偏废都会给我们的工作和事业带来损失。

今天，也借此机会，对因我个人主观原因留给十堰的遗憾，留给后任的包袱，带给同志们的不愉快，请求大家谅解，向大家表示深深歉意。

第三，最后说几句希望的话。

当前，十堰历史性地迎来了加快发展的黄金时期，也进入了改革创新的攻坚期、经济社会发展的转型期。与大家一样，我对十堰的未来充满了信心，满怀期望。但从客观方面讲，十堰加快发展的根基还不稳固，真正全面破除“四大瓶颈”制约还需时日，很多重大项目还在推进或酝酿之中，人民群众生活还不富裕，特别是我们还有上百万贫困人口，城乡重大基础设施建设还相当滞后，前些年有的项目建设还留下了很多包袱甚至是后遗症，十堰今后发展的任务更加繁重和紧迫，不进则退、慢进掉队的压力更大。相信以周霁为班长的市委一班人一定会有更加清醒的认识，一定会有更大的作为。在这里我特别想说的是，我在十堰10年与大家共同形成的一些思路、决策和措施，随着时间的推移和形势的发展，有的可以继续坚持，有的应该深化和完善，有的甚至需要“推倒重来”。实践无止境，探索无穷期，这是事物发展的规律、形势发展的必然，也是与时俱进的要求。虽然有“萧规曹随”的说法，但没有创新就难继承，也更难发展。所以，只要对十堰发展有利，对人民群众有好处，对过去思路和做法的坚持、完善和改变，甚至推倒重来，我都会高兴，都会赞成。

要说有什么建议的话，责任使然，我提请大家要更加关注重视四件事。一是要更加重视巩固提升与东风公司的政企关系，深化与东风公司的政企合作。保持东风公司与十堰良好的政企关系可谓是十堰发展之基、人民之福。二是要更加重视新阶段的扶贫开发。抢抓国家实施秦巴山片区连片开发的机遇，着力改善贫困地区的生产条件，提升贫困人口的生活水平。没有百万贫困人口的脱贫就没有全市人民的小康。三是要更加重视移民工作。十堰新老移民达60万之众，移民工作既事关民生、事关发展，又关乎稳定，任何时候都不能松懈怠慢，“搬得出、稳得住、能发展”是一个完整的过程，也是一个长期的任务，必须常抓不懈、持之以恒。四是要更加重视生态建设和环境保护。十堰的生态建设和环境保护既是我们自身科学发展的需要，也是实施国家重大战略的需要，影响全局，意义重大，任何以牺牲环境为代价换取发展的想法和做法都是错误的，要力求把生态建设成为十堰的优势和品牌。同时，也真诚地希望大家像支持我一样一如既往地支持周霁同志的工作，这是十堰发展大局的需要。

同志们，十堰是我的第二故乡，十堰人民培养了我，成就了我；十堰是我的牵挂和眷恋，也是我今后的情感寄托。此时此刻我对一首散文诗有了深切的理解和感悟，诗中说：“有一种感觉总是在失眠的时候才承认是‘相思’，有一种缘分总是在梦醒的时候才相信是‘永恒’，有一种目光总是在分手的时候才看见是‘眷恋’，有一种心情总是在离别的时候才明白是‘失落’。”现在要离开十堰了我才发现，我是这样深深地爱着十堰。从情感而言不是十堰离不开我，而是我离不开十堰，我会永远和十堰同呼吸、共命运、心连心。

最后，我真诚地祝愿十堰的明天更加美好。

【点评】

在格式上，此篇离职演讲稿非常规范，基本符合黄金圈框架的要求。像什么称呼语、问候语、抒发情感、介绍离职的背景情况、总结个人的任职经验、提出个人的真诚建议、祝福语，等等，都已经涉及了。

此篇演讲稿语言比较朴素、态度非常谦虚、抒情相当到位，让人感到非常亲切，读后不禁让人产生一种浓浓的离别之情。比如，“我深知，个人的智慧是有限的，个人的力量是单薄的，个人的贡献是微小的。我也清醒认识到，10年来，大家不仅是认同了我的优点和长处，更重要的是包容了我的缺点和不足，是大家的理解给了我信心，是大家的支持给了我力量，如果没有大家的理解和支持，我也很难坚持这么多年。我所起的作用只不过是把大家拢在了一起，给大家创造一个大胆干、放心干、催着大家干事业的环境。10年来所取得的成绩，得益于省委、省政府的坚强领导，得益于十堰历届市委、市政府打下的基础，得益于老领导、老同志们的悉心指导，得益于东风公司和各驻堰单位的大力支持，得益于市级领导班子的精诚合作，得益于各级干部的创造性工作，更得益于全市350万人民的共同努力奋斗”。

在内容上，此篇演讲稿的正文部分主要由三个论点组成，依次为：“首先，我想说几句感谢的话”“第二，我要说几句歉意的话”“第三，最后说几句希望的话”。这三个论点不但符合黄金圈模型的要求——就某一主题进行当众演讲或者发表意见时，仅说三个要点，而且三个论点之间还符合金字塔原理里面的MECE法则，即歉意的话体现在过去、感谢的话体现在现在、希望的话体现在未来。所以说，这篇演讲稿非常棒，值得大家认真学习。

第九章

黄金圈框架让你的开业典礼演讲更加喜庆、更能烘托气氛

对很多企业来说，在创立之初或者新店开张之际，办好开业庆典活动是至关重要的。它承载着创业者的梦想、展现着创业者的决心，不仅能给企业带来好兆头、象征着旗开得胜，还能借此获得市场关注，起到树立品牌、打响知名度的作用。因此，开业典礼必不可少，开业典礼演讲非常重要。

一般来讲，演讲的目的主要有五种：第一种是应答，即为了应付场合的需要而发表讲话。比如，某人在同乡会上的即兴演讲。第二种是告知，即为了让听众知道某些信息而发表演讲。比如，人事经理向新员工讲解员工手册的内容。第三种是说服，即想通过演讲来改变听众的主见。比如，呼吸科专家向听众解释关于戒烟的好处。第四种是获胜，即想通过演讲来证明自己的能力并赢得名次。比如，新员工参加公司举办的竞聘演讲活动。第五种是推销，即为了能将产品卖出去而发表的演说，比如，某公司所举办的产品说明会。

由此可见，开业典礼演讲应该属于第五种，其目的不仅仅是为了告知，更主要的是为了推销，或者说为了品牌塑造，从而得出，相比起其他类型演讲，开业典礼演讲的难度会更大一些。

因此，为了能让广大企业管理者把开业典礼搞得有声有色并做一场有影响力的演讲，笔者决定将开业典礼演讲的相关概念、具体要求、腹稿思路（即将黄金圈框架运用于开业典礼演讲）分享如下。

一、什么是开业典礼演讲

开业典礼演讲是指商场、宾馆、饭店等比较大的企业在举行开业典礼仪式时，由公司负责人所进行的表示谢意，以及表明公司规模、产品特色、未来打算等方面的讲话，或者由特邀嘉宾所进行的表示祝贺，以及表明评价、建议、希望等方面的讲话。

开业典礼演讲有两种类型：一种是主人致辞，一种是嘉宾致辞。

开业典礼演讲可以使开业的现场气氛更加隆重热烈，达到宣传企业、打造品牌的目的，同时也能起到促进情感交流、加深主客之间彼此相互了解的作用。

二、开业典礼演讲有何不同

相比起其他类型演讲，开业典礼演讲的特点主要有两个，现简单介绍如下。

1. 场面的喜庆性

开业典礼现场，高朋满座、胜友如云，鞭炮齐鸣、彩旗招展，呈现出一派喜气洋洋的景象。而在这种情境之下，演讲者也是“人逢喜事精神爽”，闪亮登场、慷慨陈词。所以，喜庆性是开业典礼演讲的首要特点。

2. 目标的营销性

如果问，为什么要举办开业典礼，为什么要进行开业演讲？说白了，其目的不仅仅是为了聚集人气、增添气氛，更是为了增加企业的曝光度、打造品牌的知名度、让产品的销量更好、让公司的业绩更上一层楼。所以，开业典礼演讲具有营销、推广的作用，营销性非常明显。

三、开业典礼演讲的基本结构

接下来，我们探讨一下开业典礼演讲的结构。

一般来讲，一场开业典礼演讲的时长在7～10分钟，字数在1400～2500字。

尽管开业典礼演讲的内容与其他演讲的内容大相径庭，但跟其他演讲一样，开业典礼演讲的结构也是由标题、称呼和主体三个部分组成。下面，笔者对其进行一一介绍。

1. 标题

开业典礼演讲的标题有如下三种形式。

第一种，单独以文种名称为标题，例如《开业典礼演讲》或者《开业庆典致辞》。

第二种，由公司全称加文种名称构成。例如《白天鹅大酒店开业庆典剪彩仪式致辞》。

第三种，由年度加公司全称加文种名称构成。例如《2010年深圳人才市场龙华分市场开业庆典致辞》。

2. 称呼

称呼是演讲者发言时对参加现场庆典活动的所有人员做概括性的、有礼貌的称呼和问候。其具体内容要据参加庆典活动的人员的身份来确定。

常用的称呼为："尊敬的各位领导、各位嘉宾，女士们、先生们，大家上午好！"或者"各位领导、各位贵宾、各位朋友，大家好！"

3. 主体

主体是开业典礼演讲的主干部分，它主要包括开头、正文和结尾三块内容。

由于这部分的内容比较重要，需要按照黄金圈框架来设计，所以，笔者决定将其单独介绍如下。

四、黄金圈框架在开业典礼演讲中的运用

由于开业典礼演讲有两种类型，所以，其框架也有两种类型。

1．主人致辞

（1）开头：宣布开业，表示欢迎和感谢

开业典礼演讲的开头，一般是主人用简洁的语言宣布开业典礼正式开始，并向来宾们表示欢迎和感谢。故常用的开头方式主要有如下两种。

①宣布开业，表示感谢。即致辞人用一句话宣布企业开业之后，再代表公司向现场所有嘉宾表示感谢。比如，“今天，是中商文化传播有限责任公司开业的日子，我谨代表中商文化传播有限责任公司全体员工，向在百忙之中抽出时间出席开业庆典的各位领导和来宾表示衷心的感谢！”

②宣布开业，表示欢迎和感谢。这种开头方式比上面的那种更加隆重一些，致辞人宣布单位开业之后，首先对各位嘉宾的到来表示热烈的欢迎，接着对各界朋友的支持表示衷心的感谢。比如，“秋风送爽，丹桂飘香。今天，在这个美好的日子里，耀华公司迎来了隆重的开业庆典，各位领导、各位来宾和朋友们的光临，使我们倍感春风扑面、暖意融融。在此，我谨代表耀华公司党政领导和全体职工对大家的光临表示热烈的欢迎，对多年来关心、支持耀华公司发展的各级领导、各界朋友，尤其是应邀出席今天庆典活动的领导和来宾致以崇高的敬意和衷心的感谢！向积极支持、配合、参与筹备配件分公司开业事宜的朋友们、同志们表示衷心的感谢。”

（2）正文：筹备过程、主要特色、未来打算

主人致辞时，开业典礼演讲的正文部分通常包括如下三项内容。

①介绍企业的筹备背景、过程、业务规模等。一般来讲，在开业典礼上，公司的负责人首先要告诉各位来宾有关企业筹备过程、目前业务规模等。比如，“一汽大众销售服务有限公司是由我公司与一汽大众有限公司合作，按照高标准规划，高起点建设的集销售、服务、配件及信息四位于一体的现代化企业。公司占地面积5800平方米，建筑面积3340平方米，其中轿车展厅680平方米，办公及维修面积2660平方米。公

司现有员工600名，其中专业技术人员520名，其他各类管理人员80名。拥有捷达、宝来、奥迪等一汽系列车型专用维修工具，以及当今世界最先进的电脑汽车整形平台，R134A充放机、英国ICI电脑调漆系统、德国百事霸远红外四轮定位仪、意大利烤漆房等检测、修理设备，共计100台（套）”。

②介绍企业的主要特色、职能、服务宗旨等。介绍完公司的基本情况之后，企业的负责人必须把公司的主要特色、服务宗旨告诉各位来宾。因为只有这样才能起到推广产品、打造品牌的作用，达到举办庆典活动的目的。比如，“‘用户至上，信誉第一’是我们的服务宗旨。我们将依据一汽大众的促销计划、工作部署，坚持‘让用户称心，让用户放心，以用户为中心’的原则，规范服务程序，积极开展全天24小时服务、免费拖救、免费检测、免费咨询、优惠修理、电话回访、上门服务等多种优质服务活动，为一汽大众的广大用户提供最快捷、最全面、最贴心的服务。‘让用户满意，对市场负责’是我们工作的指导思想。我们将严格按照一汽大众的管理模式，以最规范的接待、最先进的设备、最专业化的修理、最纯正的原厂备件、最合理的工时收费为广大用户提供汽车上牌、保险、售前、售中、售后一条龙服务”。

③介绍企业的未来打算、树信心、表决心等。这一条也非常重要，因为企业家往往就是梦想家，企业的负责人在开业典礼上不但要给各位来宾和自家员工描绘企业的未来蓝图，还须当众表决心，以便让大家也对这家企业产生信心。比如，“相信在各级领导的大力支持下，在社会各界的关心、关怀下，通过我们自身坚持不懈的努力，我们一定会充分发挥、利用好一汽大众这一驰名品牌效应，不断壮大一汽大众（菏泽）销售服务有限公司规模，并把她建设成立足菏泽，辐射苏、鲁、豫、皖四省的最大的轿车销售基地”。

（3）结尾：感谢支持

主人致辞时，开业典礼演讲的结尾，通常只有一种方法——感谢支持，即致辞人对各位领导、各位嘉宾的到来再次表示感谢，并祝愿大家一切如意。比如，“再次感谢各位领导和各位嘉宾的光临，你们的关心和关怀是对我们最大的鼓励和有力的支持！最后，祝愿大家身体健康、工作顺利、万事如意！”

2. 嘉宾致辞

（1）开头：宣布开业，表示祝贺和欢迎

如果是嘉宾致辞，那开业典礼演讲的开头，一般是嘉宾用简洁的语言宣布开业典礼正式开始，并对该企业的开业表示祝贺。其开头方式主要有如下两种：

①宣布开业，表示祝贺。即致辞人用一句话宣布该企业隆重开业，接着，代表上级单位对该企业的开业表示热烈的祝贺！比如，“非常高兴参加郑东建材家居城一期油漆涂料区、装饰五金区和板材木业区的开盘庆典。首先，请允许我代表河南省建筑装饰协会对郑东建材家居城一期油漆涂料区、装饰五金区和板材木业区的开盘表示热烈的祝贺！”

②宣布开业，表示祝贺和欢迎。这种开头方式比上面的那种更加全面一些。致辞人宣布企业开业之后，首先对该企业的隆重开业表示诚挚的祝贺，接着对前来参加开业仪式的各位嘉宾表示热烈的欢迎。比如，“在这金秋十月，在这收获的季节，在这机遇与挑战并存的今天，我们欢聚一堂，隆重举行昌大昌购物广场开业典礼。谨此，我代表雷州市市委、市人民政府向昌大昌购物广场的开业表示热烈的祝贺！对不畏酷暑前来参加开业仪式的各位嘉宾、各界人士表示热烈的欢迎！”

（2）正文：给予积极评价、提出若干建议、提出几点希望

嘉宾致辞时，开业典礼演讲的正文部分通常包括如下三项内容。

①对该企业开业的意义给予积极的评价。因为致辞人是特邀嘉宾，并且通常是该企业上级单位的领导，所以致辞人首先要说的是：对当地来说，该企业的开业具有什么意义、具有什么作用，等等。比如，“昌大昌购物广场是集生鲜超市、金银珠宝专柜、手机专柜、家具家电、日用百货等多种业态为一体的综合性购物中心，品位高雅，环境宜人。它的落成，对于提升我市商品流通水平，满足广大人民群众高品质的生活追求，促进我市经济、社会发展都具有重大的现实意义”。

②对该企业的发展提出若干建议。由于致辞人是该企业上级单位的领导，所以，致辞人可以向该企业提出一些宝贵的建议。比如，“文化建设是企业生存和发展的灵魂，更是一流企业所必须具备的内功基础。建议你们在进行强化服务意识的同时，努力挖掘独特的企业文化，并将积极健康的文化融合到各项工作中去。一流队伍、一流服务、一流业绩，看似简单，但三者之间关系密切、相互牵连。队伍建设靠文化熏

陶，靠科学的管理经验去指导。服务意识需要逐步培养，真正锻造为一种自身的习惯，才能发挥出巨大的作用。同样，一个优秀的团队，在具备完善的服务体系下，企业的业绩定会得到极大的提升”。

③对该企业的发展提出某些要求或者几点希望。为了能让该企业更加健康、快速地发展，致辞人应该向该企业提出某些要求或者几点希望。比如，“今天，站在这新的起跑线上，我希望昌大昌购物广场的全体员工继承和发扬总公司‘敢于拼搏、敢于创新、敢于奉献’的创业精神，以人为本，诚信经营，充分发挥企业团体的凝聚力和创造力，抓住机遇，与时俱进，锐意进取，在新的发展环境下，用积极的精神面貌和优质的行业服务，铸造出新时期一流的企业，为我市经济、社会发展做出新的更大的贡献！”

（3）结尾：祝福发达

嘉宾致辞时，开业典礼演讲的结尾，通常只有一种方法——祝福发达，即致辞人以礼节性的言辞祝福该企业兴旺发达、前途无量等。比如，“在这充满丰收和喜悦的时刻，昌大昌购物广场盛装开业确实是我市经济、社会发展中的一桩大事。她标志着我市经济社会建设及人民生活水平又迈上了一个崭新的台阶。在此美好的时刻，我衷心地祝愿昌大昌购物广场运开时泰、大业永昌！也衷心地祝愿各位业主生意兴隆、广交善贾！谢谢大家！”

五、开业典礼演讲的通用模板

笔者决定将上面所介绍的两种开业典礼演讲的结构简化为两个通用模板，以便让大家一看就马上明白，一上台就能发表讲话。

（一）主人致辞的开业典礼演讲模板

主人致辞的开业典礼演讲其通用模板分为如下三步六点（见图9-1），每步每点的具体内容和相关要求如下。

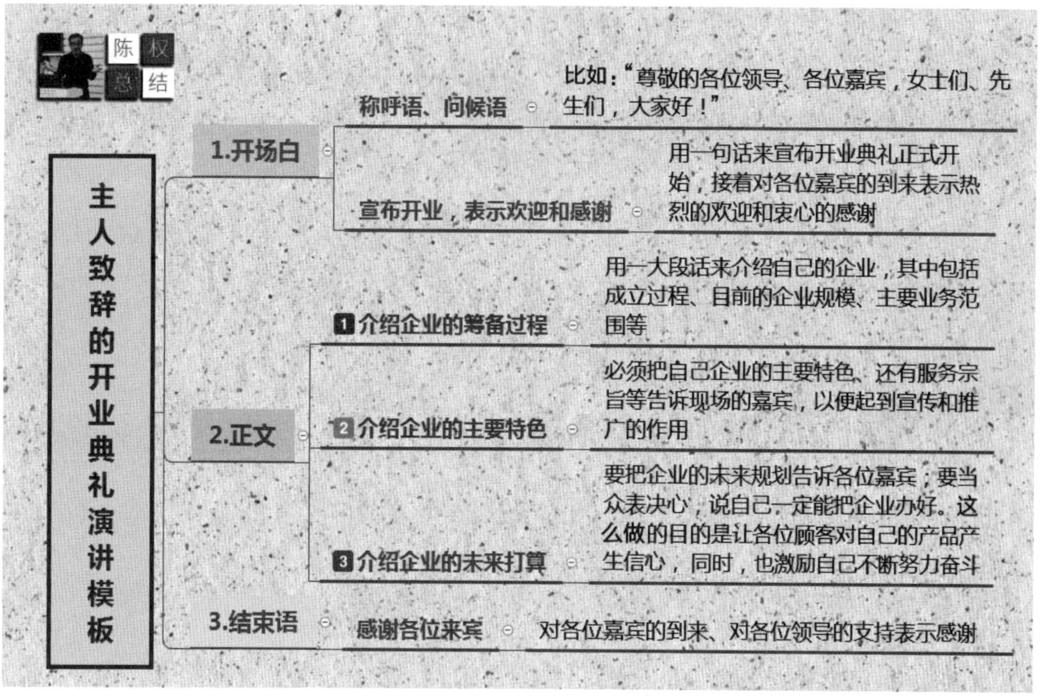

图 9-1　主人致辞的开业典礼演讲模板

1. 第一步：开场白

（1）称呼语、问候语

这个要根据具体的场合而定。一般为"尊敬的各位领导、各位嘉宾，女士们、先生们，大家好！"

（2）宣布开业，表示欢迎和感谢

用一句话来宣布开业典礼正式开始，接着对各位嘉宾的到来表示热烈的欢迎和衷心的感谢。

2. 第二步：正文

（1）介绍企业的筹备过程

用一大段话来介绍自己的企业，其中包括成立过程、目前的企业规模、主要业务范围等。

（2）介绍企业的主要特色

这一条非常重要，演讲者必须把自己企业的主要特色，还有服务宗旨等告诉现场的嘉宾，以便起到宣传和推广的作用。

（3）介绍企业的未来打算

要把企业的未来规划告诉各位嘉宾；要当众表决心，说自己一定能把企业办好。这么做的目的是让各位顾客对自己的产品产生信心，同时也激励自己不断努力奋斗。

3. 第三步：结束语

结束语一般为感谢各位来宾，即对各位嘉宾的到来、对各位领导的支持表示感谢。

（二）嘉宾致辞的开业典礼演讲模板

嘉宾致辞的开业典礼演讲其通用模板分为如下三步六点（见图9-2），每步每点的具体内容和相关要求如下。

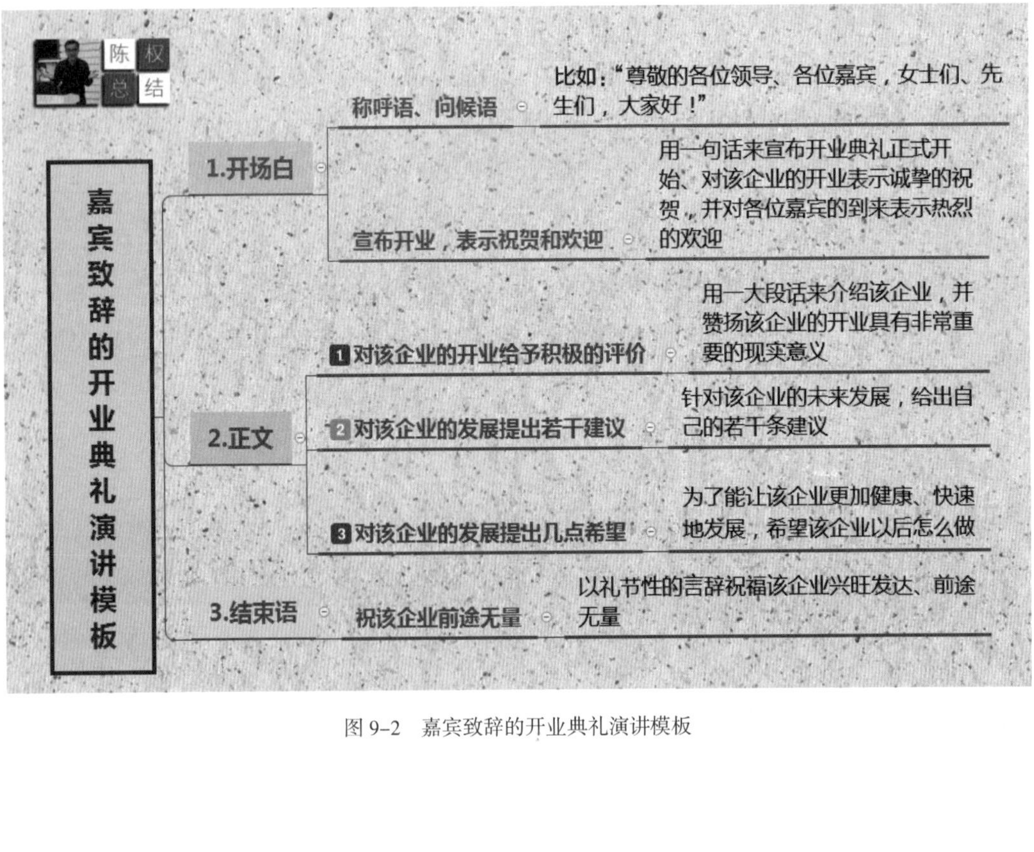

图 9-2　嘉宾致辞的开业典礼演讲模板

1. 第一步：开场白

（1）称呼语、问候语

跟上面主人致辞的“称呼语、问候语”差不多，一般为“尊敬的各位领导、各位嘉宾，女士们、先生们，大家好！”

（2）宣布开业，表示祝贺和欢迎

用一句话来宣布开业典礼正式开始，对该企业的开业表示诚挚的祝贺，并对各位嘉宾的到来表示热烈的欢迎。

2. 第二步：正文

（1）对该企业的开业给予积极的评价

用一大段话来介绍该企业，并赞扬该企业的开业具有非常重要的现实意义。

（2）对该企业的发展提出若干建议

针对该企业的未来发展，给出自己的若干条建议。

（3）对该企业的发展提出几点希望

为了能让该企业更加健康、快速地发展，希望该企业以后怎么做。

3. 第三步：结束语

结束语一般为祝该企业前途无量，以礼节性的言辞祝福该企业兴旺发达、前途无量。

当然，以上的通用模板可能有点格式化，在具体的实践中，演讲者可以根据实际需要稍做改动。

六、开业典礼演讲的注意事项

开业典礼演讲相当于给企业做广告，演讲腹稿的构思会影响现场表达的效果。因此，为了能发表一场走心走肺、入脑入肝的演讲，演讲者除了需要掌握黄金圈框架之外，还需要注意如下两点。

1. 要充满热情

有推销大师曾经说过：“销售是信息的传递，购买是情绪的转移。”所以，开业典礼上，演讲者在传递自己的思想、抒发自己的情感时，一定要热情。因为只有热情，才能带动全场的气氛，才能让听众认可自己公司的产品。

2. 要有感召力

发表开业典礼演讲，演讲者在介绍企业的筹备过程、业务规模、主要特色、服务宗旨，以及围绕经营目标所提出的种种经营思想和营销策略时，必须使用感性语言，因为只有这样，才能鼓舞企业员工走向新的生活，开展新的工作，进而取得新的成绩。

七、精彩开业典礼演讲范文和点评

【范文1】

哺佑公司开业庆典致辞

佚名

女士们、先生们、朋友们：

大家好！

今天是农历正月初九。我们期望借这个特别的日子、特殊的数字，谨以我们的内心、哺佑的内涵，真诚地向在座的各位——远方的朋友、我们的家人、我们的客户，致以无比诚挚的问候、永远美好的祝愿！

今天，外面下着淅淅沥沥的小雨，象征着润物细无声的哺佑。回想往事，经历了数年来最干旱的日子里之后，我们很有感触：特别时刻把特别的爱献给特别的你，这就是哺佑的内涵！

襁褓里的婴儿需要呵护，刚学走路的小孩需要帮助，孤单无助的人们需要支持。同样的道理，我们需要帮助支持和被帮助支持！因为我们秉承哺佑的企业文化内涵——致力于让我们每一个人：你、我、他，都能在爱与被爱之中成长！

所以，我们今年要达成三个目标。

一、让公司继续前进

特别感谢在座的各位家人，是你们默默无闻的耕耘、毫无怨言的奉献、孜孜以求的追求，才有我们德力银公司的今天！我们公司从3000元起步，一步一个脚印向前迈进，到去年年底，资产将近300万！短短3年时间，我们实现了从“原始社会”到“社会主义社会”的快速飞跃！我们每个人收获的不仅仅是数倍乃至数十倍的收入，更是几百倍甚至几千倍的收获。毅力、热情、矢志不渝的精神，是我们继续前进的动力，是我们伟大事业的发动机。我相信，有了之前披荆斩棘的英雄气概，加上现在不厌其详的行动指南，我们今年的销售目标——500万一定能实现！

此时此刻，对面的窗户似乎一直在盯着我，它仿佛一个嗷嗷待哺的婴儿，在不停地诉说：我饿，还吃不饱！我冷，还穿不暖！是的，我家人们的宿舍依然是那么寒酸：没有空调、没有暖气，甚至连热水都没有，更不用说其他文化娱乐设施了。我感到很惭愧，非常抱歉！

不可否认，我做得还不够好。请给我一点时间吧，让我给我的家人更多一点关爱，让你们的生活更加幸福、事业更加辉煌！一屋不扫何以扫天下？同样的道理，不能哺佑自己又怎能哺佑天下？我现在提议，我们继续努力奋斗，让我们今年的收入翻一番。当冬天再次降临这块风水宝地时，我们将会发现“这里的春天是那么温暖”！

二、让客户继续前进

我们必须明白，“客户是上帝”不能仅仅是一句口头禅，客户不要只挂在我们的嘴上，更要扎根在我们的心里。我们永远记住，只要是客户，一定要重视！必须把“客户永远是上帝”这个理念注入我们的血液，并付诸行动。

没有客户，就没有我们现在的一切！客户不发展，我们将无路可走！支持客户前进一大步，我们才能前进一大步！客户从来都是理性的，他不是我们的敌人；客户从来都是感性的，他愿意与我们深交；客户的内心也在渴望着一种力量：敬我者，我恒敬之！哺我者，我反哺之！

我们今年将推出一系列活动，旨在帮助客户并让他们的收入更多些、发展更快些。我相信，有我们日渐完善的质量认证体系，有我们日益增长的对于品牌的认同，还有我们日益成熟的人性化的管理理念，我们的客户今年一定是百尺竿头——更进一步！

三、让我们继续前进

没有客户的发展，我们的发展将成为无树之果；只顾我们自己发展而忽略客户发展，我们的发展最终也会由于缺少动力而夭折！正如哺佑所赋予我们的信念——互相关爱、互相支持、彼此照应，我们的事业才能发展壮大！

“潮平两岸阔，风正一帆悬”，如此好的环境，如此好的基础，如果不继续发展，我们将是历史罪人！让我们再次手拉手一起高唱《哺佑歌》吧，让我们一起沐浴在爱与被爱的世界里，阔步前进！

谢谢大家！

【点评】

在格式上，此篇主人致辞的开业典礼演讲比较规范，基本符合黄金圈框架的要求。像称呼语、问候语、宣告开业典礼开始、企业发展历程、企业特色文化、企业经营目标、感谢来宾，等等，都已经涉及了。

在语言上，此篇开业典礼演讲，文字比较口语化，有个别地方还不符合现代汉语的语法，但是，这篇演讲的表现力非常强，很有煽动性。比如，“短短3年时间，我们实现了从‘原始社会’到‘社会主义社会’的快速飞跃！我们每个人收获的不仅仅是数倍乃至数十倍的收入，更是几百倍甚至几千倍的收获。毅力、热情、矢志不渝的精神，是我们继续前进的动力，是我们伟大事业的发动机。我相信，有了之前披荆斩棘的英雄气概，加上现在不厌其详的行动指南，我们今年的销售目标——500万一定能实现！”

在内容上，此篇开业典礼演讲的正文部分主要由三个目标组成，依次为：“一、让公司继续前进”“二、让客户继续前进”“三、让我们继续前进”。这三个论点刚好符合黄金圈模型的要求——就某一主题进行当众演讲或者发表意见时，仅说三个要点。尽管说，这三个论点之间并不符合金字塔原理里面的MECE法则，但是，“公司、客户、我们”恰好印证“正、反、合”这一逻辑理论，所以，这篇开业典礼演讲还算不错，值得大家认真学习。

【范文2】

永安家园开工庆典致辞

——佚名

各位领导、各位来宾、同志们、朋友们：

大家好！

在这春暖花开、春意盎然的季节，今天，我们在这里隆重举行永安家园开工庆典，这是我县加快旧城区改造步伐、经营城镇、提高城镇品位的具体体现。在此，我代表县委、县政府向朝阳永安房地产开发公司和建设者们致以最热烈的祝贺。

永安家园的开发建设，为城区建设增添了一处亮点工程，同时又将在镇内形成一处居住条件优越、功能完善的住宅小区，它的建设必将进一步改善城区面貌，对全面推动城区房地产业的发展起到积极作用。

去年，我县不断加大了旧城区改造力度，共实施了13项工程。其中，新惠路开发建设是旧城区改造中的一项重要内容。朝阳永安房地产开发公司审时度势，抢抓机遇，凭借较强的经济实力和丰富的房地产开发经验，通过竞标，取得了新化路的开发建设权。在新惠城区，随着永安家园等开发项目的开工建设，不仅刺激居民的购房消费需求，带动建筑业、建材业、装潢业、服务业的发展，而且能够扩大就业，增加税收，将全面提升新惠城区的建设水平，促进城镇经济全面发展。

房地产业是城镇经济中的新兴支柱产业，房地产开发支撑城镇发展。我县的房地产业刚刚兴起，全县有10亿多元的居民储蓄存款，居民潜在的购买力非常强。随着我县推进城镇化步伐的不断加快，新惠镇作为全县政治、经济、文化、科技与信息中心，新惠镇的建设水平将不断提高，聚集作用将进一步增强，可以说新惠城区的开发建设潜力巨大，商机无限。现在一批有远见的开发商纷纷来新惠小城投资兴业，作为我们来讲，要为来敖汉创业的企业创造最优良的发展环境，自觉创造亲商、重商的氛围，搞好服务，多方帮助，切实解决他们的困难，使外来的开发建设者们安心我县的小城镇建设。各位投资者也要抓住机遇，以人为本，诚信经营，有序竞争。不仅要经营好自己的商品，更要经营好自己的信誉，用全新的开发建设理念，不断创新思维，致力于推动新惠城区建设，共同把新惠镇建设成为富有特色、富有品位、设施配套、功能完善的新兴小城市。

希望朝阳永安房地产开发公司继续发挥自身优势，坚持高起点、高标准、高质量、高品位的原则开发建设永安家园。严把工程质量关，加快施工进度，确保今年完成全部建设任务，把永安家园建设成为建筑质量优良、配套设施完善、入住者满意的高品质住宅及商业小区，成为新惠镇内房地产开发中的示范工程，为我县房地产业的发展起到先锋模范作用。

最后，祝朝阳永安房地产开发公司事业兴旺，通过在我县的开发建设，使企业再上新台阶，再创新业绩。

祝各位来宾、各位领导身体健康、工作顺利！

谢谢大家！

【点评】

在格式上，此篇嘉宾致辞的开业典礼演讲比较规范，基本符合黄金圈框架的要求。像称呼语、问候语、宣告开工庆典开始、对开工项目给予积极的评价、对该开工项目的企业提出若干建议、对该开工项目的企业的发展提出几点希望、祝该开工项目的企业前途无量，等等，都已经涉及了。

在语言上，此篇开业典礼演讲措辞严谨、表达准确，让人产生信赖感。比如，“房地产业是城镇经济中的新兴支柱产业，房地产开发支撑城镇发展。我县的房地产业刚刚兴起，全县有10亿多元的居民储蓄存款，居民潜在的购买力非常强。随着我县推进城镇化步伐的不断加快，新惠镇作为全县政治、经济、文化、科技与信息中心，新惠镇的建设水平将不断提高，聚集作用将进一步增强，可以说新惠城区的开发建设潜力巨大，商机无限”。

在内容上，此篇开业典礼演讲的正文部分主要由三个方面组成，依次为：①积极的评价。比如，“永安家园的开发建设，……必将进一步改善城区面貌，对全面推动城区房地产业的发展起到积极作用”。②宝贵的建议。比如，“各位投资者也要抓住机遇，以人为本，诚信经营，有序竞争。不仅要经营好自己的商品，更要经营好自己的信誉，用全新的开发建设理念，不断创新思维，致力于推动新惠城区建设……”③

殷切的希望。比如，“希望朝阳永安房地产开发公司继续发挥自身优势，坚持高起点、高标准、高质量、高品位的原则开发建设永安家园……”而这三个论点刚好符合黄金圈模型的要求——就某一主题进行当众演讲或者发表意见时，仅说三个要点。虽然说，这三个论点并没有符合金字塔原理里面的MECE法则，但是，这篇开业典礼演讲由于措辞严谨、思路清晰，还算是一篇非常不错的演讲，值得大家借鉴和学习。

第3篇

黄金圈框架在社交演讲中的应用

第十章

黄金圈框架让你的开幕词发表得更加庄重、更能引导听众

无论是召开重要会议，还是举办大型活动，当其开始的时候，必须邀请领导来致开幕词。因为只有领导压轴登场发言，郑重宣布开幕，才会让会议或者活动显得非同小可，才会引起台下听众的高度重视。

故而，作为党政机关的领导也好，作为企业单位的高管也罢，都必须掌握当众致开幕词这一技能。

尽管说，开幕词看上去比较简单，但是，想把开幕词发表得既很精彩，又很有内涵，想把仪式搞得既很隆重，又很有排面，并非易事。因此，为了能让广大机关领导、职场人士更快、更好地掌握这个本领，笔者决定将开幕词的相关概念、具体要求、腹稿思路（即将黄金圈框架运用于开幕词）分享如下，希望大家喜欢。

一、什么是开幕词

开幕词是指党政机关、社会团体、企事业单位等在召开大型会议或者举办重大活动时，由会议主持人或主要领导所发表的讲话。

开幕词的主要内容包括三大部分：第一，阐述召开此次会议或者举办此次活动的宗旨、目的、指导思想、重要意义和任务。第二，向与会者提出开好此次会议或者办好此次活动的要求和希望。第三，预祝会议或者活动取得圆满成功。

二、开幕词有何不同

相比起其他类型讲话，开幕词的特点非常明显，一共有两个，现简单介绍如下。

1. 结果的宣告性

为了体现某会议或某活动的重要性，在其开始之前，往往邀请专业主持人或者单位大领导来宣布。所以，开幕词的首要特点就是它的宣告性，宣告了会议或活动的正式开始。

2. 程序的引导性

由于开幕词里面包含着会议或者活动的宗旨、目的、任务、要求等，所以，开幕词起着引导的作用，引导会议或活动朝着既定的方向顺利进行，并促进会议或活动取得圆满成功。

三、开幕词的基本结构

接下来，我们继续探讨开幕词的结构。

一般来讲，致开幕词的时长在8分钟左右，开幕词的字数在1400～2500字。

跟工作演讲一样，社交演讲中的开幕词，其结构也是由标题、称呼和主体三个部分组成。下面，笔者对其进行一一介绍。

1. 标题

开幕词的标题有如下四种形式。

第一种，单独由文种名称为标题，例如《开幕词》，这种情况很少。

第二种，由会议全称或活动全称加文种名称构成。例如《中国共产党第十二次全国代表大会开幕词》《第四届全国中学生运动会开幕词》等，这种情况非常多。

第三种，由致辞人加会议全称或活动全称再加文种名称构成。例如《中国科学院干福熹院士在2012国际光纤通信论坛上的开幕词》等，这种情况比较少。

第四种，由正副标题组成，正标题揭示会议或活动的宗旨、中心内容，副标题与第二种、第三种标题差不多。例如《我们的文学应该站在世界的前列——中国作家协会第四次会员代表大会开幕词》等，这种情况也很多。

2. 称呼

称呼是指致辞人发言时对与会或参加活动的人员做概括性的、有礼貌的称呼和问候。其具体内容要据会议的性质、与会者或参加活动的人员的身份来确定。

常规情况下，采用二级称呼方式。比如，“各位领导、各位来宾，大家晚上好！”，或者，“女士们、先生们，大家下午好！”

有时候也采用三级称呼方式。比如，“尊敬的各位董事长、各位领导，同事们，大家下午好！”为什么会采用这种称呼方式呢？因为此时，单位的最高领导层也在现场。

一般情况下，不采用一级称呼方式。比如，“大家下午好！”或者，“你们好！”因为这样的称呼，显得很不规范。

另外，我们在使用二级或者三级称呼方式的时候，有一点必须得注意：这些称呼都是配对出现的。像“女士们”会配上“先生们”，并且“女士们”要排在前面。如果把它们拆散了，比如，“各位先生，各位朋友，大家晚上好！”那就不妥当了。同时，也不能出现语法错误，比如，“各位同学们，大家好！”

3. 主体

主体是开幕词的主干部分，它主要包括开头、正文和结尾三块内容。

由于这部分的内容比较重要，需要按照黄金圈框架来设计，所以，笔者决定将其单独介绍如下。

四、黄金圈框架在开幕词中的运用

1. 开头：宣告式、祝贺式、欢迎式

开幕词的开头方式有如下三种。

（1）宣告式。这是最常用的一种开头方式，即致辞人开始发言时，首先以简洁的语言宣布某某会议或者某某活动正式开幕。值得一提的是，有时候，致辞人也介绍会议或活动的届次、筹备经过和与会者的身份，并说明此会议或活动的目的和重要性。比如，“今天，呈贡县委、县政府在这里隆重举行革命烈士纪念碑揭幕仪式。缅怀先烈、展望未来，我们心潮澎湃、思绪万千。首先，请允许我代表全县共青团员和广大青年，向83位革命烈士及革命烈士家属致以崇高的敬意；向县委、县政府为告慰英灵，激励后人而建造这样一个爱国主义教育基地表示深深的谢意！”

（2）祝贺式。这种开头方式也被经常使用，即致辞人开始发言时，首先宣布会议或者活动正式开始，接着代表单位对会议或者活动的隆重开幕表示热烈的祝贺。比如，“今天，我们欢聚在此共同庆贺中电集团公司首届企业文化节开幕，以此迎接中华人民共和国56岁华诞，纪念建企40周年，繁荣企业文化建设。企业文化节的成功举办事关我们公司继往开来、稳步发展，是令人欢欣鼓舞的一件大事，在此，我代表公司经营班子向企业文化节的隆重开幕表示热烈的祝贺！”

（3）欢迎式。即致辞人开始发言时，首先欢迎大家参加此次会议或者活动，接着再说明举办此次会议或活动的目的和重要性等。比如，“热烈欢迎大家光临2012国际光纤通信论坛，非常高兴跟大家相聚在美丽的青城呼和浩特，围绕论坛的主题‘宽带战略以及光纤通信发展的第二春’开展学术交流，衷心希望各位专家、企业家能够在论坛上进行深入的学术研讨，碰撞出智慧的火花。当前，推动宽带跨越式发展的策略已成为国际共识。此次宽带战略不仅是经济危机时期重振经济的重要基础，也是长远发展的战略选择。宽带绝不是简单的技术问题，而是关乎民生、关乎发展、关乎未来，这是宽带的国家意义”。

2. 正文：重要意义、主要任务、提出要求

主体中的正文是开幕词的核心部分，通常包括如下三项内容。

（1）说明此次会议或者活动的重要意义、指导思想。这一条很重要，一般是致辞人回顾以往工作情况、分析当前形势、说明会议或者活动是在什么形势下为解决什么问题以及达到什么目的而召开的，让与会者对此次会议或者活动有所了解，以便确保此次会议或者活动圆满成功。比如，“这次代表大会是在扎实推进社会主义新农村建

设、努力构建和谐社会的新形势下召开的一次重要会议，是全县人民政治生活中的一件大事。这次会议的召开，对于进一步加强党的先进性建设和执政能力建设，动员、组织全县共产党员和广大人民群众认真践行‘三个代表’重要思想，落实科学发展观，实施强县富民战略，加快构建和谐徐闻，具有十分重大的现实意义和深远的历史意义”。

（2）阐明此次会议或活动的主要任务。这一条也非常重要。一般是致辞人交代此次会议或者活动的中心议题，并说明其主要议程和安排，接着告诉与会者，此次会议或者活动的主要任务是什么。比如，“这次大会的主要任务是：高举邓小平理论伟大旗帜，认真实践‘三个代表’重要思想，以科学发展观为指导，深入贯彻落实党的十六大及十六届六中全会精神，认真总结我县第八次党代会以来5年所取得的成就和基本经验，正确分析今后5年我们所面临的形势，进一步明确我县加快发展的总体思路和奋斗目标，对强县富民、构建和谐徐闻做出全面部署。同时，肩负着选举新一届县委、县纪委领导班子，为今后发展提供坚强领导和组织保证的重任”。

（3）向全体与会者提出要求或者希望。一般来讲，为了确保会议或者活动的顺利举行，致辞人会向全体与会者提出一些要求或者几点希望，像提出今后的奋斗目标等，目的是统一大家的认识和步调，达到召开会议或举办活动的预期目的。比如，“校运会是对我校体育教学工作的大检阅，更是对我校师生精神面貌和综合素质的大检阅。希望全体师生要讲公德、讲卫生，在运动场地上不留下一件废弃物，真正体现现代人的文明有序的行为习惯；希望全体运动员奋勇争先、再接再厉、赛出风格、赛出水平；希望全体裁判员严守规程、公正裁判；希望全体工作人员忠于职守、热情服务、保障安全；希望全体观众团结友爱、齐心协力、文明守纪”。

3. 结尾：号召式、祝福式

开幕词的结尾一般都是使用鼓动性、号召性以及预祝性的语言，目的是要尽可能地把与会者的积极性给调动起来。因此，其结尾方式有如下两种。

（1）号召式。号召式就是号召大家一起干某件事情。比如，“时间在一秒一秒过去，品尝的时刻马上就要到来。让我们记住这难忘的时刻，记住百色，记住百色的旅游业，记住百色旅游美食文化节，记住今天这一隆重的场面，更让我们记住这有口皆碑的‘天下第一大糍粑’！”

（2）祝福式。这是常用的结尾方式，这种方式最能获得听众的好感。比如，“最后，祝龙门中学元旦文艺会演场场精彩纷呈，场场圆满成功！祝龙门中学‘冬之韵’系列活动顺利开展，取得圆满成功！”

五、开幕词的通用模板

笔者决定将上面所介绍的开幕词的结构简化为一个通用模板，以便让大家一看就马上明白，一上台就能发表讲话。

开幕词的通用模板分为如下三步六点（见图10-1），每步每点的具体内容和相关要求如下。

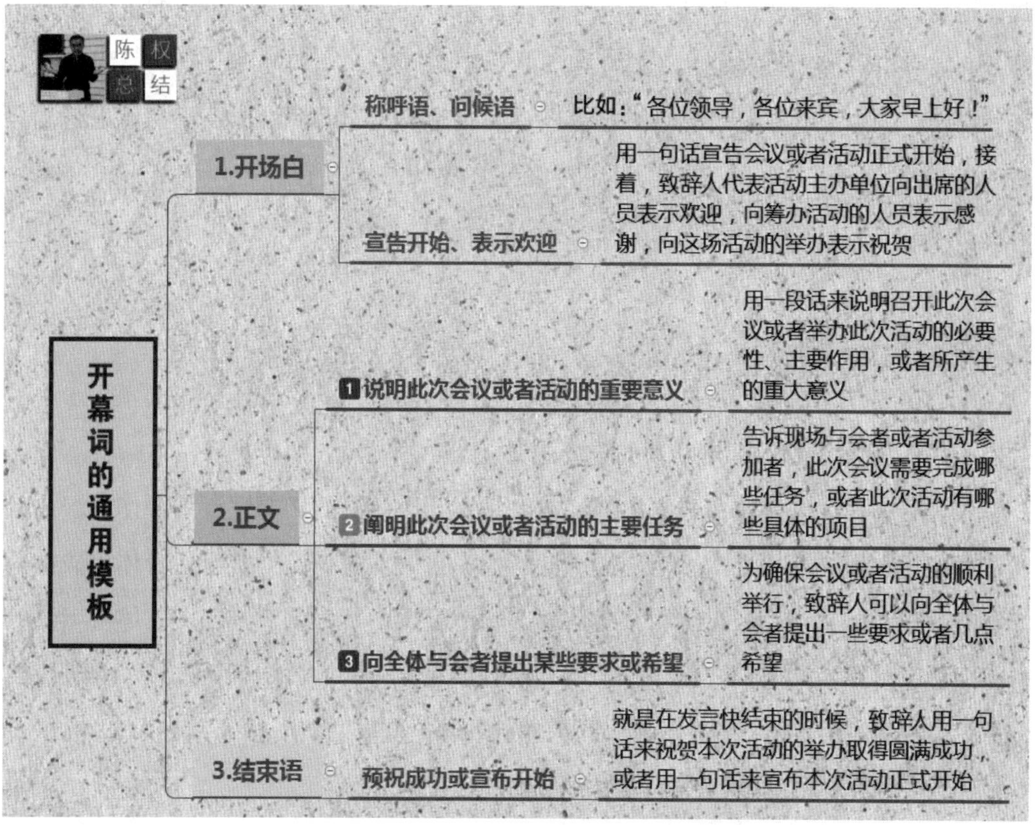

图 10-1　开幕词的通用模板

1. 第一步：开场白

（1）称呼语、问候语

这个要根据具体的场合、具体的对象而定。比如，“各位领导，各位来宾，大家早上好！”或者“各位老师，同学们，大家下午好！”

在这里须注意的是，重要的称呼对象要放在前面。例如，领导要放在嘉宾的前面、老师要放在同学的前面。

（2）宣告开始、表示欢迎

用一句话宣告会议或者活动正式开始，接着，致辞人代表活动主办单位向出席的人员表示欢迎，向筹办活动的人员表示感谢，向这场活动的举办表示祝贺。

比如，“值此2021年元旦到来之际，我校也迎来了首届校园文化体育艺术节。在此，请允许我代表学校向首届校园文化体育艺术节的隆重开幕表示热烈的祝贺！向为筹备大会付出辛勤劳动的师生们表示衷心的感谢！”

再如，“今天，在这里隆重举行首届‘黑眼睛杯’即席演讲比赛。我代表组委会对各位的光临表示热烈的欢迎！出席今晚比赛现场的领导有：××市副市长×××先生……”

2. 第二步：正文

（1）说明此次会议或者活动的重要意义

就是用一段话来说明召开此次会议或者举办此次活动的必要性、主要作用，或者所产生的重大意义。比如，“老师们，同学们，人的发展，应当是包括身体素质在内的各方面素质的和谐发展。本届文化体育艺术节隆重举行，是对我校文化体育工作的一次大检阅，是对同学们文化体育素质和精神风貌的一次大展示，更是各参赛班级群体意识、竞争意识、团队精神、顽强拼搏精神的综合展现”。

（2）阐明此次会议或者活动的主要任务

告诉现场与会者或者活动参加者，此次会议需要完成那些任务，或者此次活动有哪些具体的项目。比如，“本届校园文化体育艺术节设立了集体和个人项目，为同学们搭建了大显身手的舞台，让我们全身心地投入，走进音乐的殿堂、跨进美术的画廊、步入体育的世界，去领略各自的风采。把校园变成文化素养、体育才华展示的大舞台，让文化体育艺术的氛围成为我们最高的精神享受”。

（3）向全体与会者提出某些要求或希望

为确保会议或者活动的顺利举行，致辞人可以向全体与会者提出一些要求或者几点希望。比如，“在此，希望全体同学做到尊重每一位参与者，给他们以真诚的鼓励和掌声；希望每一位参与者，以饱满的热情全心投入，用精湛的技艺书写华章。让文化体育艺术陶冶我们每一个人。同时，我也希望全体同学都能以饱满的热情投身到今后校园文化建设中来，为丰富校园文化生活做出自己的努力！同学们，下面就在这个大舞台上尽情地挥洒青春风采、追求完美的自我吧！我们期待着你们在艺术节活动中的精彩表现！”

3. 第三步：结束语

结束语一般为预祝成功或宣布开始，就是在发言快结束的时候，致辞人用一句话来祝贺本次活动的举办取得圆满成功，或者用一句话来宣布本次活动正式开始。

比如，“最后，衷心祝愿我校第首届校园体育文化艺术节圆满成功！谢谢大家！”

再如，“现在，我宣布首届‘黑眼睛杯’即席演讲比赛正式开幕！下面有请大会评委主任、著名演讲家××先生宣布比赛规则。大家掌声欢迎！”

当然，以上的通用模板可能有点格式化，在具体的实践中，演讲者可以根据实际需要稍做改动。

六、精彩开幕词范文和点评

【范文】

庆祝六一国际儿童节表彰大会暨文艺会演开幕词

佚名

尊敬的各位领导、来宾、老师、家长和亲爱的同学们：

大家上午好！

又是一年芳草绿，依然十里杏花红。在这阳光灿烂、姹紫嫣红的日子里，我们在这里隆重举行庆祝六一国际儿童节表彰大会暨文艺会演活动。在此，我代表光明中心小学全体师生对在百忙之中来参加我校“六一”庆典活动的领导、来宾和家长表示热烈的欢迎，我谨代表学校向关心少年儿童成长的各级领导、辛勤工作的老师们和各位家长表示崇高的敬意和诚挚的问候！向全体少先队员们致以节日的祝贺！

在新的学期里，我们在教体局的正确领导下，贯彻党的教育方针，培养学生德、智、体、美、劳诸方面的共同发展，端正办学思想，明确办学目标，内强管理，外树形象，树立良好的校风、教风、学风，取得了一定的成绩。但是我们仍然深感责任重大、任务艰巨、时不我待，我们只有与时俱进，才能开拓创新；我们只有实事求是、踏实工作，才能实现既定目标，才能不辜负领导、家长对我们的殷切期望，使我校的各项工作迈上一个崭新的台阶。

同学们，你们是祖国的未来，是国家的希望，今天你们是天真烂漫的红领巾，明天将成为现代化建设的生力军。中华民族的伟大复兴要靠你们去奋斗，几代中国人孜孜以求的强国梦想、伟大祖国更加光辉灿烂的明天，将在你们这一代少年儿童的奋斗和创造中最终得以实现。你们是幸运的一代，更是肩负重任的一代。为此，我谨代表学校向全体少先队员们提出几点希望。

一、要从小树立远大的理想，培养高尚的道德情操。理想是人生的太阳，是催人奋进的动力。少年有志，未来有望。全体少先队员们，要明确自己的历史责任，把个人的奋斗志向同国家的前途命运紧紧联系在一起，把祖国富强、民族振兴作为自己的崇高追求。要增强民族自尊心和自信心，继承和发扬中华民族的传统美德，学习和实践社会主义公民道德，从一点一滴、一言一行做起，逐步养成文明礼貌、团结互助、诚实守信、遵纪守法、勤俭节约、尊敬师长、热爱劳动的良好品行，努力成长为有理想、有道德、有文化、有纪律的社会主义事业的合格接班人。

二、要掌握丰富的知识，培养勇于创新的精神。丰富的科学文化知识是一个人事业成功的基础，在科学技术突飞猛进、国际竞争日趋激烈、社会发展日新月异的今天尤其如此。“少年不努力，老大徒伤悲。”当前，学习是你们第一位的任务。希望你们要有强烈的求知欲和上进心，发愤读书，勤奋学习，努力掌握科学文化知识，增强创新精神和能力，为今后的发展打好基础。

三、要锻炼强健的体魄，培养良好的心理素质。当代少年儿童不应该是温室里的花朵，而要做敢于搏击风雨的雄鹰。要坚持体育锻炼，不断增强体质，以适应完成学习任务和将来担负繁重工作的要求。要养成乐观向上、知难而进、不怕挫折的心理素质，塑造勇于探索、富于想象、善于创造、团结协作的心理品格，以积极进取的精神状态迎接未来的挑战。

少先队员们，繁荣昌盛的美好前景在召唤着我们。我们要努力提高自身素质，在新的人生起点上，再接再厉，使自己成为新世纪祖国建设需要的栋梁之材。

最后祝本次活动圆满成功！祝各位领导、来宾、老师、家长身体健康、工作顺利！祝少先队员们节日愉快！

谢谢大家！

【点评】

在格式上，此篇开幕词比较规范，基本符合黄金圈框架的要求。像什么称呼语、问候语、宣告会议开始、表示欢迎、表示祝贺、强调意义、阐明任务、提出希望、预祝成功，等等，都已经涉及了。

在语言上，此篇开幕词文字比较朴素，态度非常诚恳，让人感到非常亲切。比如，“我们仍然深感责任重大、任务艰巨、时不我待，我们只有与时俱进，才能开拓创新；我们只有实事求是、踏实工作，才能实现既定目标，才能不辜负领导、家长对我们的殷切期望，使我校的各项工作迈上一个崭新的台阶”。

在内容上，此篇开幕词的正文部分主要由三点希望组成，依次为：“要从小树立远大的理想，培养高尚的道德情操”“要掌握丰富的知识，培养勇于创新的精神”“要锻炼强健的体魄，培养良好的心理素质”。这三个论点不但符合黄金圈模型的要求——就某一主题进行当众演讲或者发表意见时，仅说三个要点。而且三个论点之间还符合金字塔原理里面的MECE法则，即“德、智、体”，刚好涵盖了评判人才的三个维度。所以说，这篇开幕词非常棒，值得大家认真学习。

第十一章

黄金圈框架让你的闭幕词更加专业、更能体现成果

既然有开幕式，当然也有闭幕式。故而，跟致开幕词一样，当重要会议或者大型活动结束的时候，也需要相关领导或者德高望重者出来发言，即所谓的致闭幕词。因为只有这样，才能宣告会议或者活动正式结束，标志会议或者活动取得圆满成功。

如果问：相比起致开幕词，致闭幕词的难度是不是会小一些？想把闭幕词讲得很精彩，是不是也有规律可循？

为了能让广大机关领导、职场人士把闭幕词发表得更加专业、更能体现成果，笔者决定将闭幕词的相关概念、具体要求、腹稿思路（即黄金圈框架运用于闭幕词）分享如下。

一、什么是闭幕词

闭幕词是指党政机关、社会团体、企事业单位等的领导人或者主持人，在会议或活动闭幕时所做的总结性讲话。

闭幕词一般和开幕词相对应。不过，致开幕词的领导人和致闭幕词的领导人，可能不是同一个人，通常情况下，致闭幕词者的身份相当或略低于致开幕词者的身份。当然，如果是由专业的主持人来操办，那致开幕词者和致闭幕词者可能就是同一个人。

闭幕词的主要内容有：第一，对会议或者活动做概括性的评价和总结，包括所取得的成果和所产生的意义；第二，向全体与会者、参加者提出贯彻落实会议或活动精神的要求；第三，向与会者、参加者提出奋斗目标和希望。

二、闭幕词有何不同

相比起其他类型讲话，闭幕词的特点也非常明显，一共有三个，现简单介绍如下。

1. 成果的总结性

总结性是指在致闭幕词的时候，致辞人要对会议或者活动的主要内容和基本精神进行概括性总结。比如，完成了哪些议题，做成了哪几件事情，每件事情又有什么重要意义和作用，与会者、参加者提出了哪些合理化建议，今后的任务是什么，会后该如何贯彻会议精神，等等。目的是让与会者对会议或者活动有更加全面、深刻的了解和掌握，以便以后更加正确地贯彻会议或者活动的基本精神。

2. 效果的评估性

评估性是指在致闭幕词的时候，致辞人要对整个会议或者活动做出总的评价，恰当地肯定会议或者活动的重要成果，并正确地评估会议或者活动的深远影响。目的是激励与会者的斗志，增强其贯彻会议精神或活动要求的信心与决心。

3. 行动的号召性

号召性是指在致闭幕词的时候，致辞人要充满激情，发表坚定有力、富有号召力和鼓舞性的讲话。因为只有这样，才能增强与会者贯彻会议精神的决心和信心，完成会议所提出的各项任务。

三、闭幕词的基本结构

接下来，我们继续探讨闭幕词的结构。

一般来讲，致闭幕词的时长在8分钟左右，闭幕词的字数在1400～2500字。

另外，社交演讲中的闭幕词，其结构也是由标题、称呼和主体三个部分组成。下面，笔者对其进行一一介绍。

1. 标题

闭幕词的标题有如下三种形式。

第一种，单独由文种名称为标题，例如《闭幕词》。

第二种，由会议全称或活动全称加文种名称构成。例如《中国共产党第十二次全国代表大会闭幕词》《第四届全国中学生运动会闭幕词》等。

第三种，由致辞人加会议全称或活动全称再加文体名称构成。例如《2012年国际奥委会主席罗格致伦敦奥运会闭幕词》等。

2. 称呼

称呼是指致辞人发言时对与会或参加活动的人员做概括性的、有礼貌的称呼和问候。其具体内容跟开幕词的称呼相一致，也是要根据会议的性质、与会者或参加活动的人员的身份来确定。

常规情况下，采用二级称呼方式。比如："各位领导、各位来宾，大家晚上好！"或者"女士们、先生们，大家下午好！"

3. 主体

主体是闭幕词的主干部分，它主要包括开头、正文和结尾三块内容。

由于这部分的内容比较重要，需要按照黄金圈框架来设计，所以，笔者决定将其单独介绍如下。

四、黄金圈框架在闭幕词中的运用

1. 开头：宣布即将闭幕，表示感谢、表示祝贺

闭幕词的开头，一般是用简明的语言，宣告会议或者活动经过全体代表的努力，已经顺利地完成了预定的任务，现在正式闭幕。其表达方式主要有如下两种。

（1）宣布即将闭幕，表示感谢。即致辞人用简单的几句话宣布此次会议或者活动即将闭幕，接着，对做出贡献的与会者或者单位表示衷心的感谢。比如，“历时6天的第十二届中国国际高新技术成果交易会，在中央的亲切关怀下，在国家有关部委和社会各界的大力支持下，经过各参展团组、企业、客商以及全体工作人员的共同努力，圆满地完成了各项预定工作和任务，即将胜利落下帷幕。在此，我谨代表第十二届高交会组委会和深圳市政府，向一直关心、支持高交会的各级领导，向莅临本届高交会的海内外专家、学者、企业家、投资家和各界人士，向各新闻媒体和记者朋友们表示衷心的感谢和崇高的敬意！”

（2）宣布即将闭幕，表示祝贺。即致辞人首先用简单的几句话宣布此次会议或者活动即将闭幕，接着，对取得成果的与会者或者单位表示诚挚的祝贺。比如，“经过一天的拼搏，在全校师生的共同努力下，我校2019年秋季体育运动大会即将胜利闭幕了。这是一次团结的大会，一次胜利的大会，是我校一次继往开来的体育盛会。这次大会充分体现了‘团结、祥和、进步’这一主题，展现了全体师生积极进取、顽强拼搏、奋发向上、勇攀高峰的旺盛斗志。在这里，我首先向取得优异成绩的班集体和同学，表示最诚挚的祝贺！并向全体大会工作人员和积极参与本次运动会的老师、同学，表示衷心的感谢！”

2. 正文：取得成果、产生意义、提出希望

主体中的正文是闭幕词的核心部分，通常包括如下三项内容：

（1）叙述此次会议或者活动所通过的主要事项、所取得的重要成果。由于闭幕词的主要内容是对会议或者活动进行概括性的总结，因此，会议或者活动到底通过了哪些事项、取得了哪些成果，致辞人必须向与会者说明。比如，“这次‘迎国庆’全区

邮政职工羽毛球比赛活动共有16支代表队、128名运动员参加，历时3天，经过了两个阶段共84场的比赛。在比赛中，全体运动员充分发扬了团结协作、勇于拼搏的精神，坚持‘友谊第一、比赛第二’的竞赛原则，既敢打敢拼，又注意互相学习、相互尊重，服从裁判，遵守纪律，真正赛出了水平、赛出了风格，提高了球艺，增进了友谊，充分展示了邮政职工不怕困难、坚韧不拔、奋发向上、朝气蓬勃的精神风貌”。

（2）阐述举办此次会议或者活动的重要性以及产生的深远意义。这一项也非常重要，当致辞人叙述完会议或者活动所取得的成果之后，紧接着就是阐述举办此次会议或者活动的重要性以及产生的深远意义。因为只有这样，才能体现出此次会议或者活动的举办是非常值得的。比如，“体育工作是企业文化建设的重要组成部分，它的作用不仅仅是强健职工的身体，也是企业进行思想政治教育、开展精神文明建设、构建和谐邮政的有效载体。随着邮政的发展和整体实力的不断增强，邮政企业文化建设将得到进一步加强，职工对文体娱乐的需求也将得到更好的满足……这次比赛活动是霞山邮政体育健儿群英荟萃的一次盛会，是对全区邮政部门开展群众性体育活动成果的一次大检阅。通过这次比赛活动，将进一步推动全区邮政体育活动的蓬勃开展，促进邮政企业文化建设的进一步深入”。

（3）向与会者提出贯彻会议或活动精神的基本要求。这是闭幕词正文中最后的一项内容，当致辞人讲完会议或者活动所取得的成果、所产生的意义之后，还要向与会者提出一些贯彻会议或者活动精神的基本要求，因为只有这样，才能达到举办会议或者活动的目的，才算最终取得圆满成功。比如，“同志们，‘迎国庆’全区邮政职工羽毛球比赛就要落下帷幕了，希望通过这次比赛，真正达到推动羽毛球运动在全区邮政企业更加广泛地开展，使职工的文体生活更为活跃和丰富，职工的身体更加健康，从而让职工以更加饱满的热情投身邮政改革、发展和服务工作中去，促进邮政事业更好、更快地发展。同时，也希望同志们把这次比赛焕发出来的不畏强手、顽强拼搏、迎难而上、连续作战、顾全大局、团结友爱的可贵精神和优良作风带回到各自的工作岗位上，为加快湛江邮政的发展做出新的更大的贡献！”

3. 结尾：号召式、感谢式

闭幕词的结尾一般是用生动、简明的语言向与会者提出号召、希望，使大家感到无比鼓舞和振奋；或者以热情、真诚的语言对为大会或活动成功举办而辛勤工作的人们表示感谢。接着，再用一句话庄重地宣布会议或者活动胜利闭幕。所以，常用的结尾方式有如下两种。

（1）号召式。号召式结尾就是号召大家一起干某件事情，目的是为了落实会议或者活动精神。比如，“本次代表大会就要结束了。我相信，同志们、朋友们都会想到下一次代表大会，那是2021年，是中国共产党建党一百周年，也是中国全面建成小康社会的一年。在那一年，当新老作家再次相聚时，‘两个一百年’的第一个奋斗目标已经胜利实现。我们比历史上任何时期都更接近中华民族伟大复兴的目标，比历史上任何时期都更有信心、有能力实现这个目标。在这伟大征程中，中国作家在人民中间，和人民一道前进，让我们高举习近平总书记系列重要讲话的旗帜，坚持中国特色社会主义文学的前进方向，创造无愧于时代、无愧于人民的作品，共同书写中华民族伟大复兴中国梦的壮丽史诗！现在，我宣布，中国作家协会第九次全国代表大会闭幕！谢谢大家！祝大家创作丰收、健康吉祥！”

（2）感谢式。感谢式结尾就是致辞人对为大会成功的召开、活动成功的举办而辛勤工作的人们表示感谢，目的是为了能赢得现场与会者的好感。比如，“女士们，先生们！此刻，我想说：正因为奥运会承载的东西越来越多、越来越重，所以，承办奥运会是一项非常艰巨的工作。感谢伦敦，给我们准备了一届安全、有效率、基本公正、富有激情、硕果累累的奥运会。我想，伦敦奥运会‘激励一代人’的口号业已实现。无论如何，奥运会都是人类不可或缺的盛会，虽然它从来不是完美的，但它总是努力接近完美，‘更高、更快、更强’的理念本身就是促进全人类追求完美的过程。伦敦奥运会在今夜闭幕，但奥运会又将开始它新的征程。下一次，它将踏上一片完全崭新的大陆。让我们4年后相约里约！祝英国女王万岁！美丽的伦敦万岁！奥林匹克运动万岁！最后，我宣布：2012年伦敦奥运会闭幕。谢谢！”

五、闭幕词的通用模板

笔者决定将上面所介绍的闭幕词的结构简化为一个通用模板，以便让大家一看就马上明白，一上台就能发表讲话。

闭幕词的通用模板分为如下三步六点（见图11-1），每步每点的具体内容和相关要求如下。

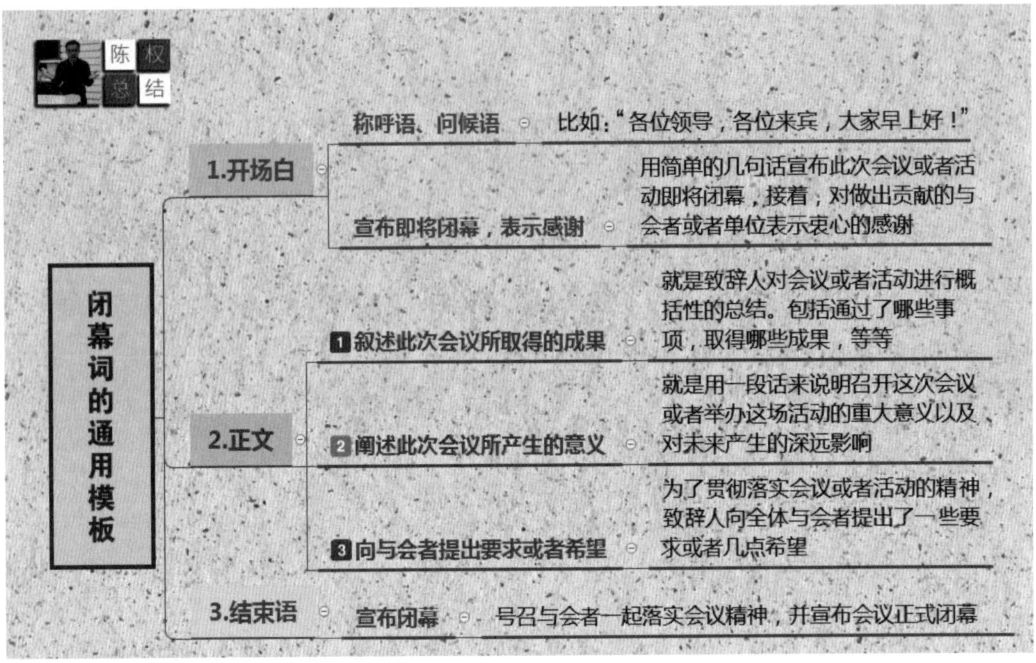

图 11-1　闭幕词的通用模板

1. 第一步：开场白

（1）称呼语、问候语

这个要根据具体的场合、具体的对象而定。比如，“各位领导，各位来宾，大家早上好！”或者“各位老师，同学们，大家下午好！”

（2）宣布即将闭幕，表示感谢

即用简单的几句话宣布此次会议或者活动即将闭幕，接着，对做出贡献的与会者或者单位表示衷心的感谢。比如，“在党中央亲切关怀和领导下，在全体代表共同努力下，中国作家协会第九次全国代表大会圆满完成各项议程，就要胜利闭幕了。这是一次高举旗帜、催人奋进的大会。习近平总书记在开幕式上的重要讲话，闪耀着马克思主义真理的光辉，充满了中华民族朝气蓬勃开创未来的豪情壮志，充分体现了对文艺规律的深刻把握，充分体现了对广大文艺工作者的期待和信赖”。

2. 第二步：正文

（1）叙述此次会议所取得的成果

就是致辞人对会议或者活动进行概括性的总结。包括通过了哪些事项，取得哪些成果，等等。比如，“大会审议通过了钱小芊同志代表中国作协第八届全国委员会所做的工作报告。过去5年，对中国作家来说，是潜心创作、硕果累累的5年，对中国作家协会来说，是热诚服务作家、服务社会，各项工作取得新进展的5年。特别值得铭记的是，习近平总书记在文艺工作座谈会上和文联十代会、作协九代会开幕式上发表重要讲话，中国社会主义文学方向更加明确，道路无限宽广。本次大会上，我们以高举旗帜、改革创新、激发文学创作活力、推出无愧于时代的优秀作品为主线和中心，深入规划未来5年中国文学的发展和中国作协的工作”。

（2）阐述此次会议所产生的意义

就是致辞人用一段话来说明召开这次会议或者举办这场活动的重大意义以及对未来产生的深远影响。比如，“蓝图已经绘就，号角已经吹响。以这次党代会为标志，河北的发展进步将掀开新的一页”。

（3）向与会者提出要求或者希望

即为了能贯彻落实会议或者活动的精神，致辞人向全体与会者提出了一些要求或者几点希望。比如，“我们一定要抓好会议精神的学习宣传和贯彻落实，切实把广大干部群众的思想和行动统一到党代会精神上来，把各方面的智慧和力量凝聚到落实党代会的决策部署上来。我们一定要按照建设经济强省、和谐河北的总体要求，进一步增强紧迫感和使命感，扎实做好改革发展稳定的各项工作，推动现代化建设迈上新台阶，让人民群众过上更加富裕、更加安宁、更加幸福的生活。我们一定要全面加强党的建设，充分发挥各级党委的领导核心作用，发挥基层党组织的战斗堡垒作用，发挥广大共产党员的先锋模范作用，团结带领全省人民聚精会神搞建设、一心一意谋发展，不断夺取全面建设小康社会的新胜利”。

3. 第三步：结束语

结束语一般为宣布闭幕，即号召与会者一起落实会议精神，并宣布会议正式闭幕。比如，“同志们！我们的事业生机无限、前途光明，我们肩负的责任重大、使命光荣。我们一定要在以胡锦涛同志为总书记的党中央坚强领导下，高举中国特色社会主义伟大旗帜，以邓小平理论和‘三个代表’重要思想为指导，深入贯彻落实科学发展观，齐心协力，锐意进取，为实现建设经济强省、和谐河北的宏伟目标而不懈奋斗！现在，我宣布，中国共产党河北省第八次代表大会闭幕！谢谢大家！”

当然，以上的通用模板可能有点格式化，在具体的实践中，演讲者可以根据实际需要稍做改动。

六、精彩闭幕词范文和点评

【范文】

襄阳市旅游商品展示交易会闭幕词

佚名

同志们：

大家好！

为期三天的襄阳市旅游商品展示交易会圆满完成了大会预定的各项议程，现在就要闭幕了。

这次盛会，组织展出了各地独具特色的旅游商品，评出了一批较高水平的市优秀旅游商品，成功举办了旅游商品研讨会、旅游经贸洽谈会和彩绘——霸王醉现场笔会，签订了一批旅游商品开发合作项目。整个展示交易会规模气势恢宏，活动气氛热烈，内容丰富多彩，特色鲜明突出，经贸硕果累累。总的来说，这次盛会时间虽然不长，但节奏安排得十分紧凑，举办得非常成功。这次盛会，必将打开旅游商品开发新的一页，谱写出旅游商品发展新的篇章。

通过这次盛会，学到了与会各方在旅游商品开发、研制、生产、销售方面的宝贵经验，进一步增强了危机意识、开放意识、合作意识和发展意识。通过这次盛会，进一步推介宣传了自己，促进了与会各方的了解，增进了友谊，加深了感情，必将赢得与会各方对旅游商品乃至整个旅游经济发展的进一步关心和支持。

这次会议能够举办得圆满成功，是与会各方共同努力的结果，是各位参会领导和朋友们关心支持的结果，是组委会工作人员辛勤努力的结果。在此，我谨代表市人民政府向大家表示诚挚的谢意！

旅游商品开发是加快旅游业发展的重要组成部分，是延伸旅游产业链条、提高旅游产业地位的重要方面，是增强旅游消费弹性、转变旅游增长方式的重要内容。在旅游发达国家，旅游商品收入比重在整个旅游收入中占到80%左右。从旅游供给要素来讲，旅游商品是“食、住、行、游、购、娱”六大要素中不可缺少的部分，也是其中最富于挖掘消费潜力的一大要素；从市场需求来看，购物消费是旅游行程中伸缩比较大，要求比较强烈的一个重要领域，是适应游客需要的一个重要方面；从服务经济大局来讲，加快旅游商品开发是促进经济结构调整、带动社会就业的重要手段。正是基于这种认识，我们举办了这次旅游商品展示交易会。这次盛会，我们收获很多，我认为主要体现在以下几个方面。

一是进一步提高了对开发旅游商品重要性的认识。通过旅游商品展示、交易和研讨，大家进一步看到了旅游商品广阔的发展前景，明确了今后旅游商品发展的方向，认识到了其在旅游发展中举足轻重的地位，体会到了旅游商品在搞活商贸流通、服务经济大局、促进社会就业、满足人民日益增长的物质文化需求方面所起的巨大作用，形成了高度共识，增强了开发、研制旅游商品的责任感和使命感，从而为推动我市旅游商品的发展，进而为推动全市旅游事业的发展注入了强大的精神动力。

二是发现了一批特色旅游商品以及开发人才和开发企业。通过旅游商品的展示、交易、评选，一大批独具地方特色、富有文化品位和地方风情的旅游商品从幕后走到了台前，从民间走向了商场，从事旅游饮食开发的优秀人才脱颖而出，与之紧密相关，他们的作品、他们的智力成果也应运而生，使我市旅游产品的开发也随之迈上了一个新台阶。从这次比赛看，无论是我们的选手，还是我们的产品，包括获奖的和没有获奖的，可以说都代表了我们旅游饮食界的先进水平，都堪称我们旅游界的骄傲。这些，是我们旅游事业兴旺发达的基础所在，是我市旅游事业繁荣昌盛的根本所在。从这个意义上说，我们发现的人才、我们发现的产品，远远超过了我们举办这次大赛的本身，这才是我们最值得庆祝和骄傲的。

三是进一步明确了我市旅游饮食开发应该努力的方向。大赛是一种较量，是一种比较，这次大赛涌现出了一大批优秀选手、一大批优秀产品。这是我们自己与自己相比的结果。但是，从更高标准、更高层面来看，我们在旅游饮食产品上也还存在着很大差距，主要表现为：地域特色不够鲜明，模仿的成分多了点，创造的成分少了点；

文化底蕴不够深厚，人为的雕饰多了点，天然的本色少了点；大众特征不够明显，比赛的成分多了点，普及的成分少了点。看到差距，就是看到了努力的方向，就是看到了奋斗的目标；看到差距，才能缩小差距，才能改变差距。因此，我们务必保持清醒的头脑：决不能因为自己跟自己比有了进步，就沾沾自喜、妄自尊大。而应该把成绩看得轻一点，把差距看得重一点。坚持一切从实际出发，居安思危，埋头苦干，逐步缩小差距，争取用几年时间把旅游饮食提升到一个新的层次。

竞赛只是手段，提高才是目的。希望参赛的各个单位要以此次大赛为契机，本着精益求精的原则，一如既往、坚持不懈地搞好职工的技能培训，切实提高服务质量和水平，以推动我市旅游饮食开发实现新的跨越。

同志们，我深信，有我们大家的共同努力，我们旅游饮食队伍一定会有更多、更杰出的人才脱颖而出，我们旅游事业的明天一定会更加美好。

谢谢大家！

【点评】

在格式上，此篇闭幕词比较规范，基本符合黄金圈框架的要求。像什么称呼语、问候语、宣布即将闭幕、表示感谢、叙述此次会议所取得的成果、阐述此次会议所产生的意义、向与会者提出几点希望、宣布闭幕，等等，都已经涉及了。

在语言上，此篇闭幕词，文字非常优美，善于使用对偶句，让人过耳不忘。比如，“但是，从更高标准、更高层面来看，我们在旅游饮食产品上也还存在着很大差距，主要表现为：地域特色不够鲜明，模仿的成分多了点，创造的成分少了点；文化底蕴不够深厚，人为的雕饰多了点，天然的本色少了点；大众特征不够明显，比赛的成分多了点，普及的成分少了点。看到差距，就是看到了努力的方向，就是看到了奋斗的目标；看到差距，才能缩小差距，才能改变差距”。

在内容上，此篇闭幕词的正文部分主要由三点收获组成，依次为：“一是进一步提高了对开发旅游商品重要性的认识”“二是发现了一批特色旅游商品以及开发人才和开发企业”“三是进一步明确了我市旅游饮食开发应该努力的方向”。这三个论点刚好符合黄金圈模型的要求——就某一主题进行当众演讲或者发表意见时，仅说三个要点。尽管说，这三个论点并没有符合金字塔原理里面的MECE法则，但是，这篇闭幕词由于结构严谨、思路清晰、语言优美，还算是一片非常不错的演讲，值得大家借鉴和学习。

第十二章

黄金圈框架让你的欢迎词发表得更加真诚、更能凸显热情

当今是一个市场经济高度发展的时代，为了树立品牌、提升形象，强化宣传、扩大影响，招商引资、促进发展，近年来，各地纷纷举办了形式各样、规模不同的节庆活动。按照程序和惯例，在节庆活动的开幕式上，东道主需要出来向来宾发表一篇感情真挚、别开生面的欢迎词，旨在表示对来宾的欢迎和尊重、表明热情好客与虚心学习的态度、表达友好交流与寻求合作的心愿。

无独有偶，一些企事业单位，为了表示对新员工的欢迎和感谢，也会举办一系列迎新活动，其中就有公司领导对新员工发表的热情洋溢的欢迎词，目的是为了博得新员工的好感，让新员工有一种家的感觉，从而提高新员工对企业的忠诚度。

如此看来，致欢迎词非常重要，作为企事业单位的领导，需要掌握这一项技能。

因此，为了能让广大机关领导、职场人士把欢迎仪式办得有声有色，把欢迎词发表得有板有眼，笔者决定将欢迎词的相关概念、具体要求、腹稿思路（即将黄金圈框架运用于欢迎词）分享如下。

一、什么是欢迎词

欢迎词，是指客人光临时，主人为了表示隆重的欢迎，而在座谈会、宴会、酒会等场合所发表的热情友好的讲话，或者是新员工报到时，单位领导为了表示热烈的欢迎，而在迎新欢迎会上所发表的热情洋溢的演讲。

欢迎词主要有两种类型：一种是单位与客人之间的嘉宾欢迎词；一种是单位与新员工之间的新人欢迎词。

二、欢迎词有何不同

相比起其他类型讲话，欢迎词的特点非常明显，一共有两个，现简单介绍如下。

1. 场面的欢愉性

子曰：有朋自远方来，不亦乐乎？所以，在兴高采烈地欢迎客人或者新员工的场面，致辞人也应是满面笑容、带有无比欢愉的心情去发表富有激情的演讲。因为只有这样，才能给客人一种“宾至如归”的体验，才能给新员工一种“家”的感觉。

2. 表达的口语性

由于欢迎词是通过口头语言向嘉宾或者新员工发表的，尽管欢迎词也可以提前准备，但是，口语化必须是欢迎词的硬性要求。所以，在遣词造句方面，致辞人要多选富有趣味的生活化的语言，少用佶屈聱牙的书面化的文字，才能拉近主人同客人、领导同新员工之间的关系。

三、欢迎词的基本结构

接下来，我们继续探讨欢迎词的结构。

一般来讲，致欢迎词的时间不会太长，在7分钟左右，欢迎词的字数为1200～2200字。

另外，社交演讲中的欢迎词，其结构也是由标题、称呼和主体三个部分组成。下面，笔者对其进行一一介绍。

1. 标题

欢迎词的标题有如下三种形式。

第一种，单独由文种名称为标题，例如《欢迎词》。

第二种，由会议全称或活动全称加文种名称构成。例如《在文化、科技、卫生“三下乡”活动上的欢迎词》。

第三种，由致辞人加会议全称或活动全称再加文种名称构成。例如《邓川在重庆经济协作区第十二届市长联席会上的欢迎词》。

2. 称呼

称呼是称呼语和问候语的总称。致欢迎词的称呼跟致开幕词的称呼也差不多，其格式主要有如下两种。

（1）二级称呼法，即称呼对象有两大类型。比如，“尊敬的各位领导、各位来宾，同志们、朋友们，大家好！”

（2）一级称呼法，即称呼对象仅有一种类型。比如，“新员工们，大家好！”

3. 主体

主体是欢迎词的主干部分，它主要包括开头、正文和结尾三块内容。

由于这部分的内容比较重要，需要按照黄金圈框架来设计，所以，笔者决定将其单独介绍如下。

四、黄金圈框架在欢迎词中的运用

由于欢迎词有两种类型，所以，其框架也有两种类型。

1. 欢迎嘉宾的欢迎词框架

（1）开头：借助时令、借助名言，表示欢迎

嘉宾欢迎词的开头，一般情况下，首先说明现场举行的是何种仪式，接着表明致辞人以何种身份、代表谁向哪些来宾表示欢迎。故开头方式主要有如下两种。

①借助时令，表示欢迎。即一开篇，致辞人首先谈一谈关于当下的季节或者眼前的景象，接着话锋一转，宣布会议或者活动正式开始，并对各位嘉宾的到来表示热烈的欢迎。比如，“在这金橘满枝、硕果累累，充满丰收喜悦的美好时节；在这举国上下意气风发，全面贯彻党的十六大精神的喜庆时刻，重庆经济协作区第十二届市长联席会在美丽的川中明珠遂宁隆重举行，我们深感荣幸。在此，我谨代表中共遂宁市委、遂宁市人民政府和全市375万人民，向亲临大会的川、黔、滇、渝四省市领导表示崇高的敬意和衷心的感谢！向出席会议的重庆经济协作区各代表团领导和全体同志表示热烈的欢迎！向应邀参加会议的省委和省政府有关部门的领导、其他兄弟市地州的同志们以及新闻界的朋友们表示热烈的欢迎和诚挚的问候！”

②借助名言，表示欢迎。即一开篇，首先引用一句跟现场气氛相匹配的名言，接着宣布会议或者活动正式开始，并对各位嘉宾的到来表示热烈的欢迎。比如，“‘古人云：有朋自远方来，不亦乐乎？’今天，我们欢聚一堂，共庆丰收的喜悦！首先我谨代表幸赢全体同仁，向参加年会的各位来宾表示衷心的感谢与热烈的欢迎！正是因为你们的大力支持和帮助，才会有幸赢的今天；同时向敢争敢拼、锐意进取的全体同仁及长期在幕后为幸赢的发展事业默默奉献的所有家属致以崇高的敬意和由衷的感谢！正是因为你们的辛勤付出和无私奉献，幸赢之船才得以乘风破浪，一路前行。‘年逢寅虎群情奋，岁别丑牛大地春。’在春节来临之际，借此机会给大家拜个早年，祝愿各位身体健康、家庭幸福、万事如意、虎年吉祥！”

（2）正文：阐述会议意义、介绍我方特色、提出合作意愿

嘉宾欢迎词主体中的正文部分通常包括如下三项内容。

①阐述举办此次会议或者活动的目的、作用和意义。这一条比较重要，一般情况下，致辞人首先聊一聊当前的形势，接着说明会议或者活动是在什么形势下举办的，最后阐述举办此次会议或者活动的作用和意义。比如，“跨入新世纪，全球经济一体化以不可阻挡之势迅猛发展，对外开放突飞猛进，区域合作日益增强，共享资源、共

谋发展、共同进步，已成为全社会的强烈愿望和普遍追求。在这一宏大的时代背景下，重庆经济协作区市长联席会坚持与时俱进，把本届联席会议的主题确定为‘加强合作、资源共享、优势互补、共谋发展’，具有重要的现实意义和深远的历史意义。我们相信，各位代表围绕会议主题，广泛交流发展经验，充分展示合作成果，必将有力地促进各协作市的合作交流，进一步推动协作区社会经济的繁荣与发展”。

②向来宾介绍我方的特色或者介绍来宾在各方面的成就。一般情况下，都是致辞人向来宾介绍己方的特色，包括地理环境、人文环境等。当然有时候，致辞也把来宾在各方面的成就或者在某些方面做出的突出贡献介绍给现场的听众。比如，“遂宁位于四川盆地中部、涪江中游，素有川中重镇之称：第一，这里山川秀美，物产丰富。是重要的粮食、棉花、油料、生猪、中药材生产基地。第二，这里历史悠久，文化厚重。自东晋以来为历代郡、州、府、县、专署治所，1985年经国务院批准建立省辖市；留下了‘前不见古人，后不见来者’这一诗家绝唱的唐代著名诗人陈子昂也生于斯、长于斯。第三，这里交通优势富集，基础设施完善……第四，这里工业优势明显，开放势头强劲……第五，这里政通人和，前景美好……”

③向来宾提出合作的意愿。即致辞人代表单位向来宾提议，希望在某些方面携手合作，共创未来。比如，“实现遂宁发展的新跨越，离不开对外开放和合作。近年来，我们坚持重庆经济协作区市长联席会议的宗旨，与各成员市牵手互动，比肩逐浪于市场经济大潮。对外开放、区域合作对经济社会发展的推动作用日益增强，本届联席会在我市推进跨越式发展的关键时刻举行，为我们提供了学习请教的好机会，对促进我市各方面的工作，特别是对外开放和经济发展大有裨益。我们诚挚地感谢大家对遂宁经济建设与社会事业的关心和支持，我们热忱欢迎大家在遂宁多走走、多看看，更多地了解遂宁、关心遂宁，对我们的工作提出宝贵意见和建议。我们将以此为契机，加快发展，为区域合作做出新的贡献”。

当然，由于嘉宾欢迎词的格式比较灵活，也存在着其他框架，像直接提出三点希望，也是可以的。

（3）结尾：祝愿成功

嘉宾欢迎词的结尾一般是表达对自己与来宾未来合作的美好祝愿，故其结尾方法只有一种，叫祝愿成功，也就是祝愿会议取得圆满成功，祝愿来宾与会议代表身体健康、生活愉快！等等。比如，“各位领导、各位代表，同志们、朋友们！回顾过去，我们为共同的努力和奋斗所取得的成就而自豪；展望未来，我们对抓住机遇，加强合作，取得新的胜利充满信心。让我们在党的十六大精神指引下，高举邓小平理论伟大旗帜，努力实践‘三个代表’重要思想，进一步加强协作，谱写交流与合作的新篇章，共创更加美好的明天。最后，祝重庆经济协作区第十二届市长联席会取得圆满成功！祝各位领导和来宾身体健康、生活愉快！谢谢！”

2. 欢迎新人的欢迎词框架

（1）开头：借助时令、借助名言，表示欢迎

新员工欢迎词的开头，跟上面嘉宾欢迎词的开头也差不多，要么是借助时令，表示欢迎；要么是借助名言，表示欢迎。

比如，“今天是个大喜的日子，首先，非常欢迎各位加入三一公司，从今天起，你们将成为这个企业的重要成员。我们将在共同信任的基础上，度过你在公司工作的岁月”。

再如，“我代表总经理范嘉桐女士热烈欢迎你们加入中天盛世房地产经纪公司，我们有幸共同参与中天盛世公司未来的发展，用一句现在最流行的说法叫‘缘分’。俗话说‘百年修来同船渡，千世修来共枕眠’，在此，衷心祝愿各位新员工工作顺利、生活愉快！”

（2）正文：介绍公司、提供舞台、提出希望

新员工欢迎词主体中的正文部分通常包括如下三项内容。

①介绍公司。即致辞人向新员工介绍自己公司的企业文化、用人理念、市场规模，等等。比如，“华为公司是一个以高技术为起点，着眼于大市场、大系统、大结构的高科技企业。以它的历史使命，它需要所有的员工必须坚持合作，走集体奋斗的道路。没有这一种平台，你的聪明才智是很难发挥，并有所成就的”。

②提供舞台。即委婉地告诉新员工，公司现在已经给了你一个大舞台，并提供了一个快速成长的机会，你能不能成为公司的骨干、能不能有所作为，要靠自己了。比如，“机遇总是偏向于踏踏实实工作者。您想做专家吗？一律从工人做起。进入公司一周以后，博士、硕士、学士以及在公司外取得的地位均已消失，一切凭实际才干定位，这在公司已经深入人心，为绝大多数人所接受。您需要从基层做起，在基层工

作中打好基础、展示才干。公司永远不会提拔一个没有基层经验的人来做高级领导工作。遵照循序渐进的原则，每一个环节、每一级台阶对您的人生都有巨大的意义。请记住，不要蹉跎了岁月”。

③提出建议或者希望。即为了帮助员工更好、更快速地成长，而给新员工提出了一些宝贵的建议或者几点殷切的希望。比如，“从事任何工作，既要有热情，更要有头脑；既要能苦干，更要会巧干。在此，我提几条建议供大家参考。第一，要适应新的环境；第二，要树立主人翁意识；第三，要学会团队合作”。

当然，由于新员工欢迎词的格式比较灵活，也存在着其他框架，像直接提出三点建议、提出三点希望，等等，也是可以的。

（3）结尾：祝愿顺利、期待精彩

新员工欢迎词的结尾方法主要有如下两种。

①祝愿顺利。即祝愿新员工一切都顺顺利利，在公司里快乐成长。比如，“最后，祝愿新员工顺利成长，能为公司的发展壮大做出自己的贡献！祝愿新股东快快长大，公司的发展需要你们的努力，未来也需要通过你们带领新生代去共同创造美好的明天！谢谢大家！”

②期待精彩。即期待新员工在未来能给公司创造更多的价值，做更多的贡献，业绩突出、精彩不断。比如，“公司向普天之下有志之士打开一扇广纳贤才之门，我们希望有更多的优秀人才加盟极智企业，共建我们的家园，并且向着‘立团队志气，创IT楷模’这一宏伟目标迈进！我们期望：你因极智企业而自豪，极智企业因你更精彩！”

五、欢迎词的通用模板

笔者决定将上面所介绍的两种欢迎词的结构简化为两个通用模板，以便让大家一看就马上明白，一上台就能发表讲话。

（一）欢迎嘉宾的欢迎词模板

欢迎嘉宾的欢迎词其通用模板分为如下三步六点（见图12-1），每步每点的具体内容和相关要求如下。

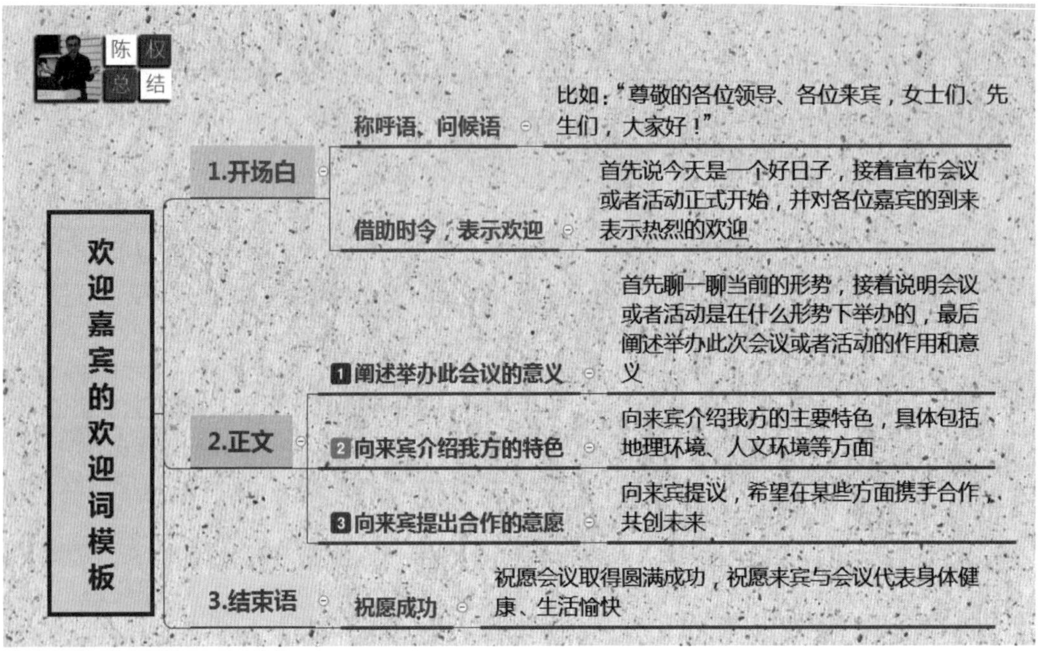

图 12-1　欢迎嘉宾的欢迎词模板

1. 第一步：开场白

（1）称呼语、问候语

这个要根据具体的场合而定。一般采用二级称呼法，比如，“尊敬的各位领导、各位来宾，女士们、先生们，大家好！”

（2）借助时令，表示欢迎

首先说今天是一个好日子，接着宣布会议或者活动正式开始，并对各位嘉宾的到来表示热烈的欢迎。

2. 第二步：正文

（1）阐述举办此会议的意义

首先聊一聊当前的形势，接着说明会议或者活动是在什么形势下举办的，最后阐述举办此次会议或者活动的作用和意义。

（2）向来宾介绍我方的特色

向来宾介绍我方的主要特色，具体包括地理环境、人文环境等方面。

（3）向来宾提出合作的意愿

向来宾提议，希望在某些方面携手合作，共创未来。

3. 第三步：结束语

结束语一般为祝愿成功，即祝愿会议取得圆满成功，祝愿来宾与会议代表身体健康、生活愉快。

（二）欢迎新人的欢迎词模板

欢迎新人的欢迎词其通用模板分为如下三步六点（见图12-2），每步每点的具体内容和相关要求如下。

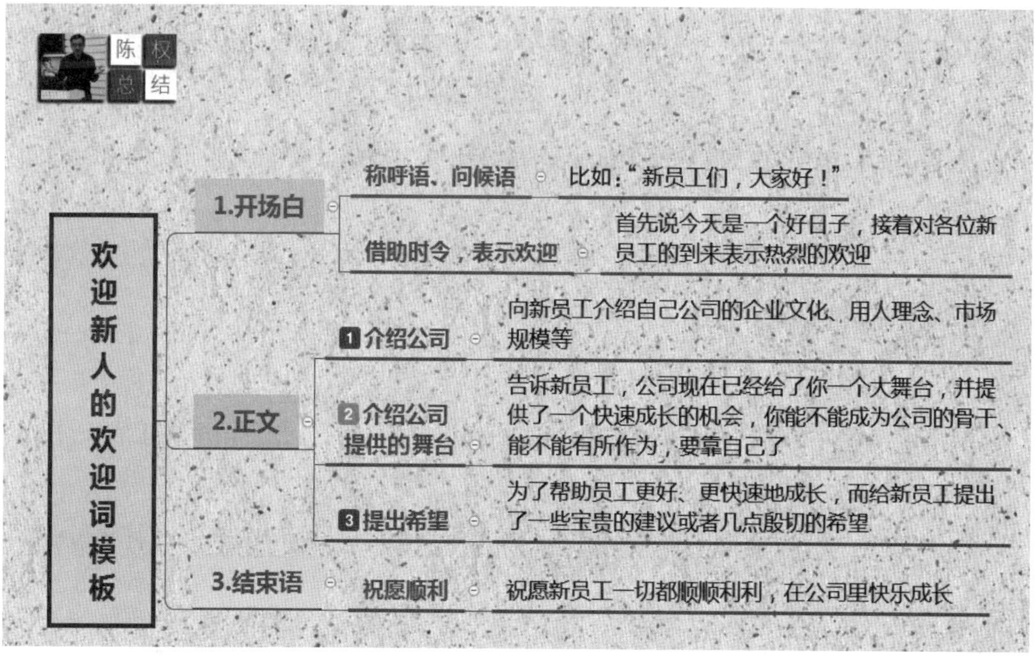

图 12-2　欢迎新人的欢迎词模板

1. 第一步：开场白

（1）称呼语、问候语

这个要根据具体的场合而定。一般采用一级称呼法，比如，“新员工们，大家好！”

（2）借助时令，表示欢迎

首先说今天是一个好日子，接着对各位新员工的到来表示热烈的欢迎。

2. 第二步：正文

（1）介绍公司

向新员工介绍自己公司的企业文化、用人理念、市场规模，等等。

（2）介绍公司提供的舞台

告诉新员工，公司现在已经给了你一个大舞台，并提供了一个快速成长的机会，你能不能成为公司的骨干、能不能有所作为，要靠自己了。

（3）提出希望

为了帮助员工更好、更快速地成长，而给新员工提出了一些宝贵的建议或者几点殷切的希望。

3. 第三步：结束语

结束语一般为祝愿顺利，即祝愿新员工一切都顺顺利利，在公司里快乐成长。

当然，由于欢迎词的格式比较灵活，也存在着其他框架，像直接提出三点希望等。

六、精彩欢迎词范文和点评

【范文1】

钱克明副部长在丝绸之路商务合作圆桌会上的致辞

钱克明

各位嘉宾、女士们、先生们：

大家好！

非常高兴在古丝绸之路的起点——陕西西安，与大家共同商讨“一带一路”建设背景下的商务合作。首先，我谨代表中国商务部，向各位嘉宾表示诚挚的问候和衷心的感谢，特别要对来自丝路沿线国家驻华使领馆的商务官员表示热烈欢迎！

借此机会，我想与大家分享三点看法。

第一，“一带一路”建设为中国与相关各国合作与发展创造了良好的机遇。

2013年习近平主席在出访中亚、东南亚时分别提出了共同建设丝绸之路经济带和21世纪海上丝绸之路的合作倡议。4年来，“一带一路”建设逐渐从理念转化为行动，从愿景转变为现实，建设成果丰硕。尤其是在经贸合作方面不断迈上新台阶，不仅拉动了各国经济增长、改善了民生福利，还促进了产业合作和技术传播，给沿线国家和人民带来了实实在在的好处。2014年至2016年，中国与沿线国家贸易总额超过3万亿美元，对沿线国家投资累计超过500亿美元，中国企业已经在20多个沿线国家建设56个经贸合作区，为有关国家创造近11亿美元税收和18万个就业岗位。沿线国家的产品、服务、技术、资本，源源不断地进入中国；“中国制造”“中国建设”和“中国服务”，也受到越来越多沿线国家的欢迎。

今年1-4月，中国外贸进出口延续去年以来回稳向好的势头，实现较快增长。其中对俄罗斯、马来西亚、新加坡、印尼等“一带一路”沿线国家出口快速增长，增幅分别达到29.4%、32.5%、16.7%和15.1%。1-4月，中国对“一带一路”沿线国家投资占同期对外投资总额的15.1%，占比较去年同期增加6.9个百分点，“一带一路”沿线国家日益成为中国企业对外投资的热土，中国已成为老挝、柬埔寨、巴基斯坦、乌兹别克斯坦等国的最大外资来源国。1-4月，中国企业在“一带一路”沿线的61个国家新签合同额占同期中国对外承包工程新签合同额的51.5%；完成营业额占同期总额的48.1%，

“一带一路”沿线国家已成为中国企业承包工程的重要市场。

在不久前举行的“一带一路”国际合作高峰论坛上，各国政府、地方、企业等达成一系列合作共识、重要举措及务实成果，主要涵盖政策沟通、设施联通、贸易畅通、资金融通、民心相通5大类，共76大项、270多项具体成果。这些成果充分说明，“一带一路”建设为世界开放型经济的发展提供了巨大的推动力。

第二，“一带一路”建设是长期工程，需要各方携手合作，共同努力，把蓝图转化为行动。

习近平主席在论坛发出倡议，将“一带一路”建成和平之路、繁荣之路、开放之路、创新之路、文明之路，推动“一带一路”建设行稳致远，迈向更加美好的未来。贸易畅通是“一带一路”建设的重要内容。为推进贸易畅通，进一步深化经贸合作，我们将继续扩大市场开放，积极扩大进口，从2018年起，我们将举办中国国际进口博览会，既为各国产品进入中国提供便利，也为不同国家间商品交易提供国际化平台。

我们将秉持开放透明原则，与有意愿的国家和地区共同商讨自由贸易区建设，推动RCEP（《区域全面经济伙伴关系协定》）谈判。推动与相关国家自贸区升级谈判，增加环境保护、电子商务等新议题，提升自贸区建设水平。

我们将与沿线国家加强贸易便利化基础设施合作，改善边境口岸通关设施条件。维护多边贸易体制，加快实施世贸组织《贸易便利化协定》，进一步简化通关、检验检疫、税收等监管程序，开展监管信息互换。

我们将与沿线国家一道，创新合作模式，共建经贸产业合作区，发展符合当地产业升级需求的产业集群，打造一批规模效益较好、辐射作用明显、就业带动力强的合作区。

我们还将帮助沿线国家加强能力建设，为沿线国家提供人才智力支持和政策咨询服务，与沿线国家一道，推动实现包容、可持续发展。

第三，我们愿以古丝绸之路起点作为新的开端，与在座各位共商合作大计，共建开放平台，共享发展红利。

中国西部地区是中国发展改革和新一轮对外开放的重要地区。西部各省区市要发挥自身的区位、经济、科教、人文等方面优势，围绕政策沟通、设施联通、贸易畅通、资金融通、民心相通，深化与周边国家的经贸往来，为“一带一路”建设做出新的重要贡献。

商务部将指导西部地区自贸试验区建设，打造内陆型改革开放高地，探索内陆与“一带一路”沿线国家经济合作和人文交流新模式；我们将支持东西部地区深入开展产业合作，加快推动加工贸易向中西部地区转移；我们还将鼓励西部地区立足自身装备制造、工程施工等优势，深度推进国际产能合作，促进共同发展。

女士们、先生们，加快“一带一路”建设，有利于促进沿线各国经济繁荣、深化区域经济合作，加强不同文明交流互鉴，促进世界和平发展，是一项造福世界各国人民的伟大事业。希望各位朋友，畅所欲言，深入交流，共同开创“一带一路”经贸合作的美好未来。

最后，预祝会议圆满成功！谢谢大家！

【点评】

在格式上，此篇嘉宾欢迎词比较规范，基本符合黄金圈框架的要求。像什么称呼语、问候语、借助时令表示欢迎、阐述举办此会议的意义、向来宾介绍我方的特色、向来宾提出合作的意愿、祝愿成功，等等，都已经涉及了。

在语言上，此篇嘉宾欢迎词，措辞严谨、数据准确，让人觉得真实可靠。比如，“1–4月，中国对‘一带一路’沿线国家投资占同期对外投资总额的15.1%，占比较去年同期增加6.9个百分点，‘一带一路’沿线国家日益成为中国企业对外投资的热土，中国已成为老挝、柬埔寨、巴基斯坦、乌兹别克斯坦等国的最大外资来源国”。

同时，此篇嘉宾欢迎词善于使用概括性语言，显得逻辑性极强。比如，“在不久前举行的‘一带一路’国际合作高峰论坛上，各国政府、地方、企业等达成一系列合作共识、重要举措及务实成果，主要涵盖政策沟通、设施联通、贸易畅通、资金融通、民心相通5大类，共76大项、270多项具体成果”。再如，“习近平主席在论坛发出倡议，将‘一带一路’建成和平之路、繁荣之路、开放之路、创新之路、文明之路，推动“一带一路”建设行稳致远，迈向更加美好的未来”。

在内容上，此篇嘉宾欢迎词的正文部分主要由三点看法组成，依次为：“第一，‘一带一路’建设为中国与相关各国合作与发展创造了良好的机遇”“第二，‘一带一路’建设是长期工程，需要各方携手合作，共同努力，把蓝图转化为行动”“第三，我们愿以古丝绸之路起点作为新的开端，与在座各位共商合作大计，共建开放平台，共享发展红利”。这三个论点刚好符合黄金圈模型的要求——就某一主题进行当众演讲或者发表意见时，仅说三个要点。尽管说，这三个论点之间并不符合金字塔原理里面的MECE法则，但是，“创造机遇、需要合作、倡议合作”这样的排列顺序，显得思路非常清晰，说服力极强。所以，这篇嘉宾欢迎词非常不错，值得大家认真学习。

【范文2】

新员工欢迎词

佚名

各位领导、各位同事、各位新战友：

大家好！

我是昊天公司副经理兼人事主管，首先，我代表分公司全体员工，对各位新战友选择广州分公司、来到广州分公司表示热烈的欢迎！

作为一名在公司工作10多年的老员工，借此机会，我想就责任、学习、成长三方面谈一些个人看法，与大家进行交流和分享。

首先关于责任。任何人做事都必须担负责任。再过几天，在座各位将会奔赴不同的项目，走上不同的岗位。但我希望无论大家在什么岗位上从事什么工作，都要对自己的工作负责！现阶段，公司正处于快速上升时期，它的发展、壮大，需要有一批爱岗敬业、忠于职守、勇于担当责任的人！我希望你们就是这批有责任感、使命感的人！同时，有责任的人能得到他人的尊重和信赖，能获得更多发展的机会，也更能在自己的岗位上有所作为。

其次是关于学习。随着公司升级为集团的二级单位，公司将进入发展的快车道，掌握与公司的跨越式发展相匹配的知识和技能，是我们在公司走向成功的必要条件之一。各位新员工入职之后，公司将会为大家打造良好的学习平台，为大家提供一系列的培训，让大家快速成长。但仅靠公司为大家提供的知识，是不够的。我希望在座各位能树立“活到老，学到老”的学习观念，保持高度的学习热情，在工作中能向施工现场学习、向前辈和老员工学习、向工作本身学习，从而快速完成自身角色转变和掌握基础工作技能；在工作之余能坚持自主学习、不懈学习，广泛学习各种知识，特别是前沿的管理和技术知识，使自己能够跟上公司发展的步伐，为今后的职业发展做好知识储备。

最后，关于成长。“1万小时定律”指出：“人们眼中的天才之所以卓越非凡，并非天资超人一等，而是付出了持续不断的努力。只要经过1万小时的锤炼（如果每天工作4个小时，一周工作5天，那么成为一个领域的专家至少需要10年），任何人都能从平凡变成超凡。”可见，真正决定一个人成就的，不是天分，也不是运气，而是严格的自律和高强度的付出。现阶段，你们已经站在职场的同一起跑线上，在这场历时几十年的比赛中，可能有人会一路顺风、有人挫折不断，但无论谁想取得最终的胜利，实现个人的成长和成功，都需要有坚忍不拔、持之以恒的毅力。在成长的道路上，不一定会有鲜花与美酒，但一定伴有寂寞与荆棘，关键是在于谁能坚持到峰回路转的那一刻。请永远记住，蜗牛同样能问鼎金字塔之巅！

谢谢大家！

【点评】

在格式上，此篇新员工欢迎词不是很规范，不符合黄金圈框架的要求。仅有称呼语、问候语、欢迎语、提出看法，而像介绍公司、祝福语等，竟然没有。

不过，在语言上，此篇员工欢迎词语言朴实、表达诚恳，让人信赖。比如，“现阶段，公司正处于快速上升时期，它的发展、壮大，需要有一批爱岗敬业、忠于职守、勇于担当责任的人！我希望你们就是这批有责任感、使命感的人！同时，有责任的人能得到他人的尊重和信赖，能获得更多发展的机会，也更能在自己的岗位上有所作为”。

在内容上，此篇嘉宾欢迎词的正文部分主要由三点看法组成，依次为：“首先关于责任”“其次是关于学习”“最后，关于成长”。这三个论点刚好符合黄金圈模型的要求——就某一主题进行当众演讲或者发表意见时，仅说三个要点。尽管说，这三个论点之间并不符合金字塔原理里面的MECE法则，但是，“责任、学习、成长”这三个方面，恰恰又是一位新员工最需要完善的地方，所以说，这篇新员工欢迎词的内容非常不错，还算是一篇非常好的欢迎词。

第十三章

黄金圈框架让你的欢送词发表得更加诚挚、更能传达祝愿

中国历来就是一个礼仪之邦，尤其在迎宾送客这一环节，更是表现得淋漓尽致。

例如，举办商务活动，客人来了，举办单位不但要给客人接风洗尘，还要致欢迎词；客人要走了，举办单位不但要为客人设宴饯别，还要致欢送词。

再如，招聘员工，新员工入职了，企业要搞迎新活动、致欢迎词；某经理走了，企业也会搞送别仪式、致欢送词。

由此看来，致欢送词跟致欢迎词一样，作为单位的领导人或者企业的管理者，还需掌握这一项技能。

如果问：致欢送词是不是跟致欢迎词一样，也有规律可循，也有专用模板？答案是肯定的。

为了让大家把欢送仪式也搞得很有意义，把欢送词也发表得很是特别，笔者决定将欢送词的相关概念、具体要求、腹稿思路（即将黄金圈框架运用于欢送词）分享如下。

一、什么是欢送词

欢送词是客人应邀参加了活动，主人为了表达对客人的欢送之意，而在一些会议、庆典活动、参观访问等结束时所发表的讲话；或者是行政机关、企事业单位、社会团体等对自己单位某位重要人员的离开而发表的表示热情欢送的讲话。

欢送词主要有两类：一类是单位欢送客人的嘉宾欢送词；一类是单位欢送员工的

同事欢送词。同事欢送词还分为两种：一种是欢送领导的，叫领导欢送词；一种是欢送员工的，叫员工欢送词。

欢送词与欢迎词相对应，除了时间、场合不同，其他方面像腹稿思路等，都差不多。

二、欢送词有何不同

相比起其他类型讲话，欢送词的特点也非常明显，一共有两个，现简单介绍如下。

1. 场面的惜别性

有一句歌词写得非常好："好花不常开，好景不常在，今日离别后，何日君再来？"因此，在离别的场合，致辞人不能表现得太欢快，也应加入一定的情感，以便酝酿出一缕淡淡的离愁，让人觉得主人对客人是恋恋不舍的。

2. 表达的口语化

欢送词跟欢迎词一样，也是借助口头语言通过现场仪式向嘉宾或者员工表达的，所以，在遣词造句方面，致辞人要多选一些生活化的语言，而少用一些书面化的表达。

三、欢送词的基本结构

接下来，我们继续探讨欢送词的结构。

一般来讲，致欢送词的时间不会太长，在5分钟左右，欢送词的字数在800～1700字。

另外，欢送词跟欢迎词一样，其结构也是由标题、称呼和主体三个部分组成。下面，笔者对其进行一一介绍。

1. 标题

欢送词的标题有如下三种形式。

第一种，单独由文种名称为标题。例如《欢送词》。

第二种，由会议全称或活动全称加文种名称构成。例如《长春市双阳区劳务输出欢送仪式上的讲话》。

第三种，由正副标题组成。正标题通常是一句话，它概括了讲话的主要内容或者主要观点；副标题是对正标题的补充说明。例如《进来的是块铁，出去的是块钢——在老兵退伍仪式上的致词》。

2. 称呼

称呼是称呼语和问候语的总称，欢送词的称呼主要有如下两种。

（1）欢送嘉宾，常用的称呼为“尊敬的各位嘉宾、大家好！”

（2）欢送同事，常用的称呼为“女士们，先生们，朋友们，大家好！”“亲爱的战友，你们好！”等。

3. 主体

主体是欢送词的主干部分，它主要包括开头、正文和结尾三块内容。

由于这部分的内容比较重要，需要按照黄金圈框架来设计，所以，笔者决定将其单独介绍如下。

四、黄金圈框架在欢送词中的运用

虽然欢送词有两种类型，分别为嘉宾欢送词和同事欢送词，但是在工作生活中，经常使用到的却是同事欢送词这一种，所以，我们重点介绍它。

1. 开头：说明仪式，表示感谢；借助名言，表示祝贺

同事欢送词的开头，常规情况下，应说明此时在举行何种欢送仪式，致辞人是以何种身份、代表谁、向哪位同事或哪些同事表示欢送。所以，其开头方式主要有如下两种。

（1）说明仪式，表示感谢。这种开头方式一般是应用于欢送员工。首先说明今天举办的是哪一种欢送仪式，接着代表公司对员工曾经所做出的贡献表示感谢，最后对员工表示祝福。比如，“今天，我们在这里举行劳务输出欢送仪式，欢送我市双阳区100多名有志青年离开家乡到北京和大连工作，我非常高兴。在此，我谨代表长春市委、市政府向全体外出务工人员表示亲切的慰问，对从事劳务输出工作的同志们的辛勤努力和积极工作表示衷心的感谢”。

（2）借助名言，表示祝贺。这种开头方式一般是应用于欢送领导。首先借用一句很应景的名言或者诗句来开篇，接着说明今天举办的是欢送某某领导到其他地方荣任的欢送仪式，最后对某某领导高升这一件事表示祝贺。比如，“‘风雨送春归，飞雪迎春到’。值此新春佳节来临之际，我们在这里欢聚一堂，共同庆贺刘书记荣升荣调。首先，让我们以热烈的掌声对刘书记荣升荣调表示最诚挚的祝贺！”

2. 正文：介绍相关情况、提出几点希望、抒发不舍之情

同事欢送词主体中的正文部分通常包括如下三项内容。

（1）介绍相关情况。如果送行的是员工，就需要介绍该员工的相关情况或者与该员工相关联的单位的情况；如果送行的是领导，就需要介绍该领导的相关情况，包括干过哪些事、取得哪些政绩，等等。比如，“长春市是一个有着400余万农业人口的农业大市，农村剩余劳动力达120余万人，人多地少的矛盾在相当长的时期困扰着我市农村经济的发展。为充分开发劳动力资源，将劳动力优势转化为经济优势，从2002年开始，长春市委、市政府做出了大力发展农村劳务经济的战略部署，将劳务输出纳入我市国民经济总体发展规划。作为在我市率先实现小康社会的重要措施，采取了社会一体化推进模式。以县（市）区劳动保障部门为龙头、以乡镇劳动保障事务所为纽带、以村屯为基础，形成了内外协调、上下联动的劳务输出管理和服务网络。相关部门密

切配合、积极工作，有力地推动了我市劳务输出工作的开展，取得了良好的经济效益和社会效益。2004年我市农村剩余劳动力转移输出已达87万人次，年直接劳务收入已达27亿多元”。

（2）提出几点希望或评论某事。如果送行的是员工，就向该员工提出几点希望，期待他以后取得更好的成绩。如果送行的是领导，就对该领导离任前所获得的政绩做出一个评价，一般情况下都是好评。比如，“在此，我提两点希望：一是希望各级政府要按照《长春市政府关于推进劳务输出工作的意见》的文件要求，高度重视、统一规范、集中精力、加大力度、加强配合，推进劳务输出工作的组织机构和工作协调机制建设，完善信息网络和服务体系，充分发挥相关职能部门的作用，从实际出发，因地制宜做好工作。从事劳务输出工作的人员要发扬不辞辛苦、百折不挠的工作精神，全心全意为广大农民服务。二是希望广大外出务工人员要发扬艰苦奋斗、吃苦耐劳的精神，树立人人都是长春形象的意识，严格遵守厂规厂纪，文明务工，敬业奉献，努力工作，打造和树立‘长春劳务输出’品牌”。

（3）抒发不舍之情或预祝成功。一般都是抒发自己对被送别者的恋恋不舍之情。但如果被送别者是带着光荣任务的，那就预祝被送别者取得理想的好成绩。比如，“同志们，出色地完成援藏任务，平安地返回岳阳，这是各级领导的殷切希望，这是全市人民的真心期盼，这是广大亲友的强烈期待。我们衷心地希望所有援藏干部，要恪尽职守，不负重托，为实现既定的目标而努力奋斗！到那时，我们将会摆出‘醉煞洞庭秋’的‘巴陵无限酒’，热烈欢迎各位勇士凯旋！我们一定邀请‘清赏浩无边’的‘岳阳楼上月’，共同祝贺全体亲友团圆！”

3. 结尾：祝福未来

同事欢送词的结尾一般采用祝福式，即祝福未来取得更好的成绩，祝福未来一切顺利，万事如意。比如，“亲爱的师兄、师姐们，你们就要告别母校，去开辟新的天地。虽然毕业后大家所从事的职业会有所不同，但不论是考研还是就业，都将是美好人生的开始。我们将时刻牵挂着你们，我们相信你们一定会在今后的日子里满怀豪情，谱就更加优美动听的乐章，抒写更加光辉灿烂的诗篇，拥抱更加充满希望的未来！”

五、欢送词的通用模板

笔者决定将上面所介绍的欢送词的结构简化为一个通用模板，以便让大家一看就马上明白，一上台就能发表讲话。

欢送词的通用模板分为如下三步六点（见图13–1），每步每点的具体内容和相关要求如下。

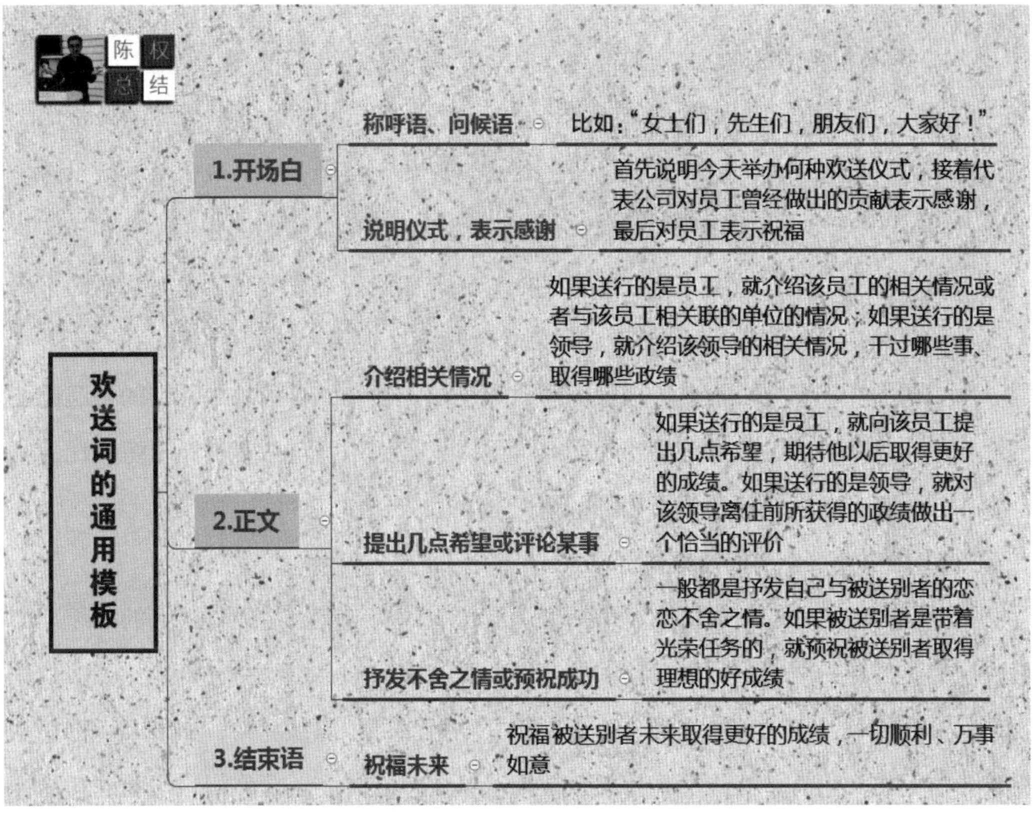

图 13–1　欢送词的通用模板

1. 第一步：开场白

（1）称呼语、问候语

这个要根据具体的场合而定。比如，“女士们，先生们，朋友们，大家好！”“亲爱的2011级师兄们、师姐们，大家好！”等等。

（2）说明仪式，表示感谢

首先说明今天举办何种欢送仪式，接着代表公司对员工曾经做出的贡献表示感谢，最后对员工表示祝福。比如，“今天是我校德高望重的老领导、桃李天下的老教师李忠同志的退休喜宴。在这祥和喜庆的美好时刻，我代表雷州市第九中学，向光荣退休的李忠校长表示崇高的敬意！向前来祝贺的各位来宾表示深深的谢意！”

2. 第二步：正文

（1）介绍相关情况

如果送行的是员工，就介绍该员工的相关情况或者与该员工相关联的单位的情况；如果送行的是领导，就介绍该领导的相关情况，干过哪些事、取得哪些政绩。比如，“3年前，当多数同龄人还在父母的呵护下寻找人生的支点时，你们响应祖国的号召，与绿色相约，坚定地步入共和国卫士的方队。在人们下海、炒股等时髦的热浪声中，毅然决然地用稚嫩的双肩挑起保家卫国的重任。3年来，你们严格训练、刻苦学习，由当初的小不点成长为威武强壮的军营男子汉。在座的老同志中，有的是我们的训练标兵、技术能手，有的是思想和文体骨干，正是你们为连队争得岗位练兵比武的金牌，是你们丰富了我们的文化生活，是你们为我们送上营养可口的饭菜”。

（2）提出几点希望或评论某事

如果送行的是员工，就向该员工提出几点希望，期待他以后取得更好的成绩。如果送行的是领导，就对该领导离任前所获得的政绩做出一个恰当的评价。比如，“作为你们曾经的领导、永远的大哥，赠予你们‘吃穿住行’四件礼物，如果以后你们觉得它对你们的人生有益处，那我将欣慰至极。第一，吃方面。请你们多吃两种食物：一种叫吃亏，一种叫吃苦。第二，穿方面。请你们常穿两件衣服：一件是本事，一件是本分。第三，住方面。请大家常住两套房子：一套是感恩，一套是感悟。第四，行方面。引导大家行走两条道路：一条叫行动，一条叫行善”。

（3）抒发不舍之情或预祝成功

一般都是抒发自己对被送别者的恋恋不舍之情。如果被送别者是带着光荣任务的，就预祝被送别者取得理想的好成绩。比如，“亲爱的战友们，你们无须担心在这瞬息万变的信息时代、竞争激烈的经济大潮中落伍，因为你们当过兵，因为在你们身上蕴藏着军人特有的刚毅质朴、坚韧忠诚的品格，因为你们具有勤奋好学、百折不挠的优秀素质。相信在不久的将来，你们就会成为优秀的厂长、经理、企业家……我只需提醒你们，不管在何时何地，不要忘了自己曾是位军人，不要忘了军人的美德，不要忘了军队的光荣传统，更不要忘了我们深深的战友情、军营爱！”

3. 第三步：结束语

结束语一般为祝福未来，即祝福未来取得更好的成绩，祝福未来一切顺利、万事如意。比如，“最后，让我再次代表连队支部、全连官兵祝你们一路顺风、早传佳音！”

当然，以上的通用模板可能有点格式化，在具体的实践中，演讲者可以根据实际需要稍做改动。

六、精彩欢送词范文和点评

【范文1】

送你三盆水

——在新干部赴任欢送会上的讲话

鲁祥林

同志们：

大家好！

我们中优秀的一员——王力同志，即将离开这个他播下优良种子、洒下辛勤汗水的老单位，带着党交给的新任务起程去另一个单位拼搏开拓。作为王力同志的老领导、老同事，我为他送上真诚的祝福，还送给王力同志三盆水。

第一盆水：用来好好洗洗头。在当今发展社会主义市场经济的大潮中，每个干部要保持清醒的头脑，知人善任，戒骄戒躁。只有头脑清醒，才能在缤纷的世界中明辨是非，开拓进取建奇功。

第二盆水：用来好好洗洗手。手净才能气正，为官要廉洁勤政，两袖清风。常常洗手才能在名利面前不动心，对不义之财不伸手。

第三盆水：用来好好洗洗脚。脚步净才能腿勤，要多往群众中跑，多往基层跑。办法是从群众中来的，功业也是群众创造的，脱离了群众则将一事无成。

同志们，今天，让我们再一次真诚地祝愿，祝愿王力同志在新的工作岗位上更展风采。

谢谢大家！

【点评】

在格式上，此篇欢送员工的欢送词比较规范，基本符合黄金圈框架的要求。称呼语、问候语、说明仪式、介绍相关情况、提出希望、抒发不舍之情，等等，都已经涉及了。

在语言上，此篇员工欢送词用语比较生动，善于使用象征手法，让人听后受益匪浅。比如，“第二盆水：用来好好洗洗手。手净才能气正，为官要廉洁勤政，两袖清风。常常洗手才能在名利面前不动心，对不义之财不伸手”。

在内容上，此篇员工欢送词的正文部分主要由“三盆水”组成，依次为：“第一盆水：用来好好洗洗头”“第二盆水：用来好好洗洗手”“第三盆水：用来好好洗洗脚”。这三个论点不但符合黄金圈模型的要求——就某一主题进行当众演讲或者发表意见时，仅说三个要点。而且三个论点之间还符合金字塔原理里面的MECE法则，即“头、手、脚”，刚好涵盖了人体除了躯干之外的三大组成部分。所以说，这篇欢送词非常棒，值得大家认真学习。

【范文2】

领导升职欢送词

佚名

同志们、朋友们：

大家好！

“风雨送春归，飞雪迎春到。”值此新春佳节来临之际，我们在这里欢聚一堂，共同庆贺刘书记荣升荣调。首先，让我们以热烈的掌声对刘书记荣升荣调表示最诚挚的祝贺！

2003年，在周家乡工作出现滑坡，考核位次后移的情况下，县委慧眼识英才，将刘书记派到周家乡担任我们一班人的班长。刘书记受命于危难之际，不辱使命，一到周家，深入基层调查研究，广泛征求各界意见，吃透乡情，深思熟虑，找准了扭转被动局面的突破口，破解了发展历程中一个个难题。尤其是城镇建设上，他多次主持召开座谈会，大胆提出了“3年投资4000万，建设一个新周家”的设想，思想是行动的先导，经过3年持续努力，3年规划得到了实现，创造了城镇建设上的“周家速度”，得到全乡乃至全县上下一片赞誉。特别是今年，在城镇建设上规划实施了6大工程，西街十字开发扩大了城镇规模，芦堡新村平地而起，农民文化广场成为全市乃至全省的样板，提升了城镇品位，完善了城镇服务功能。在其他各项工作中，周家乡也取得了显著的成绩，为我们争得了荣誉、争得了名气、争得了体面。周家乡国内生产总值达到7500万元，农民人均纯收入达到2020元，剔除烤烟税收，财政收入达到136万元，各项指标保持了两位数增长，高于全县增长速度。这些成绩的取得，主要是刘书记统筹兼顾、运筹帷幄的结果。借此机会，我代表周家乡党委、政府以及在座的各位和全乡2.5万名干部群众，向刘书记4年多来为周家乡所付出的艰辛劳动、所做出的突出贡献表示最崇高的敬意！

刘书记的荣升荣调，是县委、市委对刘书记个人能力的肯定，也是对4年来工作成绩的肯定；刘书记的荣升荣调，既是他个人奋斗历程上的重要里程碑，也是我们全乡干部的荣耀。

“请君试问东流水，别意与之谁短长”“海内存知己，天涯若比邻”。今日相送，不禁思绪万千、心潮澎湃，同志之情、朋友之谊使我们依依不舍、难说再见。可是新的使命，让我们真诚相送、真诚祝福，祝愿刘书记在新的工作岗位上工作顺利、鹏程万里、再创辉煌！

借此机会，给大家拜个早年，祝在座的各位新春愉快、合家幸福、事业兴旺、万事顺意！

【点评】

在格式上，此篇欢送领导的欢送词比较规范，基本符合黄金圈框架的要求。像称呼语、问候语、说明仪式、介绍相关情况、评论某事、抒发不舍之情，等等，都已经涉及了。

在语言上，此篇领导欢送词用语比较特别，善于引用古诗词，很有亮点。比如，“请君试问东流水，别意与之谁短长”“海内存知己，天涯若比邻”。

在内容上，此篇领导欢送词的正文部分主要由政绩描述、成绩评价、抒情祝福三部分组成，这三个论点恰好符合黄金圈模型的要求——就某一主题进行当众演讲或者发表意见时，仅说三个要点。虽然这三个论点之间并没有符合金字塔原理里面的MECE法则，但是，因为善于引用古诗词，善于使用抒情方法，所以说，这篇欢送词还算是一篇非常好的演讲，值得大家认真学习。

【范文3】

光明集团副董事长致亚奇先生伉俪的欢送词

亚奇先生伉俪：

你们好！

在你们工作期满即将调赴新职之际，我谨代表集团全体员工，对你们3年来所付出的艰苦努力，对你们为集团做出的杰出贡献，表示深深的感谢！

3年前，你们放弃优越的生活条件，远渡重洋，来到这片贫瘠的土地。那时，这里还是满目荒凉、一片泥泞。你们不顾环境恶劣，与中国员工一起白手起家，艰苦奋斗。你们学会了中国人说的“冬练三九，夏练三伏”，还常常把“向雷锋同志学习”挂在嘴上。我们一起熬过了多少不眠之夜，攻克了一个又一个技术难关。没有你们的先进技术和奉献精神，就不可能有今天的绿浪遍野、五谷丰登。

当年你们与中国员工一起种下的经济作物林，现在开始获得回报了，而你们却要走了。你们将承担更加重要的工作，我们为此而高兴。不论你们走得多么远，这里的一草一木都将永远记住你们的无私奉献。

在此依依惜别之际，让我们再来同唱一曲《友谊地久天长》！

再次感谢你们！

【点评】

在格式上，此篇欢送嘉宾的欢送词比较规范，基本符合黄金圈框架的要求。像称呼语、问候语、说明仪式、介绍相关情况、评论某事、抒发不舍之情，等等，都已经涉及了。

在语言上，此篇嘉宾欢送词用语富有感情，让人听后产生浓浓的离别之情。比如，“不论你们走得多么远，这里的一草一木都将永远记住你们的无私奉献”。

在内容上，此篇嘉宾欢送词的正文部分主要由情况介绍、成绩描述、抒情祝福三部分组成，这三个论点恰好符合黄金圈模型的要求——就某一主题进行当众演讲或者发表意见时，仅说三个要点。虽然这三个论点之间并没有符合金字塔原理里面的MECE法则，但是，因为善于使用抒情方法，不得不说，这篇欢送词还算是一篇非常好的演讲，很值得大家学习。

第十四章

黄金圈框架让你的婚礼贺词发表得更加活泼、更能制造幸福氛围

结婚对绝大多数人来说，一辈子只有一次，所以，婚礼必不可少。

婚礼是一种文化，其意义不仅仅是为了结婚场面的喜庆和热闹，更主要是在于获取社会的承认和祝福。因此，很多人，特别是女人，都渴望有一场轰轰烈烈的婚礼，都渴望得到亲朋好友们的祝福。

婚礼是否举办得浪漫又温馨、是否让人终生难忘，其关键点不但在于活动流程的筹划，更是在于婚礼贺词这个环节的设计。如果主持人很善于制造气氛，如果重要嘉宾以及双方父母的贺词都很精彩，那新郎新娘肯定会觉得非常开心、无比幸福。

如此看来，婚礼上的贺词发表也是一门必修课，作为公司的领导或者新郎新娘的亲人，也需要掌握这一技能。

因此，为了能让广大机关领导、新人亲友在婚礼中把祝词发表得既精彩不断，又走心，笔者决定将婚礼贺词的相关概念、具体要求、腹稿思路（即将黄金圈框架运用于婚礼贺词）分享如下。

一、什么是婚礼贺词

婚礼贺词是指为了活跃婚礼气氛、渲染现场情绪，使婚礼更加热烈、隆重、愉快而在新婚庆典仪式上发表的讲话。

婚礼上的贺词一般包括：司仪（即主持人）贺词、嘉宾（包括领导、朋友）贺词、亲人（包括双方父母）贺词和新人贺词等。由于致婚礼贺词的目的是为了增添现

场气氛、给新郎新娘送上更多祝福，所以，婚礼贺词的形式越来越多，内容越来越丰富。不过，婚礼贺词的类型主要有三种，依次为：司仪贺词、嘉宾贺词和亲人贺词。

二、婚礼贺词有何不同

相比起其他类型讲话，婚礼贺词的特点非常明显，一共有两个，现简单介绍如下。

1. 形式的多样性

由于婚礼现场气氛没有那么严肃，所以，婚礼贺词也不必拘泥于形式，凡是正能量的、能够活跃现场气氛的，都可以采用。因为这些都能够给现场来宾、新郎新娘留下深刻的印象和美好的回忆。

2. 感情的真挚性

婚礼贺词是婚礼活动中最重要的环节，所以，致辞人在发言、特别是致祝福词的时候，态度必须诚恳。因为只有态度诚恳，才能让婚礼贺词入脑走心，婚礼贺词才能引起现场听众的共鸣，才能起到带动现场气氛的作用。

三、婚礼贺词的基本结构

接下来，我们继续探讨婚礼贺词的结构。

一般来讲，致婚礼贺词的时间不会太长，在5分钟左右，字数在800～1700字。

另外，社交演讲中的婚礼贺词，其结构也是由标题、称呼和主体三个部分组成。下面，笔者对其进行一一介绍。

1. 标题

婚礼贺词的标题有如下四种形式。

第一种，单独由文种名称为标题。例如《婚礼贺词》。

第二种，由活动全称加文种名称构成。例如《在部队集体婚礼上的贺词》。

第三种，由新郎新娘的姓氏或者名字加文种名称构成。例如《在李小姐、陈先生结婚庆典上的贺词》。

第四种，由致辞人类别加文种名称构成。例如《婚礼司仪贺词》《婚礼领导贺词》《父亲在儿子婚礼上的贺词》。

2. 称呼

称呼是称呼语和问候语的总称。婚礼贺词的称呼跟致开幕词的称呼也差不多，其格式主要有如下两种。

（1）二级称呼法，即称呼对象有两大类型。比如，“各位来宾，女士们、先生们，大家好！”

（2）三级称呼法，即称呼对象有三大类型。比如，“各位来宾，各位首长，女士们、先生们，大家好！”

3. 主体

主体是婚礼贺词的主干部分，它主要包括开头、正文和结尾三块内容。

由于这部分的内容比较重要，需要按照黄金圈框架来设计，所以，笔者决定将其单独介绍如下。

四、黄金圈框架在婚礼贺词中的运用

虽然婚礼贺词主要有三种类型，分别为司仪贺词、嘉宾贺词和亲人贺词，但是在日常生活中，经常运用到的却是嘉宾（包括领导、朋友）贺词和亲人（包括双方父母）贺词，我们仅重点介绍嘉宾贺词这一种。

1. 开头：借助时令，表示祝贺；借助名言，表示祝福

婚礼上的嘉宾贺词，其开头方式主要有如下两种：

（1）借助时令，表示祝贺。即一开篇，致辞人首先谈一谈关于当下的季节或者眼前的景象，接着话锋一转，告诉大家今天在这里举办的是婚礼，再接着向新郎新娘表示祝福，向各位来宾表示感谢。比如，“阳光明媚，歌声飞扬，欢声笑语，天降吉祥。在这个美好的日子里，我们迎来了秦汉先生和宋明女士的婚礼庆典。首先，请允许我代表在座的各位来宾，向两位新人致以真诚的祝福！同时受新郎、新娘委托，向在百忙之中来参加今天婚礼的各位来宾表示热烈的欢迎和衷心的感谢！”

（2）借助名言，表示祝福。即一开篇，首先引用一句跟现场气氛相匹配的名言或者诗句，接着告诉大家今天在这里举办的是婚礼，再接着向新郎新娘表示祝福、向各位来宾表示感谢。比如，“今天，是‘向阳花花开向阳村，比翼鸟鸟飞比翼天’。在这‘香车迎淑女，美酒贺新郎’的大喜大庆、大吉大利、大顺大发的日子里，我们有幸会集在富丽堂皇、流光溢彩的蓝宫大酒店里，济济一堂，喜气洋洋，庆祝李小姐、陈先生的结婚典礼，感到由衷的喜悦！下面，请允许我代表新娘单位来宾用特作的几幅婚联向李小姐、陈先生表示最真诚的祝福和最美好的祝愿！”

2. 正文：称赞新人优点、介绍新人爱情故事、提出殷切希望

婚礼上的嘉宾贺词，其主体中的正文部分通常包括如下三项内容：

（1）称赞新人的各自优点。其中包括新郎新娘的特点、长处、人品、人缘、工作能力等方面的优点。比如，“大家都知道，新郎是一年前分配来的大学生，他才华横溢、脱俗不凡，真是‘腹有诗书气自华’，深受学生爱戴、同行喜欢、姑娘青睐。从名字就可看出，他是一位心清如水、热情奔放的小伙子，而他在那清澈如山泉的心田里，却早已倒映着一个小玉环的倩影。新娘也像她的名字一样，是一只小巧玲珑、纯洁无瑕的玉环。她的质朴、自然、善良和温柔，特别是她那‘回眸一笑百媚生’的无比魅力，我敢说，风华正茂的小伙子见了，没有不为之倾倒的。不过，也只有我

的好友小李才有这个缘分，我为这样迷人的姑娘爱上了我们这雅而穷的数学教师而自豪”。

（2）介绍新人的爱情故事。在这里，可以介绍新郎新娘他们之间是怎样认识的，以及他们之间的爱情故事、生活趣事，也可以讲一讲自己对爱情的看法。但是，如果要讲对爱情的看法，那这部分内容就需要放在“称赞新人的各自优点”的前面了。比如，“我说，其实最幸福的当属我们眼前的这二位了。因为，新郎新娘各自的细胞刚刚在娘胎里发育的时候，就被父辈们在不经意的玩笑中指腹为婚了。他们青梅竹马、两小无猜，从小到大不曾分开。幼童时牵手走进幼儿园，儿童时牵手走进小学校园，少年时牵手走进中学校园，成年后又双双考进了同一所重点大学，两人在长辈的呵护下一帆风顺地牵手走过了26个春夏秋冬。他们是天定姻缘，是最幸福的一对，今天的大典之后他们将永远牵手，一起走到‘夕阳红霞耀满天’”。

（3）对新人提出殷切希望。即希望新郎新娘结婚以后怎样工作和生活。比如，“同时，也借此机会，向两位新人提出几点希望：一是新婚之后，希望你们要孝敬父母，报答父母的养育之恩。二是希望你们在今后的生活中，要互敬互爱、互谅互让，共同创造你们的幸福生活。三是希望你们在今后的工作中，要以新婚之喜为契机，在各自的工作岗位上，刻苦钻研、努力工作，用出色的业绩为各自的事业做出更大的贡献”。

3. 结尾：祝愿幸福

婚礼上的嘉宾贺词，其结尾方式常常使用祝愿式，即祝愿幸福，也就是祝愿新郎新娘婚姻幸福、白头偕老，同时也祝愿现场的所有来宾健康快乐、一切如意。比如，“十年修得同船渡，百年修得共枕眠。于茫茫人海中，你们奇迹般地找到了对方，旸晴结合，如胶似漆，分明是千年前的一段缘，祝你俩幸福美满、共偕连理。愿你们的人生，像《诗经》一样优美，像《箴言》一样智慧，像《传道书》一样虔诚，像《雅歌》一样和睦！最后，吟副对联，铭记你们的新婚大典——‘旸光普照柏悦，高朋满座，恭祝雷施两家喜结秦晋之好；晴日红装军港，鞭炮齐鸣，迎来鸳鸯一对协奏琴瑟之声’。谢谢大家！”

五、婚礼贺词的通用模板

笔者决定将上面所介绍的婚礼上的嘉宾贺词的结构简化为一个通用模板，以便让大家一看就马上明白，一上台就能发表讲话。

婚礼上的嘉宾贺词，其通用模板分为如下三步六点（见图14–1），每步每点的具体内容和相关要求如下。

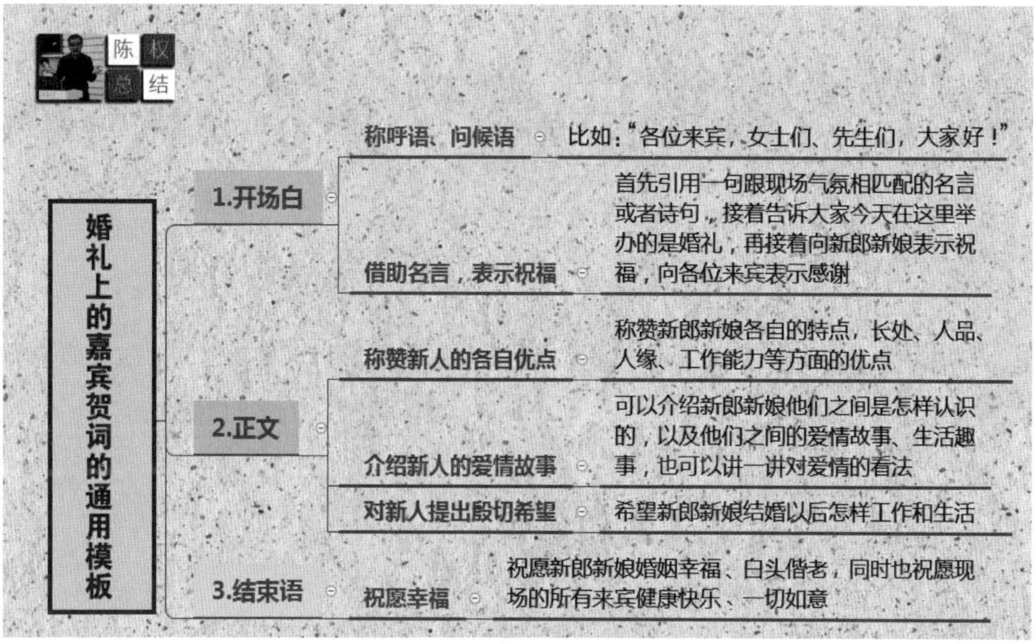

图 14–1　婚礼上的嘉宾贺词的通用模板

1. 第一步：开场白

（1）称呼语、问候语

这个要根据具体的场合而定。一般采用二级称呼法，比如，“各位来宾，女士们、先生们，大家好！”

（2）借助名言，表示祝福

首先引用一句跟现场气氛相匹配的名言或者诗句，接着告诉大家今天在这里举办的是婚礼，再接着向新郎新娘表示祝福，向各位来宾表示感谢。

2. 第二步：正文

（1）称赞新人的各自优点

即称赞新郎新娘各自的特点、长处、人品、人缘、工作能力等方面的优点。

（2）介绍新人的爱情故事

可以介绍新郎新娘他们之间是怎样认识的，以及他们之间的爱情故事、生活趣事，也可以讲一讲自己对爱情的看法。

（3）对新人提出殷切希望

即希望新郎新娘结婚以后怎样工作和生活。

3. 第三步：结束语

结束语一般为祝愿幸福，即祝愿新郎新娘婚姻幸福、白头偕老，同时也祝愿现场的所有来宾健康快乐、一切如意。

六、精彩婚礼贺词范文和点评

【范文】

在刘先生、彭小姐婚礼上的贺词

陈殿林

女士们、先生们：

大家好！

“金色十月，秋高气爽，九州同庆，天合之作。”今天是刘朋华先生、彭玉菊小姐喜结连理之日。在这个激动人心的美好时刻，首先请允许我代表在座的诸位嘉宾，向新郎、新娘致以衷心的祝福！同时，受新郎新娘的委托，向在百忙中参加今天婚礼的诸位好友亲朋，表示热烈的欢迎和由衷的谢意！

爱情是古老而年轻的话题，也是不朽的人生主题。许多人已经拥有，更多人正在追求。两位新人有着初恋时“月上柳梢，人约黄昏”的热烈心跳，也有热恋中“冷落清秋伤别离”的难舍难分。经历了“似水柔情，如梦佳期”的苦苦期盼，品尝过“相知不渝，金兰永结”的浪漫温馨，终于迎来这携手共赴红地毯的幸福时刻。古往今来，多少美妙的爱情故事，曾让我们感叹不已，但无论是泪洒斑竹、魂断潇湘，还是天河凝望、情寄西厢，比之两位新人的爱情都要逊色三分。“只应书上有，却道俗尘无”的爱情故事，真实地呈现于我们眼前，使我们由衷地感到：凡尘自有真情在，到底人间喜事多！

刘先生才华横溢、事业有成，如大江东去，声声涛涌，卷起千堆雪；彭小姐纯美善良、小鸟依人，似小桥流水，涓涓细流，滴滴润心田。真是郎才女貌，相得益彰。为此，我们真诚地祝愿两位新人在人生旅途上谱写更加绚烂的篇章。

同时，我再次代表诸位嘉宾献上大家殷切的希望和美好的祝愿：一愿你们夫妻恩爱、白头偕老。情有自由爱有属，愿你们一朝结下千种爱，百岁不移半寸心。在漫漫人生路上，相濡以沫、休戚与共、风雨同舟。二愿你们比翼齐飞、事业有成。愿你们做一对事业伴侣，互相学习、互相支持、互相勉励，在各自的岗位上都做出优异的成绩，像荷花并蒂相映美，如海燕双飞试比高。三愿你们孝敬双方父母，团结兄弟姐妹，凭仁爱、善良、纯洁之心，用团结、勇敢、智慧之手去营造温馨的家园，修筑避风的港湾，共创灿若朝霞的明天。

最后我提议，为了两位新人的辉煌明天，为了双方父母的身体安康，也为了在座诸位嘉宾的有缘相聚，干杯！

谢谢大家！

【点评】

在格式上，此篇婚礼上的嘉宾贺词比较规范，基本符合黄金圈框架的要求。像称呼语、问候语、借助名言表示祝福、称赞新人的各自优点、介绍新人的爱情故事、对新人提出殷切希望、祝愿幸福，等等，都已经涉及了。

在语言上，此篇婚礼上的嘉宾贺词，语言优美，善于引用古诗词，给人一种美的享受。比如，“两位新人有着初恋时‘月上柳梢，人约黄昏’的热烈心跳，也有热恋中‘冷落清秋伤别离’的难舍难分。经历了‘似水柔情，如梦佳期’的苦苦期盼，品尝过‘相知不渝，金兰永结’的浪漫温馨，终于迎来这携手共赴红地毯的幸福时刻”。

在内容上，此篇婚礼上的嘉宾贺词的正文部分主要由三点看法组成，依次为：

“介绍新人的爱情故事”“称赞新人的各自优点”“对新人提出殷切希望”。这三个论点刚好符合黄金圈模型的要求——就某一主题进行当众演讲或者发表意见时，仅说三个要点。尽管说，这三个论点之间并不符合金字塔原理里面的MECE法则，但是，“故事、优点、希望”这样的排列顺序，显得思路非常清晰，说服力极强。所以，这篇婚礼上的嘉宾贺词非常不错，值得大家认真学习。

第十五章

黄金圈框架让你的自我介绍发表得更有水平、更能让别人记住你

有人说，当众自我介绍的目的其实就是塑造自己，宣传自己，引起别人兴趣，争取听众共鸣。所以，你不必谦虚，也不必害羞，而是要勇敢地把自己推销给听众，告诉他们你的厉害。例如，你曾经创造过哪些令人叹为观止的业绩，你曾经干过哪些惊天动地的大事。让听众听完你的自我介绍后，不自觉地发出一连串“哇！哇！哇！”的惊讶声。

也有人说，在众人面前介绍自己，目的是为了争取听众的好感，能给听众留下好印象，从而建立起自己跟听众之间的信赖感。所以，你尽量别向听众炫耀自己曾经取得的哪些丰功伟绩，也许这些所谓的骄人业绩在别人的眼里根本不值一提。你最好谦卑一些、含蓄一些、礼貌一些、内涵一些，也许这样才会让听众更加认同你。

但在笔者看来，这两种说法都有一定的道理，只不过是它们适用于不同的场合、不同的对象而已。同时也说明了自我介绍也不是一件很容易的事情，并不是上台来随随便便说几句关于你的个人信息就完事了。

为了能让广大职场人士在不同场合下，所做的自我介绍更加妥帖一些，也就是更加符合自己的目的以及听众的期待，笔者决定将自我介绍的相关概念、具体要求、腹稿思路（即将黄金圈框架运用于自我介绍）分享如下。

一、什么是自我介绍

自我介绍就是通过口语向他人介绍自己有关情况的一种人际沟通方式。

自我介绍所涉及的内容十分广泛，可以介绍你的姓名、年龄、籍贯、职业、行业、教育背景，也可以介绍你的性格、爱好、特长、理想、愿望，甚至还可以介绍你的不平凡经历、有趣童年、家庭成员等。因此，根据不同的场合，在做自我介绍的时候，应该有所突出，不能千篇一律。

自我介绍主要分为两大类四种，一类是应用于社交场合的交友式自我介绍和告知式自我介绍；另一类是应用于工作场合的应答式自我介绍和推销式自我介绍。

二、自我介绍有何不同

相比其他类型讲话，自我介绍的特点非常明显，一共有两个，现简单介绍如下。

1. 功能的社交性

在人际交往过程中，有一些东西是可以回避的。但是，作为职场人士，向别人介绍自己这件事情是永远回避不了。可以这么说，自我介绍就是我们与陌生人打开交流之门的一把钥匙，无论是在社交活动中，还是在求职应聘的时候，都会经常用到它。例如在职场中，当我们第一次与陌生人见面时，首先要做的第一件事情就是向对方介绍自己。

2. 目的的推销性

曾经有名人这么说过：人生需要不断地突破自己，成功来自不断地自我介绍。因此，自我介绍就是一种自我推销的最佳方式，它能将个人的形象、能力甚至信仰、价值观等，都推销给听众。

三、自我介绍的基本结构

接下来，我们继续探讨自我介绍的结构。

一般来讲，自我介绍的时间要根据场合来决定，有时候不到1分钟，有时候在3分钟左右，有时候需要满5分钟。所以，其字数在100～1200字。

自我介绍的结构也是由标题、称呼和主体三个部分组成。下面，笔者对其进行一一介绍。

1. 标题

自我介绍的标题有如下两种形式。

第一种，单独由文种名称为标题，例如《自我介绍》。

第二种，由活动全称加文种名称构成，例如《在“蜀秀礼仪小姐大赛决赛”中的自我介绍》。

2. 称呼

称呼是称呼语和问候语的总称，自我介绍的称呼要根据具体场合来决定，主要有如下四种：

（1）应用于一般性社交场合的交友式自我介绍的称呼。例如在旅途中、宴会厅里，常用的称呼为：“这位小姐，您好！”“李先生，您好！”

（2）应用于正规性社交场合的告知式自我介绍的称呼。例如在老乡会上、新同事见面会上，常用的称呼为：“各位领导、各位来宾，大家晚上好！”“女士们、先生们，大家早上好！”“尊敬的陈总、各位领导，同事们，大家下午好！”“各位帅哥、各位美女，你们好！”

（3）应用于被动性工作场合的应答式自我介绍的称呼。例如在求职面试时，常用的称呼为：“尊敬的各位考官，早上好！”“各位考官，你们好！”

（4）应用于主动性工作场合的推销式自我介绍的称呼。例如在讲课、现场推销时，常用的称呼为：“各位老师，同学们，下午好！”“各位专家、各位同行，你们好！”“各位父老乡亲，大家好！”

3. 主体

主体是自我介绍的主干部分，它主要包括开头、正文和结尾三块内容。

由于这部分的内容比较重要，需要按照黄金圈框架来设计，所以，笔者决定将其单独介绍如下。

四、黄金圈框架在自我介绍中的运用

由于自我介绍有四种类型，所以，其框架也有四种类型。

1. 交友式自我介绍框架

交友式自我介绍，主要应用于一般性社交场合，例如旅途中、宴会厅里、舞场上、通电话时等。这时候，双方不是很熟悉，或者根本不认识对方，而进行自我介绍的目的只不过是为了确认对方的身份或者是为了交上新朋友。所以，这种自我介绍比较客气、比较简单、时间也不长。

（1）开头：客套话

交友式自我介绍的开头很简短，有时候仅仅是一句客套话，比如，“认识您很高兴！”“认识您是一种缘分”，等等。

（2）正文：名字介绍、工作介绍、请教对方

交友式自我介绍主体中的正文部分通常包括如下三项内容。

①名字介绍。一般性社交场合中，最主要传达的信息是各自的名字。所以，自我介绍一开始，首先要向对方报上自己的名字。同时，为了能让对方第一时间记住自己的名字，还需要对自己的名字做解释。比如，“我叫范磊，范是范仲淹的范，磊是光明磊落的磊，连起来就是光明磊落的范仲淹。我父亲给我起了这么一个名字，希望我以后能跟范仲淹一样，做一个光明磊落的人”。

②工作介绍。报上自己的名字之后，接着就是告诉对方自己的职业，或者自己所从事的行业。一般来讲，工作介绍的内容必须少而精，最好是一句话。比如，“我是从事品牌推广工作的，目前在一家世界五百强企业上班”。

③请教对方。自我介绍完毕，接下来还须请教对方的名字和职业。不然的话，既显得不尊重对方，也让相互介绍显得不完整。比如，“请问：怎样称呼您？您在哪里高就？”

（3）结尾：客气话

交友式自我介绍的结尾非常简单，一般也是一句客气话。比如，“希望能得到您的指教！”“请多多关照！”

特点提醒：交友式自我介绍的时间非常短，一般在1分钟之内。

2. 告知式自我介绍框架

告知式自我介绍，一般应用于正规性社交场合，例如老乡会上、联谊会上、新同学见面会上、新同事见面会上等。在这种场合中，如果需要出来做自我介绍，就不要过于宣扬自己的能力，不要在这种场合推销自己公司的产品，而是要含蓄一些，要有人情味一些。毕竟这种自我介绍的目的是为了告知，而不是为了推销。当然，这种自我介绍的难度也相对大一些。因为如果你介绍的内容不够吸引人，没有新意；或者你说得平铺直叙，没有特色；或者你给人的感觉轻描淡写，不够真诚等。那么，结果往往是你已经介绍完了，别人也把你给忘了，而你还埋怨别人没有记住你，没有重视你。

（1）开头：过渡语

告知式自我介绍的开头也非常简单，一般都是一句过渡语，目的是为了引出下文。比如，“认识大家很高兴，下面我简单地介绍一下自己……”“非常感谢主持人给我一个机会，向大家介绍一下关于我自己……”“非常高兴今天能在这里认识大家，能够站在这里和大家一起分享，首先要感谢我的父母……”等。

（2）正文：名字和家乡、工作和行业、性格和特长

告知式自我介绍主体中的正文部分通常包括如下三项内容。

①名字和家乡。报上自己的名字后，必须对自己的名字进行解释，不然别人会记不住。比如，“我叫李熙，李世民的李，康熙的熙”。说出自己的家乡后，最好用一句话来概括自己家乡的特色。比如，“我来自广东雷州，你们在深圳所吃到的雷州狗肉，就是我的家乡菜”。

②工作和行业。因为这个属于社交场合的自我介绍，所以，简单描述一下自己的工作、职务、行业即可，千万别为自己的公司或者产品进行现场推销。比如，“我是卖保险的，如果谁需要买保险，赶快找我”。这样的话，听众肯定很反感，当然，你可以隐形推销。比如，“我是一名理财顾问，对股票的走势很感兴趣，也有一定的研究，如果现场有这样的朋友，我们可以私下一起交流”。

③性格和特长。可以说说一下自己的爱好、性格、特长、上台的目的，也可以联系到现场、聊一聊刚才放生的趣事。不过，这些都是根据自己的需要而临场发挥的。比如，“我这个人很喜欢交朋友，我认为多一个朋友，就多一个世界。我人生信条是：‘把你的烦恼告诉朋友，你就会发现烦恼减少一半；把你的快乐告诉朋友，你就会发现快乐倍增。’”。

（3）结尾：祝福语、感谢语

告知式自我介绍的结尾，一般采用祝福语和感谢语，即用一句话来祝福大家和感谢大家。

这一条非常重要。如果说称呼语、问候语讲得得当可表明你很有礼貌、很有内涵的话，那么，祝福语讲得得体就表明你很有爱心、很会关心他人了。

虽然说，从来没有人会去拒绝祝福语的，但是，尽量少说一些大家都熟悉的祝福语，比如，“最后，我祝在座的各位身体健康、工作顺利、一切如意！”

同时，这个祝福语最好跟你的身份或者现场氛围相关，不要突然很生硬地冒出一句话，让大家措手不及。比如，“最后，还是祝愿大家家庭和和睦睦、事业红红火火吧！”

还有，祝福语最好有创意一些，比如，刚才你已经说到自己在水务局工作了，祝福语可以这样说：“最后，我祝愿深圳的天更蓝、水更清、人更美，谢谢大家！”

另外，最后一句话十分重要，就是当自己的祝福语一说完，赶快再说一句“谢谢大家”，并且在说这四个字的时候，音量一定要提高。因为这样的话，气氛就会活跃一些，可能会有一些听众为你的真诚祝福而报以热烈的掌声。

特别提醒：这种场合下，每个人自我介绍的时间大概控制在1.5分钟到3分钟之间，最好不要超出3分钟。当然，自我介绍的格式不一定按照上述的先后顺序，刚才所介绍的步骤仅供参考。我曾经记得，有一次，一个小女孩上台后，先唱了几句山歌，接着跟大家互动一下，问在座的各位是否知道这首歌的出处，最后才报出自己的家

乡、自己的名字……当然，她这个自我介绍是相当成功的，因为大家都记住了她的名字，记住了她的歌声。

3. 应答式自我介绍框架

应答式自我介绍，主要应用于被动性工作场合，例如求职面试等。

面试中，自我介绍的时间很短，最多3分钟。作为求职者，怎样才能在这么短的时间内，给面试官留下一个好印象呢？根据笔者的经验（笔者曾经面试过N个人，也曾经被面试过N次），建议采用如下发言顺序。

（1）开头：过渡语

应答式自我介绍的开头，一般也是采用过渡语，目的是为了引出下文。比如，“很高兴，今天能来参加这一场面试”“今天很荣幸，有机会参加这场面试”等。

（2）正文：你是谁，做过什么、做成什么，还想做什么

应答式自我介绍主体中的正文部分通常包括如下三项内容。

①你是谁。应答式自我介绍的第一步就是要告诉面试官你是谁。关于“你是谁”的个人信息很多，但你必须选择其中较重要的，能突出个性的，跟岗位匹配度高的因素。例如：名字、年龄、籍贯、教育背景、个性、爱好特长这6个因素中，笔者认为，名字和爱好特长更加重要。

如果你能个性化地介绍自己的名字，不仅能引起面试官的注意，还可以使面试的氛围变得轻松。比如，“我叫邵飞，谐音少点是非，父亲给我取这个名字，就是希望我以后在工作生活中少一些是非”。再如，“我叫俞非鱼，俞伯牙的俞，非鱼则出自《庄子·秋水》中‘子非鱼，安知鱼之乐’这句话，父母希望我过得像鱼儿一般逍遥自在”。

如果你能有针对性地介绍自己的爱好特长，更能引起面试官的格外关注。例如，作为应届毕业生，你应聘的岗位是管理培训生或者储干，而你是这样告诉面试官，说你从小喜欢跟人打交道，在学生时代参加过很多次校团委干部竞选并能如愿当选，我相信你的求职面试率会高很多。

②做过什么、做成什么。做过什么，代表着你的经验和经历。在这里，你主要介绍与应聘职位密切相关的实践经历即可。如果是应届毕业生，那你的陈述就应该包括

校内各种组织活动、相关的兼职和实习经历、社会实践等；如果是已经工作多年的职场人士，那你的陈述就要包括前几家单位的工作经历、工作经验。不过，最近一家的工作经历要说得详细一些。

值得注意的是，在介绍的过程中，你最好讲清楚这些经历的确切时间、发生地点、担任的职务、工作的内容等，因为这样就会让面试官觉得真实、具体、可信。当然，你的经历有很多，在这么短的时间之内，你不可能也不允许做到面面俱到，因此那些与应聘岗位无关的内容，就算曾经让你引以为荣，也只能忍痛割舍。

做成过什么，代表着你的能力和水平。对于这一部分内容，面试官会仔细听的。因为面试官主要通过求职者过去的工作经历，判断他选择本企业的原因，并预测他以后在本企业中可能采取的行为模式。同时，面试官还通过了解应聘者过去工作经历中的一些关键细节，来判断应聘者的胜任能力，面试官是不会轻易相信应聘者对自己的评价的。

所以，你主要介绍与应聘岗位所需能力相关的个人业绩即可。同时，你在介绍个人业绩的时候，需要注意如下几个问题。

要重点介绍那些能体现自己能力的内容，不要记流水账。

业绩要跟所应聘岗位需求的能力匹配。如果你应聘的是人事经理，就不需要介绍你当年的销售业绩是怎么的惊人，尽管你曾经是一名销售冠军。

要重点介绍“你自己”的业绩，而不是团队的业绩。因为用人单位要招聘的是“你”，而不是“你们”。

在介绍业绩的时候，不要用定性的“很好”“很多”等形容词，也不要用模糊的“大概”“基本”“大约”等副词，要以具体数字说话。例如：2020年的7月，我卖出去了20辆汽车。

在介绍取得业绩的具体过程中，最好说说你的工作体会。比如，“在公司第一次推行绩效考核的过程中，我碰到了很多想象不到的困难，不过，这些困难最终还是被克服了，我从中学到了不少东西”。因为这么一来，面试官肯定还会继续追问你，到底碰到了哪些棘手的问题，到底是怎么解决的。那你就可以进一步阐述具体的细节内容，以体现自己处理问题的能力。

③还想做什么。还想做什么，代表着你的理想和潜能。在这个部分，你可以介绍自己对应聘岗位、行业的看法和期待。同时，你也可说说自己对工作的兴趣和热情、

自己的未来职业规划等。比如，“我觉得这是一个朝阳的行业，并且这个岗位很锻炼人，我愿意在这个岗位上待个三五年”。

（3）结尾：感谢语

应答式自我介绍的结尾，一般是一句话，即结束语加上感谢语。比如，“我的自我介绍完毕，谢谢！”

特别提醒：如果面试官没有特别强调的话，那自我介绍的时间以3分钟为合适。在这3分钟之内，笔者认为应该这样来分配时间：第1分钟主要介绍自己的名字、年龄、籍贯、学历、专业、爱好；第2分钟主要介绍个人经历、个人业绩及成果；第3分钟可谈谈对应聘职位的看法和自己未来的职业规划。如果面试官特意强调，时间仅有1分钟的话，那刚才的发言内容就按比例缩减。

另外，求职者在陈述的过程中，应声音洪亮，但音调不能太高，语速以每分钟180~220字为宜。因为这样的表达可以让对方感到舒服，同时也能更有效地传递信息，增加面试官对你的印象分。

4. 推销式自我介绍框架

推销式自我介绍，一般应用于主动性工作场合，例如讲课、做讲座、做报告、做培训、现场推销等场合。在这种场合中，你是主角，你要给听众发表演讲。如果有口才较好的主持人把你介绍给听众，效果肯定好很多。倘若没有，并且你又不是什么大家，那你只能靠自己“包装”自己了。

可能有人会问：为什么这时候，不叫自我介绍，而叫自我“包装”了呢？因为这么做，也就是采用这样的“自我介绍”，是自我激励的一种方式，既会改变自己对自己的看法，也会改变别人对自己的看法。尽管说自我介绍的时间仅有3分钟，但这3分钟相当重要，你的自我介绍是否精彩，你的人生经历是否特别，既是说服别人的关键点，也是决定别人是否愿意继续听你演讲的动力。

所以，这种情况下，你不必谦虚，也不必羞于启齿。你一定要把这次演讲对听众的好处说出来，一定要勇敢地宣传自己。同时，更要把自己最珍贵的个人经验拿出来跟大家分享，因为人们都爱听故事，尤其是个人真实的故事。当然也只有这样，观众才不再说你是王婆卖瓜——自卖自夸。

这种自我介绍的目的是塑造个人形象，跟前面所介绍的三种不一样，它的发言顺序如下：

（1）开头：直接赞美、开门见山

推销式自我介绍的开头，一般是为了博得听众的好感，让听众相信自己有能力讲好今天的课程。故常用的开头方式主要有如下两种。

①直接赞美。我们都知道，大多数人都是喜欢听好话的。所以，授课讲师开始讲课之前，如果能对现场听众的积极参与、热情学习表示肯定和称赞，或对当地的自然风光、历史文化表示敬佩和惊叹，那就会容易引发听众的自豪感、满足听众的自尊心，从而获得听众的认可，并使自己接下来的演讲在愉快的气氛中进行。比如，“今天能够站在这里和大家做分享，我非常高兴！我曾经在很多地方做过演讲，但从来没有一个地方的朋友能够像你们这样给我这么积极热情的回应，你们是我遇到的最热情、最有激情的一群伙伴。所以让我们先给现场这么多优秀的伙伴以最热烈的掌声鼓励一下，好不好？”

②开门见山。开门见山是最常用的一种开头方式，它的特点非常明显：言简意赅、单刀直入、直截了当地把演讲主题和盘托出。比如，“各位优秀的同学，下午好！欢迎大家参加针对非人力资源管理部门的人力资源管理培训课程。我叫李景峰，和演员李易峰只差半个字……”

（2）正文：名字、家乡，演讲目的，自己的过去、现在、梦想

推销式自我介绍主体中的正文部分通常包括如下三项内容。

①名字、家乡。告诉观众你叫什么名字、来自哪个地方。比如，“我叫韩德智，韩是韩国的韩，德是德国的德，智是智慧的智，人们常说，‘大胜靠德，小胜凭智’，我的父母希望我两者都具备，所以给我起了这样的名字，我来自辽宁大连，认识大家很高兴，希望能跟大家成为好朋友”。

②演讲目的。告诉观众你即将给大家带来多少“令人兴奋”的好消息和资讯。比如，一位理财规划师在一次公开课《你不理财，财不理你》中，他这样说：“今天我只想跟大家谈三个问题，而这三个问题都有助于你理财。第一，如何挣钱？第二，如何投资？第三，如何让小钱生出大钱？大家想不想知道？能不能掌声鼓励一下？……”

③介绍自己的过去、现在、梦想。先谈过去，你曾经的失败，你曾经的困惑，你

曾经的无奈。当然，也顺便提一提你过去——有过哪些“不可思议”的经历，干过哪些“惊天动地”的大事，创造过哪些“令人叹为观止”的业绩。目的是不断回顾过去，总结经验，抛砖引玉，激励听众。再谈现在，因为你的真诚，你的执着，你结交了多少好朋友，积累了哪些人脉。而你正在做一件有意义的事情，有很多人（家人、朋友、贵人、名人）都在背后支持你。最后谈未来，你所做的事情，尽管没多少人理解，但你很快乐。你甘当默默无闻的老黄牛，一步一步地实现自己的梦想和完成人生的使命。

（3）结尾：过渡语

推销式自我介绍的结尾，一般要与演讲主题相衔接，所以，一般采用过渡语，目的是进入演讲主题。比如，“好了，自我介绍完毕，接下来，我们进入今天的演讲主题，我相信我的授课会比我的个人介绍更加精彩”。

特别提醒：相比起前面的几种自我介绍，推销式自我介绍的时间会长一些，一般为3分钟，但如果需要讲一个关于自己的故事，那时间就更长，可能超过5分钟。

五、自我介绍的通用模板

笔者决定将上面所介绍的四种自我介绍的结构简化为四个通用模板，以便让大家一看就马上明白，一上台就能发表讲话。

（一）交友式自我介绍的通用模板

交友式自我介绍其通用模板分为如下三步六点（见图15–1），每步每点的具体内容和相关要求如下。

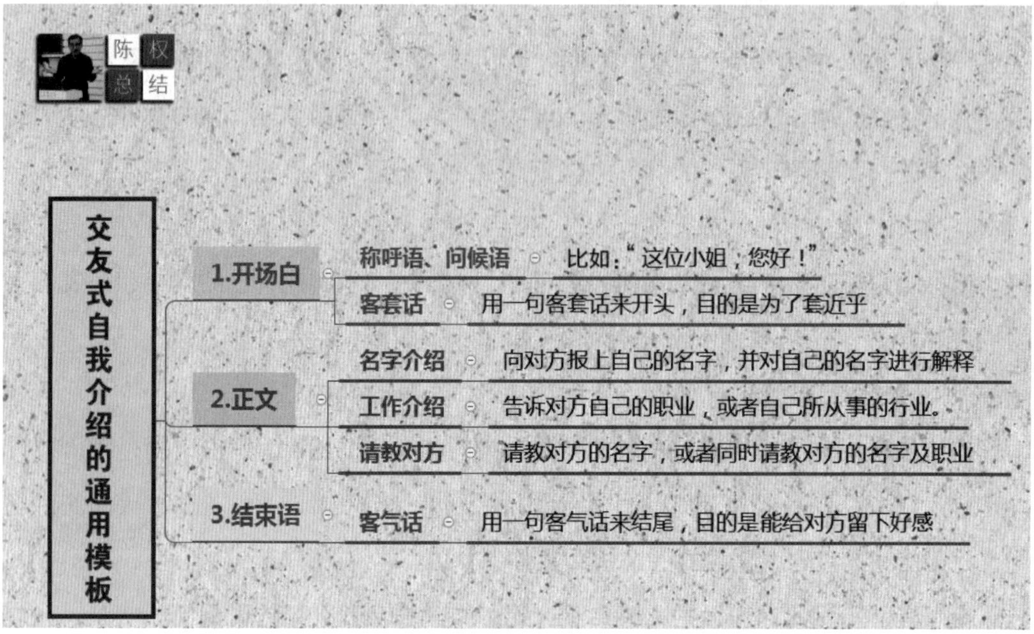

图 15-1　交友式自我介绍的通用模板

1. 第一步：开场白

（1）称呼语、问候语

常用的称呼为："这位小姐，您好！""李先生，您好！"

（2）客套话

用一句客套话来开头，目的是套近乎。

2. 第二步：正文

（1）名字介绍

向对方报上自己的名字，并对自己的名字进行解释。

（2）工作介绍

告诉对方自己的职业，或者自己所从事的行业。

（3）请教对方

请教对方的名字，或者同时请教对方的名字及职业。

3. 第三步：结束语

结束语一般为客气话。用一句客气话来结尾，目的是给对方留下好感。

（二）告知式自我介绍的通用模板

告知式自我介绍其通用模板分为如下三步六点（见图15-2），每步每点的具体内容和相关要求如下。

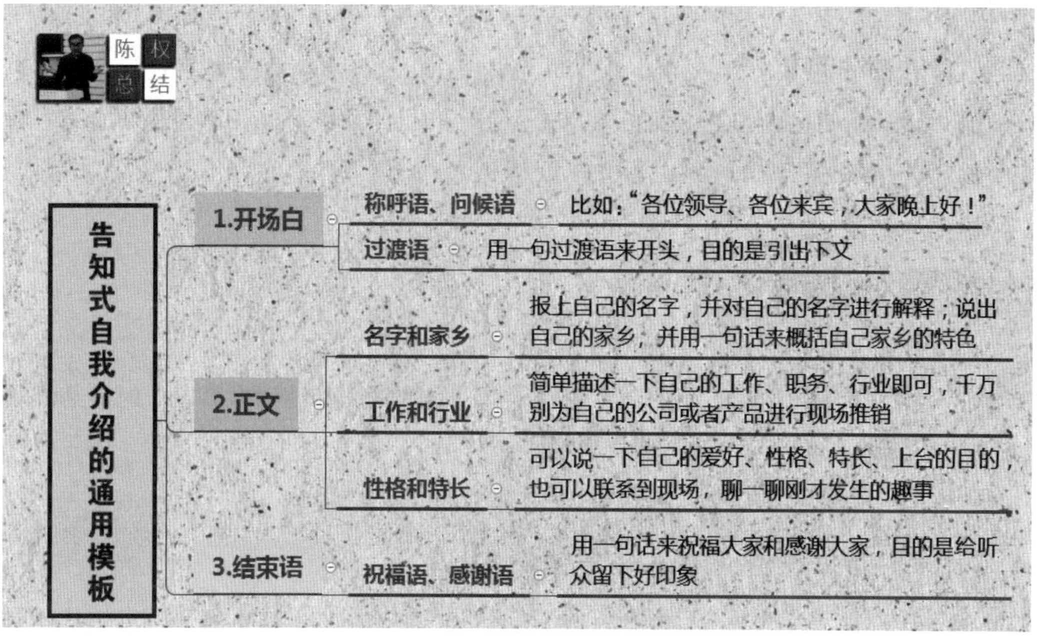

图 15-2　告知式自我介绍的通用模板

1. 第一步：开场白

（1）称呼语、问候语

常用的称呼为："各位领导、各位来宾，大家晚上好！""女士们、先生们，大家早上好！"

（2）过渡语

用一句过渡语来开头，目的是引出下文。

2. 第二步：正文

（1）名字和家乡

报上自己的名字，并对自己的名字进行解释；说出自己的家乡，并用一句话来概括自己家乡的特色。

（2）工作和行业

简单描述一下自己的工作、职务、行业即可，千万别为自己的公司或者产品进行现场推销。

（3）性格和特长

可以说一下自己的爱好、性格、特长、上台的目的，也可以联系到现场，聊一聊刚才发生的趣事。

3. 第三步：结束语

结束语一般为祝福语、感谢语，用一句话来祝福大家和感谢大家，目的是给听众留下好印象。

（三）应答式自我介绍的通用模板

应答式自我介绍其通用模板分为如下三步六点（见图15–3），每步每点的具体内容和相关要求如下。

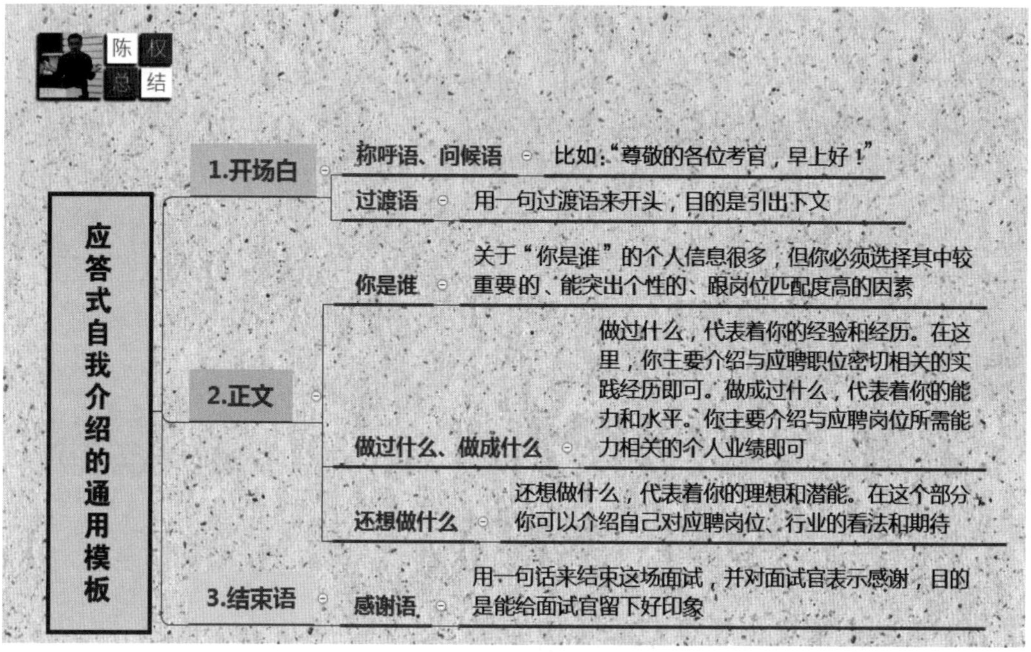

图 15-3　应答式自我介绍的通用模板

1. 第一步：开场白

（1）称呼语、问候语

常用的称呼为："尊敬的各位考官，早上好！""各位考官，你们好！"

（2）过渡语

用一句过渡语来开头，目的是引出下文。

2. 第二步：正文

（1）你是谁

关于"你是谁"的个人信息很多，但你必须选择其中较重要的、能突出个性的、跟岗位匹配度高的因素。

（2）做过什么、做成什么

做过什么，代表着你的经验和经历。在这里，你主要介绍与应聘职位密切相关的实践经历即可。

做成过什么，代表着你的能力和水平。你主要介绍与应聘岗位所需能力相关的个人业绩即可。

（3）还想做什么

还想做什么，代表着你的理想和潜能。在这个部分，你可以介绍自己对应聘岗位、行业的看法和期待。

3. 第三步：结束语

结束语一般为感谢语，用一句话来结束这场面试，并对面试官表示感谢，目的是给面试官留下好印象。

（四）推销式自我介绍的通用模板

推销式自我介绍其通用模板分为如下三步六点（见图15-4），每步每点的具体内容和相关要求如下。

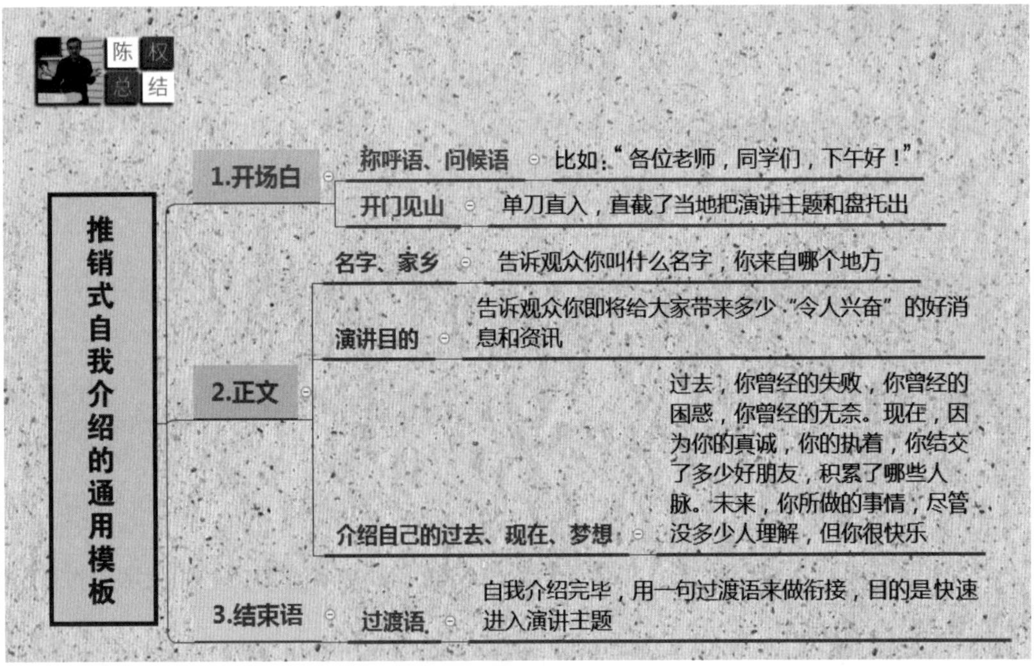

图 15-4 推销式自我介绍的通用模板

1. 第一步：开场白

（1）称呼语、问候语

常用的称呼为：“各位老师，同学们，下午好！”“各位专家、各位同行，你们好！”

（2）开门见山

单刀直入、直截了当地把演讲主题和盘托出。

2. 第二步：正文

（1）名字、家乡

告诉观众你叫什么名字，你来自哪个地方。

（2）演讲目的

告诉观众你即将给大家带来多少“令人兴奋”的好消息和资讯。

（3）介绍自己的过去、现在、梦想

先谈过去，你曾经的失败，你曾经的困惑，你曾经的无奈；再谈现在，因为你的真诚，你的执着，你结交了多少好朋友，积累了哪些人脉；最后谈未来，你所做的事情，尽管没多少人理解，但你很快乐。

3. 第三步：结束语

结束语一般为过渡语。自我介绍完毕，用一句过渡语来做衔接，目的是快速进入演讲主题。

当然，以上的通用模板可能有点格式化，在具体的实践中，演讲者可以根据实际需要稍做改动。

六、精彩自我介绍范文和点评

【范文1】

演讲特训班新同学见面会上的自我介绍

唐汉清

尊敬的各位老师，同学们：

大家晚上好！

很高兴能在这里认识大家，很有缘能跟优秀的各位一起学习成长。下面我简单地介绍一下自己，我叫唐汉清，唐朝的唐，汉朝的汉，清朝的清。据我父亲说，他因为出生在受外国欺负的旧中国，于是就给我起了这么一个很霸气的名字，他希望新中国像历史上唐朝、汉朝、清朝初期那么强大。

我来自六朝古都——西安。西安是一座国际化的旅游城市，如果有哪位同学想到西安旅游，看秦始皇兵马俑的话，可以找我当导游，我很乐意。

大学毕业后，我到深圳已经15年了，我见证了改革开放后深圳所发生的翻天覆地般的变化。同时，我也从过去一名普通的基层员工，成为现在一位通信行业生产部门的经理。

自从当了部门领导之后，我发现口才很重要。因为一个好的领导，不光要会想、会做，同时还要会说。当意识到表达能力会成为自己领导能力提升的瓶颈之后，我果断地报读了当众演讲特训班，并成为这个大家庭的一员。

有一句话是这么说的：百年修来同船渡，千年修来共枕眠。今天有缘跟优秀的各位一起学习，我相信上辈子，我们最少也修炼了50年，大家说，是不是？

最后，祝这个演讲特训班越办越好，祝我们每一位同学都能突破自己，练好口才，梦想成真。

谢谢大家！

【点评】

在格式上，此篇告知式自我介绍比较规范，基本符合黄金圈框架的要求。称呼语、问候语、过渡语、名字和家乡、工作和行业、联系现场、祝福语、感谢语等，都已经涉及了。

在语言上，此篇自我介绍的文字比较口语化，让人感到亲切自然、真实可信。比如，“自从当了部门领导之后，我发现口才很重要。因为一个好的领导，不光要会想、会做，同时还要会说。当意识到表达能力会成为自己领导能力提升的瓶颈之后，我果断地报读了当众演讲特训班，并成为这个大家庭的一员”。

在内容上，此篇自我介绍的正文部分主要由三大块组成，依次为：“名字和家乡介绍”“工作和行业介绍”“学习口才的目的”。而这三个论点刚好符合黄金圈模型的要求——就某一主题进行当众演讲或者发表意见时，仅说三个要点。虽然说，这三个论点并没有符合金字塔原理里面的MECE法则，但是，这篇自我介绍里面，由于名字解释得非常精彩、祝福语也说得非常棒，所以，它还算是一篇非常好的告知式自我介绍，值得大家借鉴和学习。

【范文2】

应届毕业生在群面会上的自我介绍

毛小涛

各位面试官：

你们好！

能够劈波斩浪，从无数应聘者中脱颖而出，再进入面试这一关，自信心让我感觉到离成功的距离又近了一步！坦率地说，我是为自己的理想而奋斗，就算失败了，我也不会后悔，因为我收获了！

我叫毛小涛，毛泽东的毛，邓小平的小，胡锦涛的涛。我学的专业是人力资源管理，今年6月份毕业于华南师范大学，今天来面试贵公司人事专员这一职位。

在校期间，我一直信守做事尽心尽力的原则，努力学习文化知识，刻苦钻研专业技能，积极投入实践活动，全面充实和发展自己，并取得了一定的成绩。

通过4年的专业学习，我深深地喜爱上了自己的专业。专业的学习让我熟知人力资源管理有6大模块，包括人力资源规划、招聘、培训、绩效、薪酬等方面知识。同时，经过努力，我还拿到了国家英语四级证书、计算机一级证书、人力资源管理师三级证书。

此外，我积极参加社会实践活动，通过一系列的校内外活动，我逐渐掌握了与人交往和沟通的技巧，学会了如何使自己处于一个融洽的人际关系中。特别是作为工商管理系的宣传部部长，我曾经组织了几场大型讲座，邀请知名企业的HR总监（人力资源总监）到学校给本系的同学讲人力资源管理实战课程，例如《应届毕业生如何做好自己的职业生涯规划》等。

4年的学习中，我不仅锻炼了自己的工作能力、组织能力，更在老师的教育下懂得了如何做人。坚强自信的我，会勇敢地迎接未来激烈的挑战。21世纪什么最值钱，当然是人才，经营企业就是经营人才，而人力资源部的工作就是为公司量产人才。

我真诚希望自己能成为贵公司的一员，虽然我不是最优秀的，但我一定是最尽力的。如果我获得了这份工作，我将会很努力去做好它，我希望各位面试官能给我一次机会，不求做得最好，只求做得更好！

谢谢你们！

【点评】

在格式上，此篇应答式自我介绍比较规范，基本符合黄金圈框架的要求。称呼语、问候语、过渡语、你是谁、做过什么、做成什么、还想做什么、感谢语等，都已经涉及了。

在语言上，此篇自我介绍的文字不算很出彩，但是，态度很诚恳，比较容易打动评委。比如，“我真诚希望自己能成为贵公司的一员，虽然我不是最优秀的，但我一定是最尽力的。如果我获得了这份工作，我将会很努力去做好它，我希望各位面试官能给我一次机会，不求做得最好，只求做得更好！”

在内容上，此篇自我介绍的正文部分主要由三大块组成，依次为：“你是谁”“做过什么、做成什么”“现在想做什么”。而这三个论点刚好符合黄金圈模型的要求——就某一主题进行当众演讲或者发表意见时，仅说三个要点。虽然说，这三个论点并没有符合金字塔原理里面的MECE法则，但是，这篇自我介绍里面，由于对人力资源管理专业的理解很到位，加上求职态度非常诚恳，所以，它还算是一篇非常好的应答式自我介绍，值得大家借鉴和学习。

注：由于版面有限，不能将所有的模板全部收入本书，如果需要其他模板的朋友，请加笔者的微信：chenquan114。